【제2판】

케어복지개론

이태희 · 오현숙

KNOWLEDGE COMMUNITY 공동체

머리말

의학기술의 발달과 삶의 질 향상으로 인한 평균수명의 연장과 노인의 빠른 고령화는 사회적으로도 많은 준비와 대비책이 필요하다. 특히 중풍, 와상, 치매 등 상시 수발을 받아야 할 요보호노인들의 급속한 증가는 고령을 통한 정치・경제・사회・교육 등 다양한 문제 중 노인복지와 장애인복지 분야에 있어서 감당해야 할 많은 정책적 대비가 필요한 상황으로 이에 대한 국가적 차원의 케어서비스에 대한 종합적 대처가 필요한 시점이다.

이에 우리나라에서는 2008년 7월부터 노인장기요양보험제도를 통하여 노인과 장애인을 대상으로 서비스를 진행함으로써 대상자들의 일상생활을 확보하고 나아가 그 가족들의 부양 부담을 경감시켜 줌으로써 국민 전체의 삶의 질 향상을 도모하고 있다.

이러한 정부의 정책에 부응하여 케어복지에 필요한 기본적이고 전문적인 지식의 제공을 위하여 이 책을 발간하게 되었다. 이 책은 기존의 케어복지론과 최근 발간되어 교육 중에 있는 요양보호사 공통표준교재 등을 참고하여 집필되었으며 구성은 다음과 같다.

제1부에서는 케어복지에 대한 전반적 개관을 위하여 제1, 2장을 통하여 케어복지 서비스에 대한 이해와 대상자에 대한 이해를 도모하였다. 제2부에서는 제3장과 제4장을 통하여 케어서비스의 원칙과 방법, 과정, 장소에 따른 서비스 방법 등을 통해 케어복지의 실천에 대한 이론들을 이해하도록 하였다. 제3부에서는 제5장부터 제11장을 통하여 케어복지 실천기술에 대한 내용을 기술하였다. 케어매니지먼트, 치매노인에 대한 서비스, 일상생활 동작을 위한 기술 및 가사 지원, 일상생활에 대한 지원, 의사소통이나 여가 지원에 대한 내용, 업무기록과 보고의 방법, 호스피스 케어에 대한 전반적인 이해를 돕도록 하였다. 끝으로 제4부인 제12장에서는 각국의 케어복지 현황을 통하여 선진국형 케어복지의 동향을 살펴보고, 제13장에서는 우리나라의 노인장기요양보험제도가 나아가야 할 정책적 방향과 과제 등을 살펴보았다.

이 책은 대학의 사회복지 관련학과에서 케어복지 서비스에 대한 전반적 지식을 제공하기 위한 교재로 사용될 수 있으며, 현재 노인 및 장애인 시설 종사자, 재가서비스 담당자, 노년기를 준비하는 가족 및 당사자 등에게 유용한 참고서로 활용될 수 있을 것이다. 앞으로 변화하는 정책을 반영하여 이론적 정립을 위해 더욱 노력할 것이며 미진한 부분은 계속된 연구를 통해 보완·수정할 것이다.

끝으로 이 책을 만들기 위해 수고하여 주신 도서출판 공동체 사장님과 임직원 여러분께 감사드리며, 이 책을 통하여 우리나라 케어복지 교육 현장과 서비스의 실천 현장에 미력하나마 도움이 되기를 바라는 바이다.

2025. 1.

저자 일동

차 례

PART

01 케어복지의 개관

| 제1장 |

케어복지의 이해

1. 케어의 의미

노인성 질환 및 장애 등으로 일상생활에 불편함을 겪는 사람의 신변처리 및 일상생활 원조 등을 하는 행위를 케어(care)라고 한다. 이는 한자어로 개호(介護)로 사용되며, 우리말로는 돌봄, 부양, 간병 등으로 사용되는 것으로, 이용자의 건강권을 지키는 입장에서 의료적 서비스 혹은 치료적 개념의 큐어(cure)와는 구분된다.

근대화 이전에는 가족에 의해 다양한 서비스가 수행되었지만 핵가족화된 오늘날에는 가족들만의 돌봄기능으로는 한계에 이르렀기에 일상생활의 장애가 있는 사람들에 대하여 사회적 개념의 서비스로 전문화되고 있다. 특히 고령사회의 진전으로 거동이 불편하거나 중도장애 등으로 타인의 돌봄을 받아야 하는 노인들이 증가함에 따라 전문적으로 돕는 서비스가 절대적으로 필요한 실정이다.

우리나라의 경우 노인·장애인 시설, 재가복지센터 등을 통하여 전문적 케어서비스를 실시하는 '요양보호사'가 케어의 기본 지식과 기술을 갖추고 효과적으로 서비스를 실천하고 있다. 또한 서비스 대상자의 자립과 자아실현을 위한 복지서비스를 진행하기 위하여 서비스 종사자들을 지도하고 관리할 수 있는 전문적 교육기관이 운영되고 있으며, 시험제도를 통하여 국가자격증을 취득하게 된다.

『현대사회복지사전』(仲村優一他 編, 1988)에 의하면, 케어는 "신체적 기능의 저하, 쇠퇴, 상실의 경우에 일어나는 생활상의 곤란에 대해 신체적 기능을 높여 보완하는 일상생활의 원조를 중심으로 한 서비스 활동"이라고 정의하고 있다. 즉, 케어란 ADL(일상생활동작능력 : Activities of Daily Living)과 직접 관련하며, 개인의 ADL, IADL(수단적 일상생활동작능력 : Instrumental Activities of Daily living) 등이 결여된 부분을 보충하고 이용자의 일상생활에서의 지장을 제거하는 것을 말한다(이해영, 2008 : 29).

또한 일본의 『케어복지 용어사전』(1993)에는 "직업적인 케어는 누구나 일정 수준의 지식과 기술을 갖고 그것을 의무로서 안정적이고 지속적으로 이용자에게 제공할 수 있는 것이며, 사회 시스템으로 용인될 수 있는 것이다. 이러한 직업적 케어는 이용자의 건강상태가 어떠한 수준에 있다 하더라도 그 사람이 습득해 온 일상생활에 주목하여 만약 일상생활에 지장이 있다면 케어라고 하는 독자적 방법으로 원조 혹은 지원하는 것이다"라고 개호(介護)에 대해 설명하고 있다.

이처럼 케어란 일상생활에 지장이 있는 사람들에 대하여 인간성 존중을 기본으로 지식과 기술을 동반한 사회복지적 원조행위로서 일상생활에 있어서 자립과 자아실현을 위한 총체적 생활지원활동 서비스를 말한다.

케어서비스는 협의의 개념으로 대상자에게 제공되는 식사, 배설, 수면, 청결, 옷 갈아입기, 체위 변경을 통한 욕창 방지, 이동동작 시 사고 예방, 심신의 기능 저하 방지를 위한 운동, 여가활동, 종말기 케어 등의 다양한 원조로 설명할 수 있다. 또한 광의의 개념으로 일상생활의 서비스뿐만 아니라 주위 사람들의 도움을 통한 자립생활이 가능하도록 돕는 등의 의료서비스, 재활서비스, 주택개조, 케어매니지먼트 등을 통한 직·간접적인 서비스 등을 말한다.

2. 케어복지의 개념

케어복지(care work)란 일본에서 케어의 문제가 사회복지의 주요 과제로 대두되면서 1987년에 국가자격증으로 '개호복지사 제도'가 탄생하게 되면서 시작하였다. 특히 오카모토(岡本) 교수는 1998년 『介護概論(개호개론)』에서 케어를 종래의 단순한 원조나 수발의 개념이 아닌 신체적·심리적·사회적 각 수준에 미치는 개념으로 인식하고 특히 복지의 전문성, 즉 지식, 기술, 가치의 실천이라는 측면에서 현장을 통해 전개되는 활동이라고 주장하였다.

이는 케어서비스란 단순한 수발이나 간병과는 달리 그 사람 전체의 삶에 관심을 갖고, 사회적 기능과 관련하여 가능한 한 자립달성을 목표로 하는 일련의 신체적·심리적·사회적 원조라고 할 수 있는 것으로 '케어복지'라는 적극적 의미를 뜻한다. 그러므로 대상자의 개별화를 존중하고, 자기결정권을 통한 서비스의 개념으로서 접근하는 케어복지의 실현을 위해서는 전문성을 발휘할 수 있는 훈련되고 준비된 사회복지 마인드가 필요하다.

3. 케어복지의 이념

케어복지의 대상자는 주로 고령자, 신체·정신장애인 등으로 그들의 일상생활을 돕는 것이기 때문에 그 실천과정에서 대상자의 존엄성과 생활권 등이 지켜져야만 한다. 이를 위하여 우리나라에서는 헌법(제34조)이나 노인복지법(제2조), 장애인복지법(제3·4조) 등에 대상자의 기본 권리 및 기본 이념 등에 대한 조항이 있으며, 이 이념들은 케어복지 서비스 현장에서도 지켜져야 한다.

이러한 복지시책과 관련법에서 볼 수 있는 권리와 이념 등에 근거하여 케어서비스를 실천하기 위하여 염두에 두어야 할 기본 이념들을 살펴보면 다음과 같다(이해영, 2008 : 35-39; 西村洋子, 1995).

1) 인권존중

대상자의 인권, 특히 인격권에 대한 분명한 인식을 가지고 대상자에 대해 존엄성을 지닌 인간으로서 항상 존경의 태도를 보여야 한다. 노인은 사회 및 가정을 위해 일평생 공헌해 온 자로서 존경받아 마땅하며, 다양한 경험에 근거한 지혜와 지식, 기술 등을 사회를 위해 사용할 수 있는 능력을 가지고 있다. 그럼에도 불구하고 노화로 인한 일상생활 능력이 저하되고 곤란하게 되면서 타인의 원조를 받으며 생활하게 되었지만 존엄한 인간으로서 케어되어야 하며, 그 과정에서 자존감 등의 감정을 헤아리는 서비스가 이루어져야 한다.

특히 치매성 노인이나 정신장애인, 지적장애인 등에 대해서 일방적 서비스를 진행하는 것이 아니라 상대방의 입장에서 검토한 맞춤형 케어서비스를 실시해야 한다. 항상 종사자는 신체적 · 정신적 장애 때문에 무시당하기 쉬운 약자로서 있을 수밖에 없는 대상자들에게 더욱 세심한 배려와 전문적 서비스의 실천에 주의를 기울여야 한다.

2) 자립생활 지원

인간은 누구나 타인과 다른 개별적 속성을 가지고 있다. 또한 다양한 삶의 환경과 경험을 통해서 욕구와 생각, 생활양식 등에 있어서도 다를 수밖에 없다. 이처럼 인간은 타인과 다른 그 나름의 삶의 방식을 통하여 자유롭게 자신다운 삶을 영위하면서 행복하게 되는 것이다.

그러므로 케어의 대상자인 고령자 및 장애인의 경우에도 각자의 개별성을 바탕으로 생활하기를 원하며 이것을 지원해 줄 때 자립생활이 가능해진다. 이러한 자립생활은 지역사회 안에서 생활의 주체자로서 일상생활을 유지할 수 있는 기반을 만들어 주는 것으로, 미국에서는 1970년대 초부터 발전하기 시작하였으며 "의사결정이나 일상생활에 있어서 타인에 대한 의존을 최소한으로 제한하고, 스스로의 선택에 기초한 자신의 생활을 조정하는 것, 자신의 일을 스스로 해결하는 것, 일상적인 지역사회 생활에 참가하는 것, 일정한 범위에서 사회적 역할을 수행하는 것, 스스로 의사결정을 하는 데 있어서 타인에 의한 심리적 혹은 신체적 의존을 최소한으로 하기 위해 결의하는 것" 등을 포함한다. 여기서 자립이라고 하는 것은 "한 사람 한 사람마다 개별적으로 정의하지 않으면 안 되는 상대적 개념이다"라고 정의하고 있다.

즉, 자립이란 일상생활을 자력으로 영위하는 것뿐만 아니라, 심리적으로도 타인에게 의존하는 것에서 벗어나 스스로 의사를 결정하고 가능한 한 사회에서 나름대로 역할을 갖고 활동하는 것을 말한다. 대부분의 서비스 대상자들은 자기의 주체적 결정보다는 가족이나 타인으로부터 원조를 받는 경우 자기결정이 어려우며, 자립생활에 대한 원조의 방법도 다양하기 때문에 종사자는 일상생활의 상태를 정확히 파악함과 동시에 대상자의 자기결정 또한 존중해 주어야 한다. 이를 위하여 서비스의 접근이 용이하도록 적절한 정보를 제공하거나 대상자를 대신하여 계약을 돕거나 대상자의 자기표현을 돕는 등 다양한 방법으로 자립을 지원할 수 있다.

또한 대상자 가정의 주택을 개조하거나 리프트, 휠체어 등의 보장구를 활용하여 스스로의 삶을 영위할 수 있도록 돕는 것도 궁극적으로 해야 하는 서비스이다.

3) 정상화

정상화(normalization)란 1950년대 덴마크의 뱅크 미켈슨(Bank Mikkelsen)에 의해 시작된 것으로, 지적장애인이 정상에 가까운 생활을 할 수 있도록 지역에 복귀시키는 운동에서 출발한 개념이다. 지적장애인으로 하여금 최대한 정상에 가까운 삶을 살게 하는 것으로 사회의 주류 혹은 주류사회의 규범과 양식에 최대한 근접하는 일상생활의 형태와 여건을 마련해 주는 것을 말한다.

즉, 정상화를 통하여 장애인도 익숙한 지역, 가정에서 비장애인이 살아가는 일상의 삶, 보통의 삶을 살아갈 수 있도록 보장해 주어야 한다는 것이다. 이러한 정상화 개념을 통하여 획일적 원조에서 벗어나 개별성을 존중한 서비스가 가능하게 되었으며, 서비스 대상자에게 있어서 입소시설은 '수용의 장'이 아니라 '생활의 장'으로서 자택생활과 같은 개념으로 생각되어야 한다는 것이다. 이 개념은 시설중심의 서비스에서 벗어나 지역복지, 재가복지, 노인장기요양보험제도 등의 정책으로 전환되는 계기가 되었다.

4) 자아실현

인간은 자기만의 생활방식과 가치관, 능력, 생활양식 등을 가지고 있지만 누구나 그 속에서 다양한 사람들과 더불어 행복하며, 훌륭하게 존경받고 인정받는 것을 통하여 자아를 실현하고자 하는 속성을 가지고 있다.

일반적으로 인간의 욕구에 대해서 말하고 있는 매슬로우(A. H. Maslow)의 욕구 5단계를 살펴보면 다음과 같다. 인간은 기본적 욕구로 ① 생리적 욕구, ② 안전과 안정의 욕구, ③ 애정, 집단소속의 욕구, ④ 자존심, 존경받고 싶은 욕구가 있다. 이처럼 네 가지 욕구는 필수적으로 충족되어야 하는 것이고, 이를 기반으로 성장을 위한 욕구로서 ⑤ 자아실현의 욕구가 있다.

그러므로 대상자들이 타인의 권리를 침해하지 않는 범위 내에서 매일 만족스러운 생활이 이루어지도록 종사자는 대상자의 생활양식을 존중하여 신체적·심리적·사회적인 생활과 환경적 측면에서 다양한 서비스를 제공해야 한다.

4. 케어복지의 구조

케어복지 서비스는 시설이나 가정에서 사회생활을 영위하는 데 있어서 신체적·심리적·사회적·경제적·문화적 요인 등에 의해 케어와 관련한 생활과제에 직면한 개인 및 가족에 대해 전문가인 복지사 혹은 요양보호사가 전문적 지식과 기술을 가지고 원조하는 활동이라고 정의할 수 있다. 기본적인 구조를 정리하면 다음과 같이 9P로 나타낼 수 있다.

1) 사람(Person)

케어복지 서비스의 대상자로서 혼자서는 일상생활을 현저히 진행할 수 없어서 타인의 도움이 필요한 사람을 말한다.

2) 문제(Problem)

서비스의 대상자가 일상생활을 영위함에 있어서 신체적 측면, 심리적 측면, 사회적 측면에 장애가 되는 문제 또는 장애가 될 위험이 있는 상태를 말한다.

3) 장소(Place)

광의의 의미에서는 복지서비스와 관련된 공적·사적 기관이나 시설을 의미하며, 협의의 의미에서는 요양보호사가 속한 사회복지 시설이나 기관, 또는 서비스가 진행되는 클라이언트의 가정 등을 말한다.

4) 과정(Process)

케어서비스와 관련된 지식과 기술을 겸비한 요양보호사와 원조관계를 맺고, 케어서비스를 필요로 하는 대상자와의 전문적이고 목적적인 개입이 이루어지는 총체적 과정을 말한다.

5) 목적(Purpose)

대상자의 삶의 질을 개선하고 당면한 모든 문제를 해결해 나가는 것으로 가능한 한 대상자의 주체성과 자립성을 도모하면서 일상생활을 원조하는 것을 목적으로 한다.

6) 관점(Perspective)

인간은 모두 존중받아야 한다는 기본적 철학을 바탕으로 전인격적이고 생태학적인 관점에서 파악하도록 한다. 즉, 미시적 · 거시적 관점에서 개입하여야 하며, 생애주기(Life Cycle)모델에 의한 케어서비스 기술의 전개가 필요하다.

7) 전문가(Professional)

케어서비스의 원조활동에는 전문적 자질, 태도, 행위 등이 필요하다. 케어복지 실천기술을 사용하는 종사자는 이러한 전문성, 목적, 양질의 케어기술 등을 활용할 수 있어야 한다.

8) 환경 속의 인간(PIE : Person In Environment)

케어서비스의 대상자인 인간은 환경과 분리할 수 없는 존재로 환경에 영향을 주면서 또한 환경의 지배를 받는다. 이러한 환경에는 대상자의 가족, 직원, 친척, 이웃 등이 포함되며, 생물학적·물리적·사회문화적·자연적 환경 등 다양한 환경이 포함된다.

9) 제공자원(Provision)

클라이언트의 문제해결을 위해 자원과 기회를 제공함으로써 유형, 무형의 서비스를 전달할 수 있다.

5. 케어복지의 필요성

1) 고령사회의 급속한 진전

최근 우리나라뿐만 아니라 전 세계가 케어서비스에 관심을 두는 이유 중 하나는 무엇보다도 급속한 고령화의 진전 때문이다. 특히 평균수명의 연장과 출생률의 저하는 고령화의 속도를 빠르게 진전시키고 있다. 이와 더불어 의학기술의 발달, 생활환경의 변화, 영양학적 향상 등은 결국 노인의 절대 수를 증가시켰고, 상대적인 출생률의 감소도 그 요인이라고 할 수 있다.

이제 인간에게 있어서 평균수명이 연장된다는 것은 은퇴 이후에 긴 노후의 시간을 보내야 한다는 것을 의미하며, 준비되지 않은 노후는 사회보장비 부담의 초래, 역할상실로 인한 연금재정의 악화, 노인 의료비의 증가, 케어서비스와 관련한 비용의 문제, 수발을 담당해야 할 가족의 직장 포기 등 다양한 사회문제를 유발하고 있다.

우리나라의 고령화 속도는 〈표 1-1〉에서 보는 바와 같이 급속한 증가가 이루어져 사회문제의 원인이 되고 있음을 알 수 있다.

〈표 1-1〉 **인구고령화 속도의 비교**

국 가	도달연도			소요기간(년)	
	고령화사회(7%)	고령사회(14%)	초고령사회(20%)	7% → 14%	14% → 20%
프랑스	1864	1979	2018	115	39
스웨덴	1887	1972	2018	85	46
미 국	1942	2014	2029	72	15
이탈리아	1927	1988	2008	61	20
영 국	1929	1975	2025	46	50
독 일	1932	1972	2008	40	36
일 본	1970	1994	2006	24	11
한 국	2000	2017	2025	17	8

출처 : 이해영(2019). 노인복지론, p. 21; 통계청(2024). 장래인구특별추계 : 2022~2072년.

이처럼 노인인구의 고령화는 전 세계가 안고 있는 문제이지만, 특히 우리나라의 고령화는 선진국에 비해 상당히 빠른 속도로 전개되고 있으며, 케어서비스가 절대적으로 필요한 75세 이상의 후기 고령인구가 크게 증가하고 있기 때문에 이에 대비한 체계적이고 사회적인 케어시스템의 구축이 무엇보다 시급하다.

또한 〈표 1-2〉에서 보는 바와 같이 15~64세 생산가능인구가 부양해야 할 유소년부양비와 노년부양비의 합인 총부양비는 2017년 36.7%에서 2020년 38.6%로 증가한 후 고령인구가 크게 증가함에 따라 2030년 53.0%, 2040년 77.5%로 계속 높아질 전망이다. 그리고 유소년부양비(0~14세 인구/15~64세 인구)는 2017년 기준 17.9%에서 출산력 감소로 인하여 2020년 16.9%, 2030년 14.7%로 계속 낮아지다가 2040년 17.4%로 조금 증가하는 경향이 전망된다. 노년부양비(65세 이상 인구/15~64세 인구)는 2017년 기준

18.8%이나 기대수명 증가로 인하여 2020년 21.7%, 2030년 38.2%, 2040년 60.1%로 크게 높아질 전망이다.

〈표 1-2〉 **노인부양비 추이** (단위 : %)

구 분	2017	2018	2019	2020	2025	2030	2035	2040
총부양비	36.7	37.1	37.6	38.6	44.8	53.0	64.1	77.5
유소년부양비	17.9	17.5	17.1	16.9	15.5	14.7	15.7	17.4
노년부양비	18.8	19.6	20.4	21.7	29.3	38.2	48.4	60.1
노령화지수	105.1	111.9	119.4	129.0	189.7	259.6	308.5	345.7

주 : 중위추계 방법 사용
총부양비 = 유소년부양비 + 노년부양비
유소년부양비 = 유소년인구(0~14세) ÷ 생산가능인구(15~64세) × 100
노년부양비 = 고령인구(65세 이상) ÷ 생산가능인구(15~64세) × 100
노령화지수 = 고령인구(65세 이상) ÷ 유소년인구(0~14세 인구) × 100
출처 : 통계청(2019. 3). 장래인구추계.

2) 부양기능의 약화

산업사회 이후 가족기능의 변화 등으로 인하여 가족이 주로 노인의 부양을 담당하던 기능이 크게 약화되었다. 즉, 핵가족화로 인하여 가족의 규모가 축소되고 있으며, 장남 위주의 부양의식이 크게 변화하고 있다. 또한 케어의 주담당자였던 여성의 사회진출이 증가함에 따라 가족이 부양해야 한다는 의식이 변하면서 그 역할을 사회가 함께 해결해야 할 필요성이 대두된 것이다.

특히 〈표 1-3〉에서 보는 바와 같이 전통적 가족구조보다는 1인가구 및 노인단독가구가 증가하면서 자녀와의 동거노인 수는 크게 감소할 수밖에 없으며, 실제 혼자 살거나 노인단독가구(TONK족 : Two Only No Kids)가 증가하면서 2022년 기준 노인독신과 노인부부 가족이 51.4%로 나타나는 것을 볼 때 자녀를 통한 부양을 기대하기는 어려운 실정이다.

〈표 1-3〉 노인가구 형태의 변화

(단위 : %)

연 도	노인독신	노인부부	자녀동거	기 타	비친족 가구
2022	34.1	17.3	39.7	6.7	2.3
2027	37.5	18.4	35.0	6.2	2.9
2032	39.2	19.7	31.8	6.0	3.3
2042	40.8	21.7	28.1	5.9	3.5
2052	41.3	22.8	26.2	6.2	3.5

자녀동거 : 부부+자녀, 부+자녀, 모+자녀, 3세대 이상 가구 등
기타 : 부부+부(모), 조부(모)+손자녀 등
출처 : 통계청(2024. 9). 장래가구추계 : 2022~2052년.

실질적으로 1인가구 및 노인단독가구가 크게 증가하고 있으며, 홀로 사는 노인 또는 자녀 없이 노인부부만 사는 형태가 증가하면서 가족에게 노인의 수발을 기대하기는 어려워졌으며, 사회가 공동으로 노인의 케어에 대한 역할을 분담하기 위하여 많은 연구와 노력이 필요한 시점이다. 또한 이러한 세대의 변화는 부모 측면에서도 자녀에게 기대하기보다는 부부 상호 간의 케어를 고려하는 경향성을 띠고 있음을 볼 수 있다.

특히 요보호상태의 케어기간이 장기화되면서 주 케어자의 고령화, 피로의 축적, 가족 구성원의 부담 증가 등으로 인하여 가족 간의 인간관계 파탄이나 케어의 부담으로 인한 자살, 동반자살 등의 극단적 상황도 증가하고 있는 사회문제 중 하나이다. 그러므로 가족중심의 케어서비스에서 벗어나 사회적 시스템을 통한 체계적인 서비스의 정비가 요구되고 있다.

3) 케어서비스에 대한 인식 변화

고령인구가 급속히 증가한다는 것은 일상생활에 지장을 받는 요보호노인도 증가한다는 것으로, 특히 심신의 기능 저하, 각종 질병의 중복과 만성질환 등은 요케어 상태에 빠질 위험이 큰 노인들이 증가할 것임을 의미

한다. 케어서비스를 받아야 할 요보호노인들의 증가는 노인의료비의 급격한 증가를 가져왔으며, 궁극적으로 '노인장기요양보험제도'를 통하여 국가가 그 서비스의 한 몫을 담당하는 역할을 하기에 이르렀다.

특히 만성질환이나 난치병 질환 등은 장기치료를 요하는 것으로 종합적 시책과 개별적인 심리적 원조, 그리고 장애에 대응한 전문적 케어서비스가 요구된다. 그 결과 기존의 케어서비스는 ADL과 IADL의 능력과 범위의 유지, 개선 등을 중점적으로 다루었으나 최근에는 대상자의 삶의 질 향상(QOL : Quality of Life)과 자립을 지원하는 방향으로 원조를 하고 있다. 즉, 인간의 존엄성을 인정하면서 자립생활을 지향하는 개별적 서비스를 통하여 자기실현을 추구하는 서비스로 의식이 전환되고, 단순한 신체적 원조에 그치는 것이 아니라 사회복지적 측면에서 종합적이고 전문적인 서비스로 인식이 전환되고 있다.

더군다나 경제논리에 입각한 소비자(consumer) 의식을 통하여 복지서비스에 대한 의식구조의 변화, 원조의 필요성에 대한 인식, 생활수준의 변화, 문화의 다양성을 반영한 다중다면적인 욕구가 크게 증가하고 있는 상태이기에 대상자에게 일방적으로 제공되는 서비스가 아니라 본인의 특성에 맞는 적절한 서비스의 대가를 지불함으로써 스스로 서비스의 내용과 질을 선택하고 이용할 수 있기를 원하고 있다. 그러므로 더욱 준비된 다양한 케어서비스의 확충과 전문적 케어인력의 양성이 필요한 시점이다.

| 제2장 |

케어서비스 대상자에 대한 이해

1. 노인에 대한 이해

1) 노화이론

노화란 한 인간이 환경과 상호작용하면서 일어나는 생리적, 심리적, 사회경제적, 정서적으로 광범위한 변화를 말하는 것으로 일생을 통하여 지속되는 과정이다. 개인적 요소에 따라서 다소의 차이는 있으나 모든 인간이 피해갈 수 없는 현상이다. 노화의 진행은 인간의 생존 가능성을 감소시키며 죽음은 정상적인 노화과정의 종결을 의미한다(Schulz · Salthouse, 1999).

이처럼 노화(aging)는 모든 생명체에 있어서 예외 없이 나타나는 현상으로 생명이 지속되는 동안 생리적이고 행동적인 기능에서 일어나는 순차적인 변화로서 일차적 노화와 이차적 노화로 구분된다.

일차적 노화란 모든 사람에게서 진행되는 점진적이고 불가피하며 보편적으로 일어나는 노화로서 질병에 의한 것이 아니라 모든 생명체의 현상으로 인간의 힘으로는 해결할 수 있는 문제가 아니다. 그리고 이차적 노화란 일차적 노화가 일어나는 속도에 영향을 미치는 것으로 직업과 관련된 스트레스, 유해 환경에서의 오랜기간 노출, 질병, 흡연과 음주 등이 이차적 노화의 요소가 된다. 최근의 설득력 있는 노화이론으로는 활성산소(유해산소)이론이 있다.

(1) 노화의 특성

① 보편성

노화의 보편성이란 노화로 인한 변화가 모든 사람에게 보편적으로 발생한다는 것으로 어느 정도 개인차는 전제되지만 나이가 들어감에 따라 눈이 어두워지거나 귀가 어두워지는 현상은 모든 인간이 보편적으로 경험하는 변화이다.

② 내재적 발생

노화의 원인이 신체의 내적 요인에 있다는 것으로 시력이나 청력의 감소도 신체의 내적 원인에 의해 발생한 경우만을 노화현상으로 규정하는 것이다. 그러므로 사고와 같은 외적 원인으로 시력이나 청력의 손상이 발생했을 경우에는 노화현상이라고 말할 수 없다.

③ 부정적 결과

노화는 신체적 기능에 부정적인 영향을 주어 생명의 종식에 영향을 미치는 것이다. 그러므로 지혜의 증가와 같은 심리적 변화는 나이와 비례하여 일어나는 변화로서 인간에게 긍정적으로 작용한다는 점에서 노화현상으로 분류되지 않는다.

④ 점진적 진행

노화는 일반적으로 장기간에 걸쳐서 서서히 진행되는 점진적 특성이 있다. 그 예로 인간이 늙어감에 따라 신장의 기능이 서서히 저하되는 것을 들 수 있으며, 노인에게 발생한 급성 신부전증은 노화현상이라고 말하지 않고 질병이라고 한다.

⑤ 회복 불가능성

노화로 인한 증상은 치료를 통해서 회복될 수 없다는 특성이 있다. 노화로 인한 시력의 감퇴는 돋보기를 착용함으로써 손상된 기능을 보완할 수는 있지만 기본적으로 시력을 청년기 수준으로 회복할 수는 없다. 그러므로 노화는 치료나 회복이 아닌 예방과 지연이 최선의 방법이라고 할 수 있다.

⑥ 복잡성

노화의 정확한 원인은 알 수 없으나 국가, 경제, 가족관계, 민족, 풍습, 결혼 여부, 거주지역, 시대적 배경 등에 따라 다르게 나타난다. 또한 유전적 요인과 비유전적 요인, 환경적 요인 등에 영향을 받는다.

(2) 생물학적 노화의 주요 이론

① 오류이론

㉠ **사용마모이론** : 인간의 신체를 기계와 유사한 것으로 보는 이론으로 인간의 몸도 오래 사용할수록 닳아 손상되고 기능이 저하된다는 것이다(Morgan & Kunkel, 1998).

㉡ **신진대사이론** : 신진대사율이 높은 동물일수록 상대적으로 수명이 짧다는 사실에 근거한 이론으로 신진대사와 노화의 관계를 주장한다. 그 예로 생쥐와 같이 수명이 짧은 동물은 침팬지나 사람과 같이 상대적으로 수명이 긴 동물보다 신진대사율이 높다고 한다(Morgan & Kunkel, 1998).

㉢ **열량제한이론** : 인간의 노화현상과 인간이 섭취한 열량 사이에 상관성이 존재한다고 주장한 것으로 설치류의 열량제한 실험결과를 근거로 발전된 이론이다. 설치류의 섭취열량을 제한하면 특정 질병의 진전이 완화되고, 신체적 기능은 정상적으로 유지되며, 열량의 제한 없이 원하는 만큼의 음식을 섭취한 설치류보다 약 두 배가량 수명이 연장된다고 한다(Morgan & Kunkel, 1998).

㉣ **교차연결이론** : 교차연결이란 두 개의 분자나 한 분자에 두 개의 서로 다른 부분이 결합하는 것을 말한다. 교차연결에서 문제가 되

는 것은 분자연결방식으로 인해 혈액으로부터 영양과 산소를 취하고 물을 흡수하며 효과적으로 기능하는 분자의 능력이 변화된다는 것이다. 이는 신경전달의 비율과 세포의 신진대사가 감소하게 되어 노화가 나타나는 것으로, 예를 들면 피부에서 생기는 교차연결은 주름을 만들고, 눈에서의 교차연결은 백내장을 일으키는 등 다양한 노화증상과 연관되어 있다는 것이다(Morgan & Kunkel, 1998).

㉤ **신체적 변이이론** : 변이로 인한 구조와 기능의 변화는 세포기능을 저하시키며 종국에는 죽음에 이르게 한다는 이론으로 변이로 인한 세포의 변화가 노화의 원인이라고 주장한다. 그 예로 자외선 노출, 활성산소, 교차연결에 의해 발생한 변이가 증가함에 따라 세포는 모양과 기능이 변한다(Morgan · Kunkel, 1998).

㉥ **오류파국(대이변)이론** : 한 세포에서 일어난 초기의 착오는 앞으로 생성될 세포에 대이변을 일으키며, 그로 인해 노화가 일어난다고 주장하는 이론이다. 즉, 외적 또는 내적 환경에 의한 DNA나 RNA 손상으로 인해 최초의 비정상세포가 형성되면 앞으로 생성될 모든 세포들은 본래의 고유한 부모세포와 다르고 또 열등한 세포로 인식된다는 것이다(Morgan · Kunkel, 1998).

㉦ **활성산소이론** : 우리가 호흡하는 산소의 약 2~3%는 몸 밖으로 배출되지 못하고 체내에 남아있게 되는데, 이 산소가 바로 인체에 유해한 활성산소이다. 이는 체내 각종 세포들의 여러 대사과정에서 끊임없이 생성되는 물질로 세균이나 바이러스 병원균 등 이물질이 체내로 들어오는 살균작용을 통해 우리 몸을 지켜주는데, 이때 세포는 침입물질을 녹여 배설하기 위해 활성산소를 만들어 낸다. 그러나 이렇게 생성된 활성산소가 필요 이상으로 많으면 여분의 활성산소가 신체의 다른 조직으로 운반되어 정상적인 세포를

녹이거나 자극을 가해서 노화를 촉진시키고, 결과적으로 뇌졸중과 심근경색, 암 등 각종 질병을 일으키게 된다. 질병 중 약 90%는 이 활성산소와 관련이 있는 것으로 알려져 있다.

② 프로그램 이론

㉠ 계획된 노화이론 : DNA 속에 노화의 속성이 미리 프로그래밍되어 있다가 적절한 시간의 경과에 따라 노화의 속성이 나타나는 것을 말한다. 즉, 노화와 죽음이 특정 유전자 정보에 의해 정해진 시간에 작동하거나 작동을 멈춤으로써 발생하는 계획된 현상이라고 본다. 그 예로 전 세계 여성들이 별 차이 없이 특정 연령대가 되면 갱년기를 경험하게 되는 것을 볼 수 있다(Morgan & Kunkel, 1998).

㉡ 소모이론 : 가장 오래된 노화이론으로 기계를 많이 사용하면 부품이 마모되어 기능이 약화되고 정지되는 것처럼 신체기관도 오랜 활동으로 인해 점진적으로 퇴화된다고 보는 이론이다. 즉, 유전물질의 소모로 인한 세포재생 능력의 감소가 노화현상을 야기한다는 것이다. 수정이 될 때 각각의 자손세포는 일정 양의 유전물질을 가지고 있는데 시간의 경과에 따라 점차 고갈된다. 유전물질이 고갈됨에 따라 새로운 세포를 만들거나, 수리하거나, 또는 세포에 영양을 공급하는 능력도 감소한다는 것이다(Morgan & Kunkel, 1998).

㉢ 호르몬 이론 : 죽음의 호르몬이 생의 일정 시기에 달하면 노화하고 죽도록 인간의 몸을 조절한다는 것이다. 그러나 남성 호르몬을 비롯한 몇몇 호르몬의 과다분비가 사망을 촉진하는 것은 사실이지만 죽음의 호르몬은 아직 발견되지 않았다(Morgan & Kunkel, 1998).

㉣ 면역이론 : 이물질에 대한 항체의 식별능력이 저하되면 이물질을 다 파괴하지 못하게 되는데 이처럼 파괴되지 못한 이물질이 계

속 체내에 남아 부작용을 일으켜서 노화를 촉진한다는 것이다 (Arking, 2006).

면역반응은 나이의 증가에 따라 과오를 일으키는데 면역반응의 잘못된 작용은 유기체의 의도와 달리 주 면역체계를 공격하고 건강한 세포를 파괴하게 된다. 또한 외부의 공격에 대한 면역체계의 방어력이 노화로 인해 저하되기 때문에 항원(antigen)을 제거하거나 파괴하지 못함으로써 노화가 가속화된다고 보는 이론이다(Morgan & Kunkel, 1998).

③ 새로운 접근 – 텔로미어(telomere) 이론

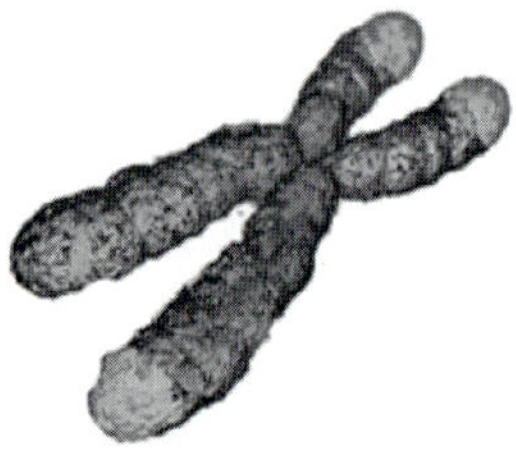

텔로미어는 진핵생물의 염색체 양 끝의 일부분으로 염색체의 말단 부위가 분해되거나 염색체끼리 서로 융합하지 못하게 하는 역할을 한다. 이처럼 세포 속의 DNA 양 끝에 있는 것으로 세포가 분열하는 과정에서 조금씩 닳아 위기점에 도달하면 세포는 분열을 멈춘다는 것이다. 결국 늙을수록 체세포의 거듭된 분열에 의해 염색체의 텔로미어 길이가 짧아져서 노화와 죽음에 이르게 된다는 것이다.

〈표 2-1〉 생물학적 노화이론

오류이론	프로그램 이론	새로운 접근
• 사용마모이론 • 신진대사이론 • 열량제한이론 • 교차연결이론 • 신체변이이론 • 오류파국이론 • 활성산소이론	• 계획된 노화이론 • 소모이론 • 호르몬 이론 • 면역이론	• 텔로미어 이론 • 호르몬 불균형 이론

출처 : Kart & Kinney(2001); 김종일 · 최혜지(2006), pp. 72-77.

(3) 성공적 노화

성공적 노화란 오래 사는 것이 아니라 잘 늙어가는 것을 의미하며, 질병과 장애 피해가기, 건강한 육체와 정신 유지하기, 적극적으로 인생에 참여하기 등을 말하는 것으로, 구체적 내용을 살펴보면 다음과 같다.

① 질병과 장애 피해가기

연령의 변화에 따라서 질병과 장애의 위험성은 항상 존재하며, 특정 질병의 발생률도 연령과 함께 증가한다. 그러므로 노년기에는 건강증진의 시도에 따라 질병의 위험을 감소시켜야 하며, 운동과 신체적 활동, 영양 등과 같은 생활양식의 변화로 특정 질병을 예방하도록 한다.

② 신체적 기능과 정신적 기능 유지하기

연령의 증가에 따라 사람의 근육은 약해지고 줄어들게 되며 균형감각이 상실되기 시작한다. 그러나 적절한 운동을 통한 신체단련은 힘을 증가시키고, 사망의 위협을 줄이며, 기분을 좋게 하고, 다른 건강 위협요인들의 영향력을 감소시키는 효과가 있다. 그러므로 규칙적인 운동을 즐겁게 지속적으로 함으로써 근력, 균형감각, 걷기능력과 유산소능력을 현저히 증가시킬 수 있다.

연령에 따른 일부 정신기능의 감소에도 불구하고 대다수의 노인들은 의미 있고 만족스러운 인생과 자립을 위하여 충분하고도 남을 예비능력을 가지고 있다. 또한 높은 수준의 정신적 기능을 가진 노인들이 신체적 기능을 더 잘 유지하고 있으며, 정서적 지지의 빈도가 신체기능을 향상시킬 수 있는 매우 강력한 예측요인이 될 수 있다.

③ 적극적으로 인생에 참여하기

노년기에 적극적으로 인생에 참여한다는 것은 가족 및 친구와의 친밀한 유대관계와 생산적인 활동에 지속적으로 참여하는 것을 말한다. 사회적 유대관계의 결핍은 건강을 해치는 위험요인으로 작용하며, 사회적 지지는 정서적 도움(애정, 존중, 존경 등)과 물리적 도움(아플 때 보살펴 주기, 집안일 도와주기 등)의 형태로서 건강에 직접적이고도 긍정적인 영향을 준다.

이처럼 노년기에 사회적 관계를 더 많이 갖고 전반적인 건강을 유지하게 되면 성공적인 노화를 통해 유급이든, 무급이든 경제적 가치를 지닌 재화와 용역을 산출하는 생산적 활동에 참여하게 된다. 이들은 다른 사람들을 위해 일하고, 규칙적으로 자신의 건강한 정신과 신체를 위해 도전을 한다. 자신의 능력에 대한 믿음과 자신의 운명을 통제할 수 있다는 내적 통제력은 나이가 들어도 지속되는 경향이 있는데, 이처럼 자기효능감과 내적 통제력을 증진시키기 위해서는 자만하지 않고 자긍심을 일으킬 수 있는 일들을 해볼 기회, 자신을 지지하고 자신의 용기를 북돋워 주는 사람들의 존재, 다른 사람들의 인정과 함께 어떤 일을 성공적으로 해낸 경험 등이 필요하고 이들을 잘 통합해야 한다.

2) 노인의 특성

(1) 신체적 특징

사람은 일반적으로 청·장년기를 넘기면서 신체활동이 완만하게 저하되며, 이는 작업능률의 저하를 수반한다. 이는 자연적인 신체적 변화로 신체 외적인 변화와 더불어 신체 내부의 기능상의 변화를 수반한다. 이러한 신체적 노화는 신경계통 및 혈액순환, 호흡, 소화, 배설, 생식과 같은 다양한 면에서 기능적으로 저하현상을 초래하고, 수면의 질이나 양 등의 감소를 통하여 불면증을 동반하기도 한다. 이러한 노인의 불안, 욕구불만, 스트레스 등은 심리적 차원에 영향을 주기도 하지만 노인의 행동과 적응력 등 신체적·사회적 차원에서 부정적인 영향을 미친다.

노년기에 이르면 이처럼 신체기능이 떨어지고 질병에 대한 저항력이 약화되어 발병률이 높아지며, 대부분 만성질환을 앓고 있고 연령이 많아질수록 질환률이 증가한다. 노인질병의 대부분은 치료효과가 빠른 급성질병보다는 장기적이고 완치가 힘든 만성질병을 가지고 있으므로 타인에 대한 의존도가 높아지며, 한번 발생한 질병은 재발하여 점점 나빠지기 쉬운 만성적 특성을 가지고 있으므로 치료와 함께 간호가 중요하다.

① 신체의 일반적 변화

일반적으로 노화와 함께 찾아오는 다양한 신체적 변화를 살펴보면 다음과 같다.

㉠ **세포의 변화** : 뼈와 근육의 위축으로 키가 줄어들고 등이 굽어지며, 피하지방이 감소하여 전반적으로 마르고 체중이 감소하며 주름이 많아진다.

㉡ **방어능력의 저하** : 잠복 중이던 질병이 출현하거나 질병이 발생할 경우 급격하게 상황이 악화되어 어려움에 처할 수도 있다.

㉢ **예비능력의 저하** : 신체조직의 예비능력이 저하되어 일상생활의 적응력이 떨어질 수 있다.

㉣ **회복능력의 저하** : 만성적 질환을 가진 노인은 합병증을 통하여 사소한 원인으로 중증상태에 빠지기도 한다.

② 소화기계 변화

소화기계란 입에서 시작하여 항문으로 끝나는 관으로서 구강, 인후, 식도, 위, 소장, 대장 등을 말한다. 노인들은 이 소화기 계통과 관련하여 많은 불편을 호소하는데, 노인이 신체적 질병의 영향을 받지 않더라도 자연적으로 정상적 기능이 감소할 수 있기 때문에 다른 부위의 질병, 식이습관, 환경적 요인 및 약물 등에 대해서 다각도의 연구와 지식이 필요하다.

㉠ **미각의 둔화** : 맛을 느끼는 세포 수의 감소와 후각기능의 저하 등으로 인하여 미각이 저하되며, 특히 짠맛에 둔해지고 쓴맛을 잘

느끼게 된다.

㉡ **저작능력 저하** : 충치, 치아탈락, 의치 등으로 인하여 저작에 불편함을 느낀다.

㉢ **소화능력의 저하** : 타액과 위액 분비 저하, 위액의 산도 저하 등으로 소화능력이 저하된다.

㉣ **췌장기능의 변화** : 췌장에서의 소화효소 생산이 감소하여 지방의 흡수력이 떨어지고 호르몬 분비의 감소로 인하여 당내성이 떨어져 당뇨병에 걸리기 쉽다.

㉤ **간 기능의 저하** : 약물의 대사와 제거능력 등이 저하된다.

㉥ **근육의 탄력성 저하** : 직장벽의 탄력성이 감소하고, 항문 괄약근의 긴장도가 감소하여 변실금이 발생할 수 있다.

③ 호흡기계의 변화

호흡기계는 두 영역으로 상기도는 비강, 구강, 인두, 후두가 있으며, 하기도는 기관, 폐, 폐실질조직으로 구성된다. 호흡기계는 환경과 폐실질조직 사이의 가스교환을 담당하며, 세포수준에서의 호흡은 산소분자와 세포 사이의 가스교환을 의미한다.

노년기에는 주로 기침, 만성 기관지염, 천식, 폐기종, 만성 폐쇄성 폐질환, 폐렴, 폐결핵 등으로 나타나는데, 이처럼 폐의 여러 가지 구조적·생리적 변화가 생기고, 일상생활 양식에 따라 만성 호흡기계 질환이 발생하여 노인의 사망률을 높이는 원인 중 하나이며 그 특징을 살펴보면 다음과 같다.

첫째, 폐포의 탄력성 저하로 폐활량이 줄어들기 때문에 쉽게 숨이 찬다.

둘째, 호흡근육의 약화로 호흡 증가 시 피로해지기 쉽다.

셋째, 기관지 내 분비물이 증가되어 호흡기계 감염이 쉽게 발생한다.

④ 심혈관계의 변화

노화의 정도에 따라서 심혈관계의 변화는 심박출량 및 1회 심박출량 감소, 심박동 수 감소, 혈압상승, 말초혈관 내성 증가 등을 보인다. 심혈관계의 변화는 인체의 모든 장기에 산소와 영양소의 공급에 차질을 주므로 노화의 가장 중요한 변인으로 작용한다. 감염, 환경 오염물질, 좋지 못한 생활습관 등에 의해 심장은 쉽게 손상을 받으며 동맥경화증 등의 발생률을 높인다.

㉠ 신체활동의 감소와 신진대사의 저하로 체열생산이 체온, 맥박 수 등이 감소한다.
㉡ 심장근육의 강도와 효율성이 감소하여 심박출량이 감소한다.
㉢ 동맥경화현상으로 인한 혈압의 조절능력이 저하된다.
㉣ 혈관경색 및 심장기능 저하로 순환장애를 초래한다.

⑤ 근골격계의 변화

노화의 진행으로 인하여 골다공증, 낙상, 골관절염 등 건강상의 문제가 발생할 수 있으며, 이는 노인에게 사망이나 장기간 재활이 필요한 상황을 초래할 수 있다. 근골격계의 변화는 굽은 허리, 가늘고 긴 팔과 다리, 다리를 넓게 벌리고 비틀거리는 걸음 등 외관상 현저히 드러나는 것으로 일상생활 기능에도 크게 영향을 미치고 있다. 따라서 신체적 기능을 향상시킬 뿐만 아니라 관절질환, 페렴, 변비, 우울 등과 같은 다양한 문제의 감소를 위하여 적당하고 규칙적인 운동이 필요하다.

㉠ **신장의 감소** : 척추간판의 수축과 골량 감소로 인하여 키가 줄어들며, 등이 앞으로 굽는 등 자세의 변화가 나타난다.
㉡ **잦은 골절** : 골조직의 변화로 작은 충격에도 골절되기 쉬우며, 근력의 저하로 운동능력이 감소된다.
㉢ 어깨가 좁아지고 골반은 커진다.

㉣ 근섬유의 수와 크기가 감소하여 근육의 양이 줄어든다.

㉤ 관절의 활막이 탄력성을 잃고 관절면이 마모되어 염증, 통증, 기형 등을 초래한다.

㉥ 팔, 다리의 지방은 감소하고, 엉덩이와 허리, 어깨의 피하지방은 증가하여 노인 특유의 체형을 보인다.

⑥ 생식 및 비뇨기계의 변화

노인은 성 호르몬의 감소로 인하여 성적 흥분 시 일어나는 심혈관계의 급격한 반응이 둔화되고 속도도 느려진다. 에스트로겐, 테스토스테론, 프로게스테론 등과 같은 순환 호르몬의 감소로 인해 성적 흥분, 주변 생식기의 변화 등 다양한 생리적 요인은 정신적 요인과 상호작용하여 노인들의 성기능에 많은 장애를 초래한다.

㉠ 방광기능과 대뇌기능의 저하 등으로 인한 빈뇨증, 요실금, 야뇨증 등이 발생한다.

㉡ 여성의 경우 유방의 위축과 질의 수축 및 분비물 저하 등으로 인하여 질염의 발생 가능성이 높아진다.

㉢ 남성의 경우 전립선 비대로 인하여 배뇨곤란과 배뇨 시 통증 등을 경험한다.

⑦ 피부계의 변화

노화로 인하여 노인의 피부는 점차 얇아져 쉽게 손상을 입게 되며, 피하조직의 감소로 인하여 저체온이나 오한, 압박에 대한 손상 등의 위험 또한 높다. 장기간 햇볕에 노출된 경우 피부장애를 일으키기 쉽고, 각화증, 피부암, 진균감염, 피부염, 착색, 건선 및 소양증 등이 발생할 수 있다. 특히 주름, 늘어진 피부, 흰머리, 탈모 등은 노인의 자존감 및 자아개념에 부정적 영향을 미칠 수 있다.

㉠ 피하지방의 감소로 기온에 민감하게 되며, 피부가 건조하고 표피가 얇아서 탄력성의 감소를 동반한다.
㉡ 주름살 증가 및 늘어진 눈꺼풀, 이중턱 등이 생긴다.
㉢ 손톱과 발톱이 두꺼워진다.
㉣ 상처회복이 지연되고 궤양 등이 생기기 쉽다.
㉤ 피부색의 변성, 검버섯 등이 생긴다.

⑧ 신경계의 변화

신경계의 구조와 기능의 변화는 개인의 유전적 특성과 외상이나 질환에 침범받은 특정 뇌 부위에 따라 여러 요인들의 복합적 작용으로 일어난다. 특히 신경계는 경미한 기억력 손상, 인지능력 감퇴 등을 초래하고, 수면양상, 시각, 청각, 걸음걸이, 자세의 변화 등을 초래한다. 뇌조직은 대사 혹은 산소공급의 변화 등에 민감하고 뇌와 같은 신경계의 기능손상은 질병과 환경 변화에 의한 대사 혹은 산소공급의 변화로 인해 촉발된다.

㉠ 신경세포의 기능이 저하된다.
㉡ 근육의 긴장과 자극 반응성의 저하로 신체활동이 감소한다.
㉢ 감각이 둔화된다.
㉣ 정서조절이 불안정해진다.
㉤ 신체적 운동 부족 등으로 불면증이나 수면장애를 겪는다.
㉥ 단기기억은 감퇴하고 장기기억은 대체로 유지되는 편이다.
㉦ 앞으로 구부린 자세와 느리고 발을 끄는 걸음걸이가 나타나며, 균형을 유지하는 능력과 신체를 바르게 유지하는 능력 등이 감소한다.

⑨ 내분비계의 변화

갑상선 질환과 당뇨병과 같은 내분비계 질환은 흔하게 발병하지만 증상이 확실하지 않아서 진단을 내리는 데 어려움이 많다.

㉠ 포도당 대사능력이 감소하고, 인슐린에 대한 민감성 감소로 쉽게 고혈당이 된다.
㉡ 췌장의 베타세포에서 인슐린의 분비가 느리고 그 양이 불충분하다.
㉢ 공복 시 혈당이 증가한다.
㉣ 갑상선 크기가 줄어들고 갑상선 호르몬의 분비량도 다소 감소한다.

⑩ 감각기계의 변화

㉠ **시각** : 노화의 정도에 따라 지방이 감소하면서 눈꺼풀이 처지게 되고 눈이 깊게 들어간다. 남성의 경우 눈썹이 거칠어지면서 남녀 모두 가늘어지는 경향을 보인다. 결막은 얇아지고 누렇게 변하며, 눈물의 양은 감소하고 건조해져서 불편감이나 자극을 주게 된다. 노인환이라고 부르는 지방 침착물이 관찰되며, 연령 증가에 따라 수정체의 조절능력이 약해져서 근거리의 물체를 잘 구분하지 못하는 백내장이 생기기 쉽다. 또한 부분적인 시신경의 기능 저하로 시력의 변화가 나타나며, 실명에 이르는 녹내장 질환도 자주 나타난다. 이렇듯 시각 체계의 변화는 눈부심의 증가, 시력 저하, 빛 순응의 어려움 등을 동반하여 다양한 안질환의 원인이 되고 있다.
㉡ **청각** : 노화에 따라 피부 탄력성이 상실되기 때문에 귓바퀴가 커지고 늘어진다. 노화로 인하여 가장 많은 변화를 나타내는 것은 내이이며, 소리의 감수성, 말의 이해, 평형 유지에 문제가 발생한다. 연령에 따라 소리의 고저, 강도에 대한 감지능력은 큰 변화가 없으나 노화로 인한 노인성 난청은 50세 이후에 두드러지며, 여성보다 남성에게서 흔히 발견된다.
㉢ **미각** : 성인은 약 10,000개의 미뢰를 가지고 있으며 남녀 모두 60세를 전후로 네 가지 맛에 대한 감각에 변화가 찾아온다. 혀

뒤쪽의 신맛과 쓴맛을 감지하는 미뢰는 나이가 들수록 더 기능을 잘하고, 앞쪽의 단맛을 감지하는 미뢰는 점차 기능이 떨어진다. 또 입과 입술 근육의 탄력이 떨어지고, 침의 분비량도 줄어들어 미각의 변화와 대사율의 감소로 식욕 또한 감소한다.

㉣ **촉각** : 신체 부위에 대한 접촉의 민감성은 대체로 45세경까지는 증가하나 그 이후 현저히 감퇴하는 경향이 있으므로 노인은 접촉의 강도가 높아야 쉽게 접촉감을 느낄 수 있다. 또한 통증을 호소하는 정도는 증가하지만 통증에 대한 민감성은 감소하는 경향이 있다.

(2) 심리적 특징

노인은 노화의 정도에 따라 자신의 의지와는 다르게 점차 몸의 각 기능이 퇴화하고 성격도 변화된다. 따라서 더 많이 노여워하고 서러워할 수 있으므로 노인의 심리적 특성을 숙지하여 노인과 대화를 하거나 서비스를 진행할 때 주의해야 한다.

정신적으로 건강하다는 것은 정서적 항상성을 통하여 생활의 스트레스에 대처하고 관리하는 능력이 있음을 말한다. 노인은 문제대처 능력, 위기관리 능력에 있어서 더 많은 경험이 있으며, 자신의 상황을 명확히 파악하고 있어 삶에 대한 환상은 거의 없다고 볼 수 있고, 배우자의 죽음, 이별, 수입의 감소, 건강 등이 가장 큰 스트레스로 작용하고 있다.

노인에게 있어서 정신건강은 삶의 만족감과 관심, 삶을 통합하는 일에 영향을 받는다. 자신의 사회 구성원으로서의 가치를 입증하고 자기가치의 강화를 통하여 정신건강을 유지할 수 있도록 하여야 한다. 이를 위하여 적정 소득을 통한 안정성과 안전한 주택, 인간의 기본적 욕구를 충족할 수 있는 상황 등이 필요하다.

노인은 자신이 지각하는 방식, 문제해결 방식, 활동하는 방식, 상황에 반응하는 방식, 평소의 생활양식과 생각 등에 따라 행동하고 반응한다. 그러나 노화에 따른 감각계 기능상실 등은 노인에게 다양한 심리적 스트레스를 야기하는데 그 내용을 살펴보면 다음과 같다.

① 우울증 경향 증가

노인에게서 볼 수 있는 가장 흔한 기능적 정신질환으로 의존성의 증가는 절망감, 무기력, 자기통제력 저하, 자아존중과 자기가치의 저하 등을 일으키고, 이러한 변화는 노인의 일상생활 기능에 지장을 초래하여 우울증이 발생하기도 하고 사망률을 높이는 원인으로 작용할 수도 있다.

우울증의 경향은 노년기 전반에 걸쳐 증가하게 되는데 이는 신체적 질병, 배우자의 죽음, 경제능력의 약화, 사회와 가족으로부터의 소외 및 고립, 일상생활에 대한 자기 통제력 저하, 지나온 삶에 대한 회한 등이 주 원인이 될 수 있다. 증상으로는 인지변화, 행동변화, 신체증상 등을 호소하는데, 주로 인지의 변화로는 기억력 저하, 편집증, 초조함, 과거에의 집착, 죽음에 대한 생각, 자살 등이 있을 수 있다. 또한 행동의 변화로는 식욕저하, 수면 양상의 변화, 에너지 수준의 저하, 옷치장 불량, 관심 철회 등과 같은 행동을 보인다. 그리고 신체증상으로는 근육통, 복부의 통증, 팽만감, 오심과 구토, 구강 건조증, 두통 등을 볼 수 있다.

② 수동성 증가

노년기에는 자기 자신의 사고나 감정에 의해 사물을 판단하게 되는 경향이 많아지고 누군가의 도움을 받아 문제를 해결하려고 하는 수동적 경향이 증가한다. 또한 심리적 탐구 등에는 관심을 두지 않는 경향이 있다.

③ 경직성 증가

노인들은 문제를 해결함에 있어서 행동이 옳지 않거나 이익이 없음에도 불구하고 자신의 생각대로 행동하는 경향이 있으며, 학습능력과 문제해결

능력이 떨어지는 경향이 있다. 특히 노년기에는 경직성이 증가하여 새로운 환경에 적응하기 어렵고 이러한 경직성의 증가는 자신의 체면을 손상하지 않으려는 경향과 연결되므로, 상황에 대한 판단이나 질문에 조심스러운 태도를 보이면서 결단력에 대한 자신감이 감퇴되어 확실성이 높다고 판단될 경우에만 반응을 보이기도 한다.

④ 의존성 증가

노인은 신체적 기능의 약화와 경제적 능력의 쇠퇴로 인하여 의존성과 뇌 기능 감퇴로 인한 정신적 의존성, 생활에서 의미 있는 중요한 사람들을 잃음으로써 생기는 사회적 의존성 등이 증가하는 경향이 있다.

⑤ 친근한 사물에 대한 애착심

노인들은 지나온 과거를 회상하고 마음의 안락과 만족을 느끼게 되면서 세월은 변했지만 자신과 자신의 주변은 변하지 않고 일정한 방향으로 유지되고 있음을 느끼고 평안을 갖기 위하여 그동안 사용해 온 물건에 대한 애착심이 증가한다. 또한 사후에 자신이 이 세상에 다녀갔다는 흔적을 남기려는 욕망으로 유산(문학, 예술작품, 기술, 지식, 재산 등)을 남기려는 경향이 있다.

⑥ 성역할 지각의 변화

성은 사회적으로 남성성과 여성성을 구분하는 문화적 요인에 영향을 받으며, 정신적 영역으로는 자신과 타인의 성에 대한 태도, 경험으로부터의 학습을 반영한다. 또한 생물학적 성은 생리적 반응을 반영하는데 이상의 세 영역은 상호관련성을 통해 각 영역에서 직·간접적으로 영향을 주고받는다.

그러나 노인이 되면서 억압되었거나 무의식에 머물러 있던 개인의 본질이 재발견되는 경향을 보이면서 억제되었던 남성성과 여성성이 출현하게 되고, 일생 동안 억제되었던 자기 역할의 표현이 전환을 이루기도 한다. 그래서 남성은 부드럽고 편안해지고, 사회생활로부터 은퇴함에 따라 위축되어 수동적으로 변하게 된다. 반면 여성은 자기주장이 강해지며 가사로부터 벗어나면서 능동적이고 의사결정에 있어서 권위적인 경향을 보이기도 한다.

(3) 사회적 특징

사회적 의미에서의 역할은 개인이 사회에 참여하고 이것을 통하여 개인의 사회적 가치가 인정되며 또한 자아정체성을 유지하는 기반이 되는 것으로 사회적 측면의 가장 핵심적 요소라고 볼 수 있다. 그러나 노화에 따른 사회적 변화는 노년기의 역할변화와 관련된 것으로 그동안 자신이 해오던 역할과 기능을 갑작스럽게 상실한 경우에 역할변화에 따른 다양한 위기가 초래될 수 있다.

그러므로 예측할 수 있거나 통제를 통하여 역할상실을 쉽게 받아들이고 준비할 수 있다면 노인의 자긍심을 유지하면서 새롭고 만족스러운 역할을 할 수 있도록 돕는 대체역할도 필요할 것이다.

① 직업상실과 경제적 빈곤

퇴직을 통하여 소득의 상실뿐만 아니라 대인관계 축소로 인한 유대감 상실 등은 소득뿐만 아니라 사회적 신분과 지위도 잃어버리므로 빈곤과 상실감을 야기한다. 특히 퇴직 이후에 겪게 되는 부부간의 역할과 지위의 변화는 생활만족도와 행복에 영향을 주는 요인으로서 극단적인 경우 퇴직 이후 자살의 위험요인이 되기도 한다.

이를 개선하기 위해서는 첫째, 스스로 스트레스를 극복할 수 있는 방법을 개발하는 것이 필요하다. 개인의 건강수준, 경제상태, 학력과 같은 사회경제적 요인이 퇴직 후 적응에 영향을 미치기도 한다. 보편적으로 교육

수준이 높고 친구관계가 많으며 신체 및 정신적으로 건강한 사람이 스트레스에 잘 대처하는 것을 볼 수 있다. 둘째, 퇴직의 적절한 시기 설정이 필요하다. 정상적 퇴직에 비해 너무 빠르거나 늦은 경우에 정서적 고통이 더 클 수 있다. 셋째, 퇴직의 자발성 정도에 따라 개인이 받는 스트레스 정도가 달라진다. 자발적 퇴직의 경우 정서적 만족도나 적응수준이 높은 것을 볼 수 있다. 넷째, 개인의 성별, 성격적 특성, 직업만족도, 대처자원, 자기효능감 등이 퇴직 이후에 적응하는 데에도 영향을 미친다.

② 배우자와 친족의 상실, 자녀의 결혼

대부분의 여성은 자신보다 나이가 많은 남성과 결혼하는 경향이 있으며, 여성이 남성에 비해 평균수명이 길기 때문에 독신이 되기 쉽고 수년간 홀로 남겨진 삶을 산다. 그런 면에서 배우자와의 사별은 일상생활에 가장 큰 스트레스 요인으로 나타나고 있다. 특히 막연히 느끼던 죽음이 현실화되면서 심한 허무감, 절망감, 고독감 등을 갖게 된다. 더불어 남성 노인의 경우 가장의 자리를 아들에게 인계함에 따라 고독감이 증가하며 여성 노인의 경우에는 자녀의 결혼과 그로 인한 자립 등으로 인하여 '빈둥지 증후군'을 느끼게 되면서 노후에 대한 초조와 불안감이 증폭될 수 있다. 여성은 어머니로서의 정체성 상실을 경험하지만 그래도 여전히 주부로서의 역할을 하면서 할머니로서의 긍정적 가치를 획득할 수 있으나 남성은 훨씬 역할이 감소하는 것을 볼 수 있다.

3) 노인의 통증

(1) 노인의 통증

노인에게서 일반적으로 나타나는 것이 근골격계 질환과 관련된 통증이다. 65세 이상 노인의 80%에 영향을 주는 것으로 노인에게는 통증으로 인한 영향 또한 현저하다. 우울증, 사회화 감소, 수면장애, 활동장애, 건강 관련 요구와 통증 관련 비용의 증가 등이 주로 관련되며, 신체상태 저하, 보행장애, 생활속도의 저하, 약물과다 복용 등이 통증에 의해 더 악화된다.

(2) 노인의 통증 표현

노인은 자신이 경험하는 통증을 모두 표현하지 않기 때문에 정기적으로 통증에 대한 질문을 통해 사정해야 한다. 특히 노인의 인지적 장애 등은 통증을 인식하는 데 방해요소로서 통증의 객관적인 생리학적 도구들이 없기 때문에 대상자의 자가보고와 다른 증상이나 징후들을 통해 통증을 알아내야 한다.

대부분의 노인들은 '통증'이라는 용어보다는 '상처', '아픔', '타는 듯한' 같은 기술적 용어를 사용하는 경우가 많다. 기능상태의 저하는 정신상태를 변화시키거나 우울증으로 이어지기도 한다.

(3) 노인에게 흔한 통증

① 두통

두통은 보편적으로 질병의 증상일 뿐만 아니라 그 원인도 다양하다. 두통은 아플 때 반드시 동반하는 증세로 생각할 수 있지만 심각한 질병의 예고일 수 있으므로 정확한 진찰이 반드시 필요하며, 두통의 원인은 다음과 같다.

- 뇌혈관에 원인이 있는 경우로 동맥이나 정맥이 급격히 넓어지거나 수축되었을 때
- 뇌막염이나 뇌실의 뇌척수액이 급격히 증가하거나 감소되었을 때
- 눈, 코, 귀, 이의 통증이 발생했을 때
- 뇌에 염증이 있거나 종양이 생겼을 때

- 육체적 · 정신적 긴장이 계속되어 뇌혈관을 지배하는 신경에 이상이 일어날 때

② 흉통

흉통은 관상동맥이 동맥경화로 좁아져 심장근육에 산소를 충분히 공급하지 못할 때 발생하는 심혈관질환 특유의 증상 중 하나이다. 흉부의 뼈와 근육계통의 염증, 심한 운동 등으로 인한 결림증으로 발생되기도 한다. 또한 위궤양, 담석증 등의 위장장애 시에도 흉통이 나타날 수 있다.

③ 복통

복통은 내장에는 통각이 없으나 위장근육의 경련, 장중첩, 수뇨관의 확장 또는 신장결석 등이 있는 경우 통증이 발생할 수 있다.

④ 요통

요통과 디스크는 구별이 필요하다. 디스크의 경우 요통과 더불어 하지부의 저림 증상이 동반되므로 감별할 수 있다. 여성의 경우 자궁후굴, 염증 등의 자궁질환이 있을 때 요통을 호소한다. 신장, 방광의 질환에도 요통이 주요 증상으로 나타난다.

⑤ 그 밖의 국소통증

신체의 어느 부위든지 손상이 생기면 통증이 나타나게 된다. 통증의 종류는 통증을 유발시키는 원인의 성질에 따라 다르므로 통증이 있을 때는 부위, 통증이 번져가는 양상 및 원인을 잘 알아야 한다.

2. 장애인에 대한 이해

1) 장애의 유형

〈표 2-2〉 장애의 분류

대분류	중분류	소분류	세분류
신체적 장애	외부 신체기능의 장애	지체장애	절단장애, 관절장애, 지체기능장애, 변형 등의 장애
		뇌병변장애	뇌의 손상으로 인한 복합적인 장애
		시각장애	시력장애, 시야결손장애
		청각장애	청력장애, 평형기능장애
		언어장애	언어장애, 음성장애, 구어장애
		안면장애	안면부의 추상, 함몰, 비후 등 변형으로 인한 장애
	내부 기관의 장애	신장장애	투석치료 중이거나 신장을 이식받은 경우
		심장장애	일상생활이 현저히 제한되는 심장기능 이상
		간장애	일상생활이 현저히 제한되는 만성·중증의 간기능 이상
		호흡기장애	일상생활이 현저히 제한되는 만성·중증의 호흡기기능 이상
		장루·요루장애	일상생활이 현저히 제한되는 장루·요루
		뇌전증장애	일상생활이 현저히 제한되는 만성·중증의 뇌전증
정신적 장애	발달장애	지적장애	지능지수가 70 이하인 경우
		자폐성장애	소아청소년 자폐 등 자폐성장애
	정신장애	정신장애	조현병, 조현정동장애, 양극성정동장애, 재발성우울장애

출처 : 장애인복지법 시행령 [별표 1].

2) 장애의 특성

(1) 지체장애

지체장애란 사람의 몸 중 골격, 근육, 신경 중에서 어느 하나의 일부나 전체에 질병이나 외상으로 인해 기능상의 장애가 발생한 사지나 몸통의 운동기능장애를 말한다. 또한 운동기능장애란 운동기관이 있는 중추신경계, 근육, 뼈, 관절 등의 부상이나 질병으로 인하여 장기간 일상생활이나 학교생활에서 곤란한 상태에 있는 것을 말하는데 이 곤란이 영구적으로 남아 있을 경우 지체장애가 된다.

(2) 뇌병변장애

뇌병변장애란 중추신경의 손상으로 인한 복합적 장애로서 뇌성마비, 외상성 뇌손상, 뇌졸중 등 뇌의 기질적 병변으로 인해 보행이나 기타 일상생활동작에 제약을 받게 된다.

(3) 시각장애

눈의 기능에 문제가 있는 경우로 시력 및 시야에 장애가 있는 경우를 말한다. 일반적으로 맹(盲)과 약시로 구분한다.

(4) 청각장애

소리를 듣는 청각기관에 이상이 생기거나 또는 들리는 소리를 뜻있는 말로 해석하는 중추기관에 이상이 생겨서 의사소통에 장애가 있는 경우를 말한다.

(5) 언어장애

정상적 언어로부터 이탈된 여러 형태의 언어로서 사람들로부터 불필요한 주의를 끌게 하고, 의사소통에 방해를 받으며 또한 그로 인해 사회적응에 문제를 초래하는 경우를 말한다.

(6) 안면장애

선천성 기능, 질환 및 사고 등으로 안면 부위에 변형(색깔, 모양, 혹 등)이 생기고 이로 인해 장애가 있어서 사회생활을 함에 현저하게 제약을 받게 된다.

(7) 신장장애

신장의 기능부전으로 인해 혈액투석이나 복막투석을 지속적으로 받아야 하거나, 신장의 기능에 영속적인 장애가 있어서 일상생활을 진행하는데 현저한 제약을 받게 된다.

(8) 심장장애

심장의 기능부전으로 인하여 일상생활을 진행하는 데 호흡곤란 등의 장애가 있어 현저한 제약을 받게 된다.

(9) 간장애

간기능에 장애가 있어서 일상생활이나 사회생활을 함에 현저하게 제약을 받게 된다.

(10) 호흡기장애

폐나 기관지 등 호흡기관의 기능에 장애가 있어서 일상생활이나 사회생활을 함에 현저하게 제약을 받게 된다.

(11) 장루 · 요루장애

회장루, 결장루, 요루기능에 장애가 있어서 일상생활이나 사회생활을 함에 현저하게 제약을 받게 된다.

(12) 뇌전증장애

뇌전증(간질)으로 인한 기능 및 능력장애로 인하여 일상생활이나 사회생활을 함에 현저하게 제약을 받게 된다.

(13) 지적장애

정신발육이 항구적으로 지체되어 지적 능력의 발달이 불충분하거나 불완전하고 자신의 일을 처리하는 것과 사회생활의 적응이 현저히 곤란하여 제약을 받게 된다.

(14) 자폐성장애

소아기 자폐증, 비전형적 자폐증 등에 의한 기능 및 능력 장애로 인하여 일상생활이나 사회생활을 함에 현저하게 제약을 받게 되어 타인의 도움이 필요하게 된다.

(15) 정신장애

지속적인 조현병, 분열형 정동장애, 양극성 정동장애 및 반복성 우울장애 등에 의한 기능 및 능력 장애로 인하여 일상생활이나 사회생활을 함에 현저하게 제약을 받게 되어 타인의 도움이 필요하게 된다.

3) 장애인을 위한 서비스

장애인의 일상적인 생활을 보전하기 위해서는 재활(rehabilitation)이 필요하다. 재활이라는 용어는 1943년 미국재활회의에서 처음 사용한 단어로 "신체적 장애를 가진 사람에게 그가 가지고 있는 잔존기능을 최대한으로 발휘하게 함으로써 신체적 · 정신적 · 사회적 · 직업적 그리고 경제적인 능력을 회복시키는 것"이라고 정의하고 있다. 또한 세계보건기구(WHO)에서는 "의학적 · 사회적 · 교육적 · 직업적 수단을 동원하고 이를 상호 조정하며 훈련 또는 재훈련 과정을 통하여 장애의 기능적 능력을 가능한 한 최고의 수준으로 높이는 것"이라고 정의하고 있다.

(1) 시설중심재활

시설중심재활(IBR : Institution Based Rehabilitation)은 모든 재활서비스가 장애인 생활시설에 입소되어 있는 시설 장애인을 대상으로 제공되는 서비스를 말한다. 장애인이 필요한 기간 동안 입소하여 생활하면서 재활에 필요한 상담, 치료, 훈련 등의 서비스를 받아 사회복귀를 준비하거나 장기간 요양할 수 있는 시설이 있다.

장애인 생활시설에는 장애유형별 생활시설(지체 및 뇌병변, 시각, 청각, 언어, 지적장애)이 있고 중증장애인 요양시설, 장애 영유아 생활시설이 있다. 이 외에도 입소자들의 쾌적한 생활을 보장하고 구강보건상태의 개선을 위하여 치과유니트를 지원하는 장애인 생활시설 치과유니트지원사업이 있다.

① 장애유형별 생활시설

장애유형에 따라 유사한 장애를 가진 사람들이 입소 또는 통원하여 그들의 장애유형에 적합한 의료, 교육, 직업, 심리, 사회 등의 재활서비스와 주거서비스를 제공한다.

② 중증장애인 요양시설

장애의 정도가 심하여 항상 도움이 필요한 사람들이 입소하여 상담, 치료 또는 요양서비스를 제공한다.

③ 장애 영유아 생활시설

만 6세 미만의 장애 영유아를 입소 또는 통원하게 하여 보호와 동시에 재활에 필요한 의료, 교육, 심리, 사회 등의 서비스를 제공한다.

(2) 지역사회중심재활

지역사회중심재활(CBR : Community Based Rehabilitation)이란 장애인 자신과 그 가족 및 지역사회 내에 존재하는 인적·물적 자원을 개발하고 활용하여 장애인의 기본적 문제를 해결해 줌으로써 그들의 삶의 질을 향상하고 사회통합을 도모하고자 한다.

우리나라는 2000년 1월부터 시행되고 있는 장애인복지법에 의해서 종전의 "장애인 이용시설" 중심의 서비스가 "장애인 지역사회 재활시설"로 체계가 정비되어 재가 장애인에 대한 상담, 치료, 교육훈련, 사회와의 교류촉진 및 여가활용 등의 종합적인 복합서비스를 제공하고 장애인 문제의 계몽·홍보 및 조사·연구를 통해 지역의 재가 장애인의 자활자립과 복지증진을 도모하고 있다.

① 장애인복지관

지역사회 내의 장애인 복지사업은 대부분 장애인복지관을 통해서 진행되고 있다. 상담지도사업, 의료재활사업, 교육재활사업, 직업재활사업, 사회심리 재활사업, 재가 장애인 복지사업, 스포츠 및 여가활동사업, 정보제공사업, 수어관련사업, 여성장애인의 복지증진사업, 사회교육사업, 지역사회자원 개발사업, 홍보·계몽사업, 조사·연구사업, 기타 장애인의 복지증진을 위하여 필요한 사업 등을 진행한다.

② 장애인 의료재활시설

장애인을 입원 또는 통원하게 하여 상담, 진단, 판정, 치료 등의 의료재활 서비스를 의료관계법령과 장애인복지 관련 법령이 정하는 바에 따라 최선의 서비스를 제공한다. 의료재활서비스 기관으로는 국립재활원, 보건소 또는 보건지소가 있으며, 시・도에 의료재활병원・의원 등이 설치되어 운영되고 있다.

③ 장애인 주간보호시설

지역사회를 중심으로 장애인들을 주간보호시설에 통원하도록 하여 재활의 기회를 부여하고 장애인 가족 구성원의 일상생활의 부담을 덜어주는 가족 기능의 보충적 서비스이다. 재활치료사업, 여행 등 취미생활을 지원하고, 교육지도, 상담 및 욕구조사를 실시하며, 각종 목욕 서비스, 이・미용 서비스 등을 제공하며 중식 및 간식을 제공한다.

④ 장애인 단기보호시설

타인의 도움이 필요한 장애인을 대상으로 가정의 양육 스트레스를 경감시키면서 장애인을 입소시설로 보내지 않고 지역사회 내에서 거주할 수 있도록 지원한다.

⑤ 장애인 공동생활가정

장애인이 지역사회 내에서 가정과 같은 주거환경에 거주하며 독립적인 생활에 필요한 각종 서비스와 지원을 받으면서 사회 구성원으로서 존엄한 삶을 영위할 수 있도록 한다. 그룹홈의 구성원에 대해서는 장애 정도, 성장과정, 가족관계, 가정환경, 문제행동, 건강상태 등을 고려하여 개별화의 원리에 입각한 개개인의 능력에 따라 종합적인 사정이 이루어지고 있다. 이곳에서는 개인위생, 가정관리, 자립생활, 여가생활, 사회적응, 정서문제 등 여섯 가지 영역으로 나누어 프로그램을 실시하고 있다.

⑥ 장애인 체육시설

장애인의 체력증진 및 신체기능회복 활동을 지원하고 이와 관련된 편의를 제공한다.

⑦ 장애인 심부름센터

이동에 제약이 있는 장애인에게 차량운행을 통하여 민원업무 대행, 직장 출·퇴근, 시장보기, 외출보조 및 병원이용 보조 등 각종 이동서비스 및 안내활동을 한다.

⑧ 수어통역센터

의사소통에 장애가 있는 청각·언어장애인에 대하여 수어통역 및 상담서비스를 제공함으로써 원활한 일상생활 및 사회생활을 도모할 수 있도록 돕는다.

⑨ 시각장애인 학습지원센터

시각장애인의 학업 및 직무수행에 필요한 각종 자료를 점자·녹음·전자도서로 제작·보급하며 방과후 학습지원 및 컴퓨터 교육 등을 실시한다.

⑩ 시각장애인 재활지원센터

시각장애인에 대하여 BBS·ARS 운영, 시각장애인용 소프트웨어 개발, 재활장비 대여 및 수리 등 시각장애인의 재활자립과 사회참여의 확대지원 업무를 수행한다.

⑪ 장애인 해피콜 봉사센터

이동과 보행이 어려운 장애인의 이동권 확보를 위하여 콜택시와 연계하여 원활한 교통이용상의 편의를 제공한다.

⑫ 지적장애인 자립지원센터

지적장애인과 그 가족을 대상으로 고충상담, 도우미파견 및 지적장애인의 자립생활 능력 향상 및 사회참여의 확대 지원 등의 업무를 수행한다.

PART 02

케어복지실천론

| 제3장 | 케어복지 서비스

1. 케어복지 서비스의 관점

1) 생태체계적 관점

생태체계적 관점에 의하면, 인간과 환경은 복잡한 상호작용을 하면서 적절한 대응과 활용을 통해 균형을 유지해 간다. 그러므로 케어서비스를 필요로 하는 사람은 본인의 가족과 주위 환경에 의해서 생활상의 다양한 문제를 해결하게 된다. 따라서 적절한 서비스를 위해서는 기본적으로 대상자에 대한 이해와 그의 환경을 사정함으로써 가장 적합한 서비스 계획을 세울 수 있다.

2) 자기결정권

모든 사회복지 서비스는 대상자의 자기결정권에 의해서 진행되는 것으로 이를 위해서는 주체적인 의사결정과 이를 존중하고 보장하는 환경의 조성이 필요하다. 비록 타인의 도움이 필요한 상황이지만 본인의 의사결정에 따른 서비스가 제공되어야 하며, 때로 자기결정을 하는 데 있어 장애를 가지고 있어서 종사자나 법정대리인이 대상자의 권리옹호를 위한 대변자 역할을 한다고 하더라도 그 결정에 영향을 주는 것은 서비스 대상자의 의사가 반영되어야 한다.

3) 자립 – 자기실현

삶의 질은 자립과 밀접한 관계가 있는 것으로 본인에게 자립의사와 이를 실행에 옮길 수 있는 행동력은 삶의 질을 높이게 된다. 이로 보건대 자립은 첫째, ADL(일상생활동작능력) 중심의 신변자립과, 둘째, IADL(수단적 일상생활동작능력) 중심의 일상생활 유지 및 관리행동으로부터의 직업행동, 사회적 자립과, 셋째, 정신적 자립으로 구성된다.

이와 같이 자립을 통하여 개인의 능력이 향상되고 자신에게 의미 있는 생활이 실현되는 것을 자기실현이라고 할 때에 이제는 신체적 건강에 의한 자립관에서 벗어나 개인의 주체성에 근거한 삶의 방식을 만들어 가는 정신적 자립관으로의 전환이 필요하다.

4) 가족에 대한 인식의 전환

케어복지 실천대상에는 서비스의 대상자와 그 가족이 모두 해당된다. 산업화 이전에는 가족이 수발을 담당하는 주체였기에 의식적·무의식적으로 가족을 통한 케어에 압력을 가하기도 하였다. 그러나 이제 케어의 기본 단위는 개인이어야 하며, 서비스 대상자와 가족 구성원은 각자의 생활을 한다는 사고의 전환을 맞이하고 있다. 따라서 케어복지 서비스를 통하여 서비스 대상자와 그 가족 전체의 복지 수준을 향상시키고 개선해 나가기 위해서 다양한 노력과 연구가 필요한 시점이다.

5) 대등한 케어관계의 인식

케어서비스는 신청자의 요청에 의해서 서비스 제공자와의 계약을 통해 이루어진다. 이는 양측의 위치가 구분되는 것으로 이 관계는 대등하게 유지되어야 한다. 때로 관리–피관리의 관계가 되기 쉽고 이는 권력의 작용으로 나타나 대상자의 부정적 감정이 폭발하면 공격적이 되거나 서비스 이용을 거부하는 경향으로 나타날 수도 있고 이와 반대로 동정을 유도하기도 한다. 반대로 서비스 제공자가 직업에의 불만과 스트레스 등으로 인하여 업무적으로 소진(burn-out)된 상태에서 대상자에게 폭언, 무시, 학대 등의 모습을 보일 수도 있다.

그러므로 서비스 제공자는 항상 대상자에 대한 관찰과 애정을 통하여 잘못된 권력관계가 발생하지 않도록 주의를 기울여야 한다.

6) 서비스의 과학성

서비스 대상자의 가족이나 경험 등에 의존해 오던 케어활동이 전문성을 높이고 종합적 서비스가 되기 위해서는 과학성을 추구하여 효율적이고 안전한, 인간과 환경에 대한 종합적 파악을 근거로 서비스가 이루어져야 한다. 서비스의 목적을 위하여 체계적 구조를 가진 지식과 기술에 근거하여 합리적 대처가 이루어져야 하며, 그 결과를 활용한 지식과 기술, 방법 등의 타당성이 검증되어야 한다. 이러한 과정의 진행을 통하여 규칙성, 법칙성, 공통성, 보편성 등을 도출하고 이론화해야 한다.

2. 케어복지 서비스의 실천원칙

1) 기본 원칙

요양보호사는 장기요양서비스 제공과정에서 ① 수급자 중심의 급여 제공, ② 급여제공계획과 기준에 근거한 급여 제공, ③ 권리와 책임에 따른 급여 제공이 이루어질 수 있도록 노력해야 한다(국민건강보험공단, 2022).

케어서비스 제공 시 요양보호사가 준수해야 할 세 가지 기본 원칙에 따라 수행할 실제 업무 내용들을 차례로 정리해 보면 다음과 같다.

(1) 수급자 중심의 급여 제공

- 수급자 또는 보호자와 상담을 실시하고, 제공할 급여내용을 상세히 설명한다.
- 수급자의 욕구를 종합적으로 파악하고, 개별적인 욕구를 반영하여 급여를 제공한다.
- 수급자의 상태나 환경을 고려하여 안전사고나 사생활 침해가 발생하지 않도록 한다.
- 급여제공기록지를 작성하고 수급자 또는 보호자에게 설명을 한 후 확인을 받는다.

(2) 급여제공계획과 기준에 근거한 급여제공

- 기관의 운영규정, 근로계약의 내용과 최신의 급여제공 기준을 충분히 숙지한다.
- 급여제공계획에 따른 급여내용과 제공시간을 준수하여 필요한 급여를 제공한다.
- 구체적인 급여제공 내용과 방법은 표준교재 또는 급여제공 매뉴얼의 관련사항을 참고・활용한다.
- 수급자별로 급여제공 내용과 상태변화를 충실하게 기록하고 관리한다.
- 수급자에게 응급 또는 조치가 필요한 상황이 발생하면, 임의로 판단하지 않고 즉시 관리자에게 보고한다.
- 수급자나 가족이 부당한 요구를 할 경우 즉시 거절하고 관련 대응지침을 따른다.

(3) 권리와 책임에 따른 급여 제공

- 급여를 제공할 때는 항상 단정하고 위생적인 복장을 착용하도록 한다.
- 자신과 수급자의 건강 유지 및 개선, 사고예방을 위하여 올바른 케어 기술을 습득하고 관리지식을 배양한다.
- 매년 건강검진을 받고 평소 계획적인 휴식과 운동, 건강관리를 통해 근골격계 질환이나 감염을 예방하기 위해 노력한다.
- 수급자에 대한 학대나 기관의 부당행위를 발견하였을 경우 지체 없이 관련 절차에 따라 신고한다.
- 제공인력이 변경되더라도 급여의 양과 수준이 적합하도록 성실히 인수인계한다.

(4) 케어서비스 종사자의 준수 사항

① 서비스 대상자의 삶을 존중해야 하며, 본인 및 가족들로부터 습득한 대상자의 성격, 습관 및 선호도 등을 서비스 제공 개시 이전에 반드시 확인하여 싫어하는 행동은 조심하도록 한다.

② 자립생활의 지원을 위하여 대상자의 잔존능력을 최대한 활용하도록 한다.

③ 서비스 제공 이전에 대상자에게 충분히 설명한 후 동의를 구한 후 진행하도록 한다.

④ 서비스 제공 시 알게 된 비밀은 보장되어야 하며, 대상자의 사생활을 보호하고 자유로운 의사소통을 보장하여야 한다.

⑤ 관찰을 통하여 대상자의 현재 상태에 맞는 서비스를 제공하여야 하며, 기계적 서비스의 제공이나 원하지 않는 서비스의 강요 등은 금지되어야 한다.

⑥ 제공되는 모든 서비스는 대상자에게만 제한하여 제공되어야 한다.

⑦ 대상자의 상태 변화 등으로 계획된 서비스 외에 서비스를 추가, 변경

하거나 의료적 진단 등이 필요하다고 판단되는 경우 시설장 또는 관리책임자에게 신속하게 보고한다.

⑧ 대상자 또는 그의 가족과 의견이 상충될 경우에는 불필요한 마찰을 피하고 시설장 또는 관리책임자에게 보고한다.

⑨ 서비스 제공 중 예기치 못한 사고가 발생한 경우 소속된 시설장, 간호사 등에게 신속하게 보고하여야 한다(예 부축하여 동행하다가 넘어져 부상을 입거나, 목욕 물의 온도 조절 실패로 화상을 입는 등).

⑩ 흡인, 비위관 삽입, 관장, 도뇨, 욕창 관리, 투약(경구약 및 외용약 제외) 등을 포함하는 모든 의료 행위를 하지 않는다.

⑪ 요양보호사는 서비스 제공 중 대상자에게 응급 상황이 발생한 경우 응급처치 우선순위에 따라 응급처치하고 응급처치를 할 수 없거나 의사에게 보고할 수 없는 상황인 경우에는 가장 가까운 의료기관으로 대상자를 옮긴다.

⑫ 치매 대상자에게 서비스를 제공할 때 발생하는 여러 돌발 상황에 대해서는 시설장 또는 관리 책임자와 의논하여 처리한다.

2) 케어서비스의 범위

(1) 신체활동 지원 서비스

신체적 불편함을 돌보는 서비스로 세면도움, 구강관리, 머리 감기기, 몸단장하기, 옷 갈아입히기, 목욕도움, 식사도움, 체위 변경하기, 이동도움, 신체기능의 유지 및 증진, 화장실 이용하기 등과 관련된 일체의 서비스를 말한다.

구체적인 내용은 다음과 같다(보건복지부, 2024 : 64-65).

① **세면도움** : 얼굴, 목, 손, 발 씻기, 세면장까지의 이동 보조, 세면 동작지도, 세면 지켜보기 등

② **구강청결도움** : 구강청결(양치질 등), 양치 지켜보기, 가글액 · 물 양치, 틀니 손질, 필요 물품 준비 및 사용 물품 정리 등

③ **머리 감기 도움** : 세면장까지의 이동 보조, 머리 감기기, 머리 말리기, 필요 물품 준비 및 사용 물품의 정리 등

④ **몸단장** : 머리단장, 손발톱 깎기, 면도, 면도 지켜보기, 화장하기, 필요 물품 준비 및 사용 물품의 정리 등

⑤ **옷 갈아입기 도움** : 의복 준비(양말, 신발 포함), 지켜보기 및 지도, 속옷, 겉옷 갈아입히기, 의복 정리 등

⑥ **몸 씻기 도움** : 욕실이동과 몸 씻기 준비, 입욕준비, 입욕 시 이동보조, 몸 씻기(샤워 포함), 옷 갈아입히기, 사용물품 정리 등

⑦ **식사 도움** : 식사 차리기, 아침, 점심, 저녁 및 간식 포함 식사 도움, 식사보조, 구토물 정리, 지켜보기, 튜브영양공급 실시, 식사준비 및 정리 등

⑧ **체위 변경** : 자세 변경, 일어나 앉기 시 도움 등

⑨ **이동 도움** : 침대에서 휠체어로 옮겨 태우기 등, 시설 내 보행 지켜보기, 보행도움, 보조기구(보장구)를 이용한 도움 등

⑩ **신체기능의 유지 · 증진** : 관절 오그라듦 예방 및 예방활동, 보행 및 일어나 앉기, 서 있기 연습 보조 및 도움, 기구사용 운동보조, 보장구 이용 도움(지켜보기 포함), 복약 도움 등

⑪ **화장실 이용 도움** : 화장실 이동 보조, 이동변기 사용 도움, 배뇨 · 배변 도움, 지켜보기, 기저귀 교환, 용변 후 처리, 필요물품 준비 및 사용물품의 정리 등

(2) 가사 및 일상생활 지원 서비스

개인활동지원과 식사준비 및 청소 등 일상생활지원 서비스를 포함하는 것으로 개인활동지원 서비스는 대상자의 사회생활 유지 · 지원을 의미하

며, 일상생활지원 서비스는 대상자 개인의 일상과 관련된 서비스를 의미한다.

① **개인활동지원** : 외출 시 동행, 장보기, 산책, 은행, 관공서, 병원 등 방문 시 부축 또는 동행(차량 이용 포함)하고 책임 귀가 등

② **일상생활지원** : 식사준비, 청소 및 주변 정돈, 세탁 등으로 수급자를 위한 음식물 조리, 설거지, 주방정리, 청소 및 주변 정리정돈, 의복 세탁 및 관리 등

(3) 정서지원, 의사소통

정서지원, 의사소통은 별도로 구분되어 제공될 수도 있으나, 서비스 제공 준비 및 실행, 마무리 단계를 포함한 제반 과정에 걸쳐서 진행된다. 즉, 의사소통 도움, 말벗 및 격려·위로 등 정서적 지원, 사회적 지지체계 연계와 관계망 연결, 비상연락망 준비 등 안부확인을 위한 방문 및 생활상의 문제 상담, 대화·편지·전화 등의 방법으로 수급자의 욕구 파악 및 의사 전달 등을 대행한다.

(4) 인지지원

인지지원은 인지관리지원, 인지활동지원 등의 서비스를 포함한다.

① **인지관리지원** : 행동변화 감소 도움 및 대처, 수급자와 수발자 안전관리 도움, 정서적 안정과 생활의욕 향상 도움, 인지기능 향상을 위한 인지활동지원 등

② **인지활동지원** : 인지기능 악화 방지 및 잔존기능 유지를 위해 인지활동 지원 프로그램 관리자가 수립한 계획에 따라 인지자극활동 및 인지기능 향상 프로그램(기억전략 훈련, 시간차 회상 훈련, 실생활에서의 지각 기능훈련, 판단 및 집행기능훈련 등) 등 제공, 프로그램 준비, 교재 또는 도구를 활용한 프로그램 실행, 준비물품 정리 등

(5) 방문목욕 서비스

방문목욕은 목욕 설비를 갖춘 장비를 이용하여, 수급자의 가정 등을 방문하여 요양보호사 2인 이상이 목욕을 제공하는 서비스이다. 입욕준비, 입욕 시 이동 보조, 몸 씻기(샤워 포함), 지켜보기, 목욕 기계 조작, 욕실 정리 등을 서비스한다.

3. 케어복지 서비스의 실천방법

1) 케어 서비스의 실천

케어 서비스를 실천한다는 것은 케어와 관련한 문제와 과제의 해결을 통해 다양한 욕구를 충족시켜서 삶의 질을 향상하는 것으로 그 업무내용을 살펴보면 〈표 3-1〉과 같다.

〈표 3-1〉 케어복지사의 업무내용

구분	업 무	과 업
기본 업무	정보파악	경청, 건강상태 관찰, 의료 건강정보 및 관련정보 파악
	케어계획 입안, 평가	사전평가-문제 확정, 욕구평가, 계획입안, 사정과 원조의 수정, 사후평가
	신변케어	식사, 배설, 의류 교환, 목욕, 청결, 신체의 안락, 수면의 원조, 거주환경의 정비, 복지기구용품의 활용
	가사원조	조리, 의류 세탁 및 수선, 청소, 정리정돈, 생필품 구입, 기타 가사 일반에 대한 원조
	사회생활 유지 및 확대	이동(기계동작, 휠체어 등), 레크리에이션 실시, 이송 및 외출 원조, 재활 실시
	건강관리, 보건	약복용 및 처치에 관한 원조, 사망 시의 원조, 수진원조, 욕창예방, 감염예방, 바이탈사인의 측정, 종말기 케어, 건강관리 및 보건에 대한 조언

	심리사회적 원조	생활상담, 사회자원의 활용, 인간관계의 조정, 케어 부적응에 관한 조정, 생활환경의 정비, 관계자 기관 및 시설과의 조정, 심리적 원조, 인적·물적 조건의 정비
	케어기술 지도	케어기술 지도, 이용자·이용자집단·가족 대상
	협동, 연대	동 직종·타 직종, 상사·소속장, 가족에의 연락 및 조정, 봉사자 기타 관계자와의 연락·조정, 케이스 매니지먼트
	안전관리	전도 방지, 화재 방지의 점검, 문단속, 긴급 피난경로 점검
관련 업무	자기의 건강관리	피로 예방, 요통 예방, 감염 예방, 건강진단
	연수, 연구	슈퍼비전, 사례회의, 연수참가, 연구활동
	문서	일지 및 기타 기록, 기록의 활용, 개별케이스 기록, 문서보존과 관리
	회의	동 직종 및 타 직종의 담당자회의 출석과 운영관리, 직원회의 출석, 타 기관·타 시설 관계자 합동회의 출석과 운영관리
	사회자원 개발	가족에의 개발, 영향, 교섭, 동 직종·타 직종에의 개발, 영향, 교섭, 타 기관, 시설관계자, 상사, 봉사자 등의 개발·영향·교섭
	교육, 개발	실습생, 자원봉사자, 지역주민 교육·개발
	기타	가족, 시설방문자에 대한 대응, 잡용의 관리

출처 : 이해영(2008). 케어복지개론, pp. 80-81 재구성.

2) 신변서비스

서비스 대상자의 일상생활 기본 동작에 대한 전반적 케어로서 첫째, 생명과 신체에 부담이 되지 않도록 안전하고 쾌적한 생활을 보장해야 한다. 둘째, 보건과 의료를 기초로 한 신변케어에 대한 지식과 기술이 필요하다. 셋째, 케어서비스에 관한 결정은 대상자의 의사확인과 자기결정에 근거하도록 한다. 넷째, 신체적 케어에 대한 대상자의 다양한 감정을 이해하고 이를 배려한다.

3) 가사활동 서비스

인간의 삶을 영위하는 데 있어서 중요한 기능 중 하나가 의·식·주 활동이다. 특히 노화, 질병, 장애 등의 이유로 행동에 어려움이 있는 대상자들에게 행하는 가사활동은 능률적·효과적·합리적으로 제공되어야 하고, 이를 위하여 대상자의 의사와 욕구, 생활양식 등이 고려되어야 한다.

4) 사회생활 유지 및 확대

신체적 기능과 정신적 기능들이 저하된다고 하더라도 타인과의 교류를 통하여 사회참여를 하다 보면 생활의 범위가 넓어져 사회적 고립을 막고, 삶의 의욕을 높여 정신적 안정을 도모할 수 있다. 또한 대상자 자신이 삶의 주체자로서 결정권을 갖게 되면서 개인의 제 기능의 저하를 억제하고 그 기능을 유지·개선하는 데 효과적일 수 있다.

4. 케어복지 서비스의 실천과정

케어서비스의 실천과정은 질병과 장애 등으로 일상생활의 어려움이 있는 대상자들의 문제를 과학적으로 해결하기 위하여 케어전문가의 입장에서 그 해결방법을 계획하고 실시하며 평가하는 일련의 과정이라고 할 수 있다. 이러한 케어과정은 대상자 스스로 생활하는 데 자신감을 가질 수 있도록 측면적 원조가 되어야 하는데, 특히 대상자가 가지고 있는 신체적·심리적·사회적인 문제를 대상자와 함께 생각하고 해결해 가야 한다.

대상자의 욕구에 맞는 효율적인 서비스를 제공하기 위해서는 대상자에 대한 정확한 파악과 이에 맞는 계획, 적합한 전문종사자 등이 필요하며 케어서비스는 개별케어가 원칙으로, 이를 실천하기 위해서 다음과 같은 과정을 거치게 된다.

1) 사전평가

사전평가는 정보의 수집, 분석, 이를 통한 문제의 파악 등이 이루어지는 과정이다. 종사자는 대상자의 일상생활에 대한 관찰과 자료를 통하여 객관적인 정보를 얻는다. 사전평가 시에는 일상생활동작정도, 신체적·정신적·사회적·경제적·환경적 문제 등을 사정해야 한다. 이때에는 대상자가 가지고 있는 결점이나 단점 등의 부정적 측면보다는 긍정적인 측면을 볼 수 있도록 해야 보다 계획적인 서비스 계획이 가능해진다. 또한 케어계획에 도움이 되는 정보를 분별하고 대상자의 문제점을 명확히 함과 동시에 가능성에 대해서도 열린 자세가 필요하다.

2) 서비스 계획

사전평가를 통하여 문제점을 명확히 하고 그 목표와 방향을 정하여 대상자와 함께 서비스의 우선순위를 정하도록 한다. 또한 대상자의 문제해결에 대한 의욕과 자기결정권이 가능한 대상자는 문제해결 과정에 참여시켜서 생활 전체적인 시점에서 구체적인 케어방법을 협의하도록 한다.

3) 실 시

서비스 계획에 입각한 실천행위로서 케어는 대상자의 안전과 안락, 삶의 질 향상, 자립 추구라는 목적을 가지고 있다. 케어서비스는 팀 실천을 통하여 진행되기 때문에 긴밀한 팀워크가 요구되며, 동료 종사자들은 물론이고 사회복지사, 간호사, 영양사, 사무원 등의 타 직종과의 인간관계를 원활히 하는 것도 중요하며, 필요하면 사회자원을 적극적으로 활용하거나 개발하도록 한다.

4) 사후평가

서비스 초기에 설정된 목표의 달성 정도를 일정한 기준에 근거하여 그 효과성과 효율성을 측정하는 것을 말한다. 사후평가 시에 문제의 해결이 불충분하다고 평가되면 실시단계와 사전평가 단계로 피드백되어야 한다.

5. 케어복지 서비스의 교육과 인력

1) 요양보호사의 업무

노인장기요양보험제도에서 요양보호서비스의 목적은 65세 이상 노인 또는 노인성 질병을 가진 65세 미만인 사람에게 계획적이고, 전문적인 요양보호 서비스를 제공하여 장기요양 대상자들의 신체기능 증진 및 삶의 질 향상에 기여하는 것이다.

요양보호 업무가 대상자에게 실질적인 도움이 되기 위해서는 인간 욕구에 대해 기본적으로 이해하고 있어야 하며, 생리적 욕구를 충족하는 것부터 도와주어야 한다.

요양보호사는 치매·중풍 등 노인성 질환으로 독립적 일상생활을 수행하기 어려운 노인들을 위해 노인요양 및 재가시설에서 신체활동 및 일상생활활동 서비스 등을 제공하는 전문인력이다.

이들은 전문교육을 이수하고 국가자격증을 취득한 인력으로 요양보호사와 수급자 또는 수급자의 가족은 서로의 인격을 존중하면서 업무를 진행할 수 있어야 한다. 노인장기요양보험의 표준적인 서비스 및 배치시설 기준은 다음과 같다.

〈표 3-2〉 노인장기요양보험 표준서비스 분류

구 분	표준서비스 내용
신체활동지원	세면 도움, 구강청결 도움, 식사 도움, 몸단장, 옷 갈아입기 도움, 머리 감기 도움, 몸 씻기 도움, 화장실 이용하기, 이동 도움, 체위변경, 신체기능의 유지·증진
가사 및 일상생활지원	개인활동지원, 식사준비, 청소 및 주변 정돈, 세탁
정서지원, 의사소통	의사소통 도움, 말벗, 격려 등
인지지원 (인지관리지원, 인지활동지원)	인지행동 변화 관리 등 인지자극 활동, 일상생활 함께하기
방문목욕	입욕준비, 입욕 시 이동 보조, 몸 씻기(샤워 포함) 도움, 지켜보기, 목욕기계 조작, 욕실 정리 등
건강 및 간호관리	관찰 및 측정, 건강관리, 간호관리, 응급서비스
기능회복훈련	신체·인지기능 향상 프로그램, 신체기능의 훈련, 기본동작 훈련, 인지활동형 프로그램, 인지기능 향상훈련, 일상생활 동작훈련, 물리치료, 작업치료
시설환경관리	침구·린넨 정리, 환경관리, 물품관리, 세탁물관리

출처 : 보건복지부(2024). 2024년 요양보호사 양성 표준 교재, p. 64.

〈표 3-3〉 배치시설 기준

구 분	관련법	내 용
필 수	노인복지법	노인주거복지시설, 노인의료복지시설(노인전문병원 제외), 재가노인복지시설
	노인장기요양보험법	장기요양기관(요양/재가), 재가장기요양기관(방문간호 제외)
선 택	• 요양병원 등 병원은 요양보호사를 배치할 법적 의무 없음 • 간병인, 자원봉사자의 업무에 있어서 요양보호사 자격증을 법적으로 요하지 않음	

출처 : 보건복지부(2024). 요양보호사 양성지침.

2) 요양보호사의 요구 금지 업무

〈표 3-4〉 요양보호사의 급여 외 행위의 제공 금지

수급자의 가족만을 위한 행위	• 수급자의 가족만을 위한 식사준비, 빨래, 장보기, 가족의 방 청소 • 김장 도움, 결혼식 또는 집안 경조사 지원 • 가족을 위한 관공서 등 업무지원
수급자 또는 그 가족의 생업을 지원하는 행위	• 가게 보기, 부업에 참여하기 • 배달하기, 가게 청소, 가게 설거지, 가게 음식준비 등
그 밖에 수급자의 일상생활에 지장이 없는 행위	• 신체기능 개선을 위한 목적 외 통상적으로 무리하다고 판단되는 안마 • 잔디 깎기, 텃밭 매기 등

출처 : 노인장기요양보험법 제28조의2.

3) 요양보호사 교육대상

요양보호사란 일정 기간 교육을 이수하고 합격하여 국가자격을 취득한 사람으로서 치매·중풍 등 노인성 질환으로 독립적인 일상생활을 수행하기 어려운 노인들을 위해 노인요양 및 재가시설에서 신체 및 가사지원 서비스를 제공하는 전문 인력을 말한다.

요양보호사의 자격을 취득하기 위해서는 소정의 교육과정을 마치고 국가시험에 합격하여야 하며 교육대상자는 학력이나 연령 등에 제한이 없다. 노인장기요양보험법 시행 초기에는 교육 이수 후 1급과 2급으로 나누어 자격증이 발급되었으나 2010년 4월부터는 1년에 네 차례의 시험제도를 통하여 '요양보호사자격증'이 교부되었다.

최근에는 CBT(Computer Based Test, 컴퓨터를 활용하여 시험의 진행, 채점, 성적관리 등을 할 수 있는 유선 네트워크 기반의 시험방식)를 통해 시험이 상시 진행되고 있다.

4) 대상자별 교육

(1) 국가자격(면허) 소지자

사회복지사(급수와 무관함), 간호사, 물리치료사, 작업치료사, 간호조무사 등은 각 자격소지자의 전공분야를 고려하여 기이수한 부분에 대해서 교육이 면제된다. 이러한 유자격자들은 40~50시간의 교육과 8시간의 실습을 이수하면 자격취득을 위한 시험에 응시할 수 있다.

(2) 신규자

신규 및 무자격자들은 총 320시간의 교육이 진행되며, 이 중 80시간은 실습이 진행된다.

(3) 경력자

경력자로서 경력증명발급기관에서 생활지도원, 유급가정봉사원, 간병인 등 간병요양 관련 종사자로서 경력이 1년(1,200시간) 이상 인정되는 사람에 한하여 일반인의 경우 실기·실습시간이 각각 50% 감면된다. 또한 노인요양시설에서 1년 이상 근무한 사람은 시설실습 전체를 면제받으며, 재가노인복지시설에서 1년 이상 근무한 사람은 재가실습 전체를 면제받는다.

또한 국가자격(면허) 소지자인 사회복지사, 간호사, 물리치료사, 작업치료사, 간호조무사 등은 노인장기요양보험법에 따른 노인요양시설 또는 재가노인복지시설, 장기요양기관, 재가장기요양기관에서 해당 자격 관련 업무에 종사하여 1년(1,200시간) 이상의 경력이 인정되는 경우 현장실습시간 전체를 면제받는다.

(4) 요양보호사 승급제

요양보호사 인력 수급에 대한 사회적 이슈화 및 장기요양 수요 증가 예상 등에 따라 제도의 지속가능성 제고 방안 마련이 필요하다. 이를 위하여 선임 요양보호사 제도를 통한 승급체계 마련으로 현장 일선의 요양보호사 장기근속 동기부여 및 인력 유입 계기를 부여하고자 2024년 10월 1일부터 해당 기관에서는 적격자를 배치하고 있다(국민건강보험, 2024 : 3).

① **자격요건** : 소속 장기요양기관장의 지정을 받은 자로서 승급교육을 이수한 자

② **대상조건** : 장기요양기관(시설급여기관)에서 요양보호사로 60개월 이상(월 120시간 이상) 근무한 자로 입소자(월평균 현원) 50명 이상 노인요양시설에서 배치 가능. 또한 치매전담실이 있는 노인요양시설의 경우에는 전체 입소자 수로 산정

③ **배치기간** : 2024년 10월 1일부터 실시

④ **배치대상** : 승급교육 이수자(집합 16시간 + 온라인 24시간)

※ (기관포털) 요양자원 > 요양보호사 승급교육 > 교육신청 및 이수내역조회 > 신청/이수내역에서 이수 여부 확인

⑤ **배치기준** : 입소자(월평균 현원) 규모당 선임 요양보호사 배치 가능

입소자 규모(선임 배치기준)	선임 요양보호사 배치 인원
50명 이상 75명 미만	2명
75명 이상 100명 미만	3명
100명 이상 125명 미만	4명
-	25명마다 1명 추가 배치

⑥ 업무

- 요양보호사 등에게 장기요양급여 제공기술 지도
- 장기요양급여 제공기록지 등 각종 기록의 확인 및 점검
- 종사자 간 갈등 중재 및 고충 상담

- 선임 요양보호사 업무수행일지 작성·보관 등
- 요양보호사로서 공통적이고 직접적인 서비스 제공(신체·인지활동·정서 지원 등)
- 치매전담실이 있는 노인요양시설에서 근무하는 선임 요양보호사는 본인이 소속된 실에 한해서 업무 수행

⑦ 수당 : 선임 요양보호사별로 수당을 지급하되 기관단위로 지급함(1명당 월 150,000원 산정, 근로소득으로 구분함)

5) 교 육

〈표 3-5〉 요양보호사 교육 시간 (단위 : 시간)

구 분		총시간	이 론	실 기	실 습
신규자		320	126	114	80
경력자	기타일반	223	126	57	40
	요양/재가	203	126	57	20
	요양+재가	183	126	57	0
국가자격 (면허)소지자	간호사	40	26	6	8
	사회복지사	50	32	10	8
	물리치료사, 작업치료사, 간호조무사	50	31	11	8

출처 : 보건복지부(2024). 요양보호사 양성지침, p. 8.

〈표 3-6〉 노인복지법에 의한 교육과정(승급) (단위 : 시간)

구 분	총시간	이 론	실 기	실 습
경력자	92	63	29	-
무경력자	160	63	57	40

경력자란 (구 노인복지법에 의한) 요양보호사 2급 자격취득 후 간병·요양업무 경력 1년(1,200시간) 이상인 자

〈표 3-7〉 시험 안내

시험과목	시험 내용	문항수	시험 방법 및 형태
필 기	요양보호론(요양보호와 인권, 노화와 건강증진, 요양보호와 생활지원, 상황별 요양보호기술)	35문항	- 객관식 - 5지선다형 - 필기형
실 기	요양보호에 관한 것	45문항	
응시 자격	시험 시행일 이전까지 요양보호사 교육과정을 정상 이수한 자		
합격 기준	필기, 실기 각각 만점의 60% 이상 득점한 자		

출처 : 보건복지부(2024). 요양보호사 양성지침, p. 11.

6) 자격증 신청

(1) 구비서류

- 요양보호사 자격증 발급 신청서
- 사진 1장(3cm×4cm), 6개월 이내 촬영된 상반신 컬러사진
- 요양보호사 교육수료증명서
- 경력증명서
- 자격증 또는 면허증 사본
- 국내 대학 졸업증명서 사본(D-10비자 소지자에 한함)
- 건강진단서(신청접수일 기준 1개월 이내 진단, 발급분만 인정)

※ 건강진단서에는 "「정신건강증진 및 정신질환자 복지서비스 지원에 관한 법률」 제3조 제1호에 따른 정신질환자 및 마약·대마 또는 향정신성의약품 중독자가 아님"이라는 내용이 반드시 기재되어 있어야 함

(2) 신청절차

합격자 발표 후 구비서류를 갖추어 한국보건의료인국가시험원에 자격증 발급신청서 및 구비서류를 제출한다.

(3) 처리절차

서류접수일로부터 30일 이내에 한국보건의료인국가시험원의 자격검정 결과, 정상수료가 인정되는 사람에 한하여 자격증을 발급한다.

7) 자격의 취소

시 · 도지사는 요양보호사가 노인복지법 제39조의14(요양보호사 자격의 취소) 제1항 각 호의 어느 하나에 해당하는 경우 자격을 취소할 수 있으며, 제1항 제1~3호의 경우에는 취소해야만 한다.

〈표 3-8〉 노인복지법 제39조의14(요양보호사 자격의 취소)

① 시 · 도지사는 요양보호사가 다음 각 호의 어느 하나에 해당하는 경우 그 자격을 취소할 수 있다. 다만, 제1호부터 제3호까지의 경우 자격을 취소하여야 한다.

1. 제39조의13 각 호의 어느 하나에 해당하게 된 경우
2. 제39조의9를 위반하여 제55조의2부터 제55조의4까지의 규정에 따른 처벌을 받은 경우
3. 거짓이나 그 밖의 부정한 방법으로 자격증을 취득한 경우
4. 영리를 목적으로 노인 등에게 불필요한 요양서비스를 알선 · 유인하거나 이를 조장한 경우
5. 자격증을 대여 · 양도 또는 위조 · 변조한 경우

② 시 · 도지사는 제1항에 따라 요양보호사의 자격을 취소하는 경우 청문을 실시하여야 한다.

③ 제1항의 자격취소의 절차 등에 관하여 필요한 사항은 보건복지부령으로 정한다.

| 제4장 |

장소별 케어복지 서비스

1. 가정에서의 서비스

1) 서비스의 원칙

재택케어(indoor care)는 인간에게 있어 가장 기본적인 가정이라는 공간에서 서비스가 전개되는 것으로 가정은 사적인 장소로서 타인의 출입이 부자연스러운 공간이다. 이러한 특징을 고려하여 생활과 생존에 관련한 일상적인 행위를 원조하는 일련의 모든 서비스 원칙을 살펴보면 다음과 같다.

(1) 생활습관, 문화, 가치관의 존중

인간의 생활은 긴 시간 동안 문화나 습관, 관습 등의 영향을 받으며 축적되고 전수된다. 그러므로 각 가정은 타인에게는 비합리적일지라도 가족과 본인에게 있어서는 습관적으로 형성된 합리적 방법을 가지게 된다. 그렇기 때문에 종사자가 자신의 마음대로 원조를 한다면 서비스 이용자나 그 가족은 지금까지의 삶의 방법이 무시되고 경시된다는 느낌을 갖게 될 것이며 신뢰감 형성이 어렵게 된다. 따라서 종사자는 각 가정의 다양한 생활방식과 가치관, 문화 등을 존중하여 서비스를 실시하여야 한다.

(2) 의사결정의 존중

사회복지 서비스의 기본 원칙인 자기 스스로의 의사결정은 삶의 질을 확보한다는 측면에서 중요한 요소로 작용한다. 이를 위하여 신뢰관계를 구축할 필요가 있으며, 어느 곳에서 어떤 서비스를 받을 것인지, 본인의 죽음을 어떻게 맞을 것인지 등의 희망을 확인하고 존중하며 다양한 안내 등을 통하여 본인의 의사와 욕구를 표현할 수 있는 편안한 환경을 만들어야 한다.

(3) 자립의 동기 부여

어느 정도의 의존욕구가 만족되면 자립욕구가 생기며, 의존과 자립의 균형을 고려한 원조가 무엇보다도 중요하다. 케어서비스를 진행할 때에는 자립을 위하여 잠재된 힘과 능력을 끌어내야 하기 때문에 어디까지 대상자가 스스로 할 수 있는가를 확인하는 일이 무엇보다 필요하다.

그러므로 서비스 대상자를 원조할 때 무엇이든지 돕는 것은 바람직한 서비스가 아니다. 이는 오히려 대상자의 자립성과 잔존능력까지도 소멸시키기 때문이다. 따라서 그가 가지고 있는 잔존기능을 파악하여 대상자의 작은 노력이라도 인정하고 칭찬하면서 최대한 자립을 활성화시켜야 한다.

(4) 대상자 가족과의 신뢰관계 형성

서비스 대상자의 생활행동과 사회생활의 자립정도는 신체적 기능에 의해서 좌우되지만 가족과의 관계를 통해서도 많은 영향을 받는다. 특히 서비스의 대상자인 고령자와 장애인의 생활장애를 개선하고 삶의 만족도를 높이기 위해서는 가족의 사랑과 관심, 협조 등이 필수적이다.

그러므로 종사자는 가족의 상황을 바르게 파악하여 가족들이 겪었던 케어에 대한 수고를 인정하고 부담을 경감시켜 줌으로써 계속적인 관심과 케어의사를 유지할 수 있도록 해야 한다.

(5) 안전의 확보

직접적인 대면서비스가 주를 이루는 재택서비스의 경우 인간과 장소, 공간과 도구, 움직임 등의 다양한 제약이 많이 있기 때문에 안전에 대한 다각도의 노력이 필요하다. 따라서 서비스 기술에 대한 완벽한 지식과 실천력, 정확성 등이 필요하다.

(6) 사회생활의 확대

재택서비스의 경우 와상이나 치매노인들을 돌보고 있는 가족들은 지역사회에서 고립되거나 소외되기 쉽고, 가족을 돌보아야 한다는 심리적 부담감 등으로 정서적 불안정이 있을 수 있다. 따라서 서비스 대상자는 물론이거니와 그 가족의 사회성을 유지하고 확대하기 위한 다양한 원조활동이 필요하다.

(7) 안락한 죽음에의 원조

임종의 장소적인 측면에서 대부분의 사람들은 삶의 터전이었던 가정에서 임종하기를 원하지만 더 중요한 것은 가족들의 희망을 존중하면서 존엄하게 죽음을 맞도록 서비스해야 한다는 것이다. 이를 위해서 대상자의 질병의 변화에 주의를 기울이고 최대한 안락한 상태나 환경에서 운명할 수 있도록 대상자의 내면적 심리상태를 통찰하면서 따뜻하면서도 냉철하게 판단하면서 지지해 나가야 한다.

특히 사후에 남은 가족들이 후회가 적도록 돕는 것이 중요하다. 이를 위해서 격려와 지지를 통해 가정에서의 케어수고를 인정해 주고 친척이나 이웃에 대해 가족의 케어가 최선이었음을 자연스럽게 알리는 것도 종사자의 중요한 역할이다.

2) 가족과의 관계

(1) 외부인의 개입에 대한 거부감을 줄인다

대부분의 가정은 혈연중심의 폐쇄적 공간이기에 가능한 한 타인의 서비스를 받고 싶어 하지 않는 경향이 있다. 또한 각 가정은 생활의 지혜가 있고 가정마다 독자적인 케어방법이 있음을 인정해야 한다.

따라서 종사자는 외부인이 개입하여 진행하는 서비스에 대한 불안과 저항감 등을 제거하기 위하여 다양한 서비스의 원칙을 알려주어 현재보다 더 좋은 상태가 되기 위한 지원이라는 것과 안전하게 케어서비스가 이루어진다는 점 등을 확실하게 알려주도록 노력해야 한다.

(2) 가족의 수고를 인정한다

갑작스러운 상황의 발생과 정신적 쇼크, 경제적 부담과 신체적 피로도 등을 파악하여 가족의 입장을 이해하고 가족과 함께 케어한다는 사실을 알려줌으로써 지금까지와는 다른 편안한 케어가 될 수 있도록 정신적 중압감을 완화시켜 주도록 한다.

(3) 케어목표를 공유한다

가족이 가지고 있는 케어에 대한 생각들을 정확히 파악하여 케어에 대한 부담을 경감시키면서도 효율적인 서비스를 제공하기 위하여 같은 목표를 공유하도록 한다. 보다 나은 서비스의 결정을 위하여 대상자의 증상을 정확히 이해시키거나 명확한 근거를 제시할 수 있어야 하고 가족의 동의를 통해 가족들의 케어의식도 향상시켜 나가는 계기를 마련해야 한다.

(4) 가족의 잠재력을 끌어낸다

인간은 스스로가 문제를 해결할 수 있는 힘이 있음을 믿고 가족에 대한 서비스를 진행하는 것이 바람직하다. 또한 가족들은 그동안의 케어행위를 통해서 나름대로의 방법과 힘을 갖추고 있다. 그러므로 종사자는 그 힘과 능력을 인정하고 이끌어 낼 수 있어야 한다.

(5) 케어용구를 활용한다

다양한 복지정책과 케어용구를 활용함으로써 케어부담을 경감시키고 원만한 가족관계를 유지하기 위하여 신속하게 정보를 입수하여 복지용구를 활용하도록 한다.

2. 시설에서의 서비스

노인복지법에 의한 노인복지 서비스 체계를 살펴보면 이용방법에 따라서 생활시설과 이용시설로 분류할 수 있으며, 그 유형에 따라서 노인주거복지시설, 노인의료복지시설, 노인여가복지시설, 재가노인복지시설, 노인보호전문기관 등으로 구분한다.

〈표 4-1〉 노인복지시설의 유형

구 분		시설의 종류
생활시설	노인주거복지시설	양로시설, 노인복지주택, 노인공동생활가정
	노인의료복지시설	노인요양시설, 노인요양공동생활가정
이용시설	노인여가복지시설	노인복지관, 경로당, 노인교실
	재가노인복지시설	방문간호서비스, 방문요양서비스, 주·야간보호서비스, 단기보호서비스, 방문목욕서비스, 재가노인지원서비스
	노인보호전문기관	중앙노인보호전문기관, 지방노인보호전문기관

출처 : 보건복지부(2024). 노인보건복지사업안내.

생활시설은 다양한 가정의 사정과 신체적 여건 등을 고려하였을 때 가정에서의 생활이 곤란한 경우 가정을 대신하여 활동하는 생활의 장으로서 인위적으로 만들어진 집단에서의 생활공간을 말한다.

그러므로 어떠한 상황에서 입소되었든 간에 입소자는 지금까지의 삶의 터전이었던 익숙한 지역사회와 가정을 떠나 미지의 환경에서 생활을 하게 됨으로써 환경에의 적응이 어렵고 불안과 긴장, 고독과 외로움, 혼란, 걱정, 우울 등 복잡한 심리적 상태에 놓이게 된다. 따라서 종사자는 이용자가 새로운 환경에 적응하면서 또 다른 삶에 대한 의지를 가질 수 있도록 도와야 한다.

1) 시설의 종류

(1) 노인을 위한 시설

① 노인주거복지시설

〈표 4-2〉 노인주거복지시설

시설유형	사업내용
양로시설	• 65세 이상의 노인을 입소시켜 급식과 그 밖에 일상생활에 필요한 편의를 제공함을 목적으로 하는 입소정원 10명 이상 시설 • 60세 이상자의 경우 비용의 전부를 수납하여 운영하며, 입소대상자의 배우자는 60세 미만인 경우에도 함께 입소 가능
노인복지주택	• 노인들에게 주거시설을 분양 또는 임대하여 주거의 편의·생활지도·상담 및 안전관리 등 일상생활에 필요한 편의를 제공함을 목적으로 하는 30세대 이상 시설 • 민간 사업자가 전액 자부담으로 동 시설을 설치하고, 운영비는 입소노인의 본인부담으로 조달하여 운영함 • 유료 : 단독취사 등 독립된 주거생활을 하는 데 지장이 없는 60세 이상의 자 • 무료 : 신청접수는 읍·면·동 행정복지센터에서 접수 가능(입소신청사유서 및 관련 증빙자료 첨부) • 실비 : 시설장이 입소대상자와 계약하고자 하는 경우 관할 시·군·구에 입소 심사 의뢰
노인공동생활가정	• 노인들에게 가정과 같은 주거여건과 급식, 그 밖에 일상생활에 필요한 편의를 제공함을 목적으로 하는 입소정원 5명 이상 9명 이하 시설

출처 : 보건복지부(2024). 노인보건복지사업안내.

② 노인의료복지시설

노인의료복지시설은 노인복지법 시행규칙이 정하는 기준에 적합한 시설 및 인력을 갖추고 수행사업의 성격 및 이용대상자 등을 감안하여 적정한 규모와 시설을 갖추고 운영되는 시설이다.

노인의료복지시설의 운영은 사회복지사업법 및 노인복지법에 의하고, 장기요양기관으로 지정받은 시설은 사회복지사업법, 노인복지법 및 노인장기요양보험법에 의하되, 그 세부 사항은 노인보건복지사업 지침에 따라 운영한다.

〈표 4-3〉 **노인의료복지시설**

시설유형	사업내용
노인요양시설	치매·중풍 등 노인성 질환 등으로 심신에 상당한 장애가 발생하여 도움을 필요로 하는 노인을 입소시켜 급식·요양과 그 밖에 일상생활에 필요한 편의를 제공함을 목적으로 하는 입소정원 10명 이상 시설
노인요양 공동생활가정	치매·중풍 등 노인성 질환 등으로 심신에 상당한 장애가 발생하여 도움을 필요로 하는 노인에게 가정과 같은 주거여건과 급식·요양과 그 밖에 일상생활에 필요한 편의를 제공함을 목적으로 하는 입소정원 5명 이상 9명 이하 시설

출처 : 보건복지부(2024). 노인보건복지사업안내.

③ 노인여가복지시설

〈표 4-4〉 **노인여가복지시설**

시설유형	사업내용
노인복지관	노인의 교양·취미생활 및 사회참여활동 등에 대한 각종 정보와 서비스를 제공하고, 건강증진 및 질병예방과 소득보장·재가복지, 그 밖에 노인의 복지증진에 필요한 서비스를 제공함을 목적으로 하는 시설
경로당	지역노인들이 자율적으로 친목도모·취미활동·공동작업장 운영 및 각종 정보교환과 기타 여가활동을 할 수 있도록 하는 장소를 제공함을 목적으로 하는 시설
노인교실	노인들에 대하여 사회활동 참여욕구를 충족시키기 위하여 건전한 취미생활·노인건강유지·소득보장 기타 일상생활과 관련한 학습 프로그램을 제공함을 목적으로 하는 시설

출처 : 보건복지부(2024). 노인보건복지사업안내.

④ 재가노인복지시설

재가노인복지시설은 정신적·신체적 이유로 독립적인 일상생활을 수행하기 곤란한 노인과 노인부양가정에 필요한 각종 서비스를 제공함으로써, 노인이 가족 및 친지와 더불어 건강하고 안정된 노후 생활을 영위할 수 있도록 함과 동시에 노인부양으로 인한 가족의 부담을 덜어주기 위한 시설을 말한다.

이러한 시설의 이용자는 첫째, 장기요양급여수급자, 둘째, 장기요양급여수급자 이외의 자 중 기초수급권자 및 부양의무자로부터 적절한 부양을 받지 못하는 자로서 혼자서 일상생활을 수행하기 어려워 재가서비스의 제공이 필요한 자, 셋째, 노인장기요양보험법 시행 이전부터 국가 및 지방자치단체로부터 운영비를 지원받는 시설을 이용하고 있는 장기요양급여수급자 이외의 자 중 기초수급권자 및 실비이용자 등이다.

〈표 4-5〉 재가노인복지시설

시설유형	사업내용
방문목욕서비스	목욕장비를 갖추고 재가노인을 방문하여 목욕서비스를 제공
방문간호서비스	간호사 등이 의사·한의사 또는 치과의사의 지시서에 따라 가정 등을 방문하여 간호, 진료의 보조, 요양에 관한 상담 또는 구강위생 등을 제공하는 서비스
방문요양서비스	가정에서 일상생활을 영위하고 있는 노인 중에서 신체적·정신적 장애로 어려움을 겪고 있는 노인에게 지역사회 안에서 건전하고 안정된 노후를 영위하도록 장기요양요원(요양보호사)이 가정을 방문하여 신체활동 및 가사활동 등 필요한 각종 서비스 제공
주·야간 보호소	부득이한 사유로 가족의 보호를 받을 수 없는 심신이 허약한 노인과 장애노인을 주간 또는 야간 동안 보호시설에 입소시켜 필요한 각종 편의를 제공하여 이들의 생활안정과 심신기능의 유지·향상을 도모하고, 그 가족의 신체적·정신적 부담을 경감하기 위한 서비스
단기보호소	부득이한 사유로 가족의 보호를 받을 수 없어 일시적으로 보호가 필요한 심신이 허약한 노인과 장애노인을 보호시설에 단기간 입소시켜 보호함으로써 노인 및 노인가정의 복지증진을 도모하기 위한 서비스
재가노인지원서비스	일상생활유지가 곤란한 취약 및 위기노인에게 전문사례관리를 비롯한 상담, 자원연계, 일상생활지원 등의 서비스를 통합적, 연속적으로 제공하여 안정된 노후생활을 통해 예방적 복지 실현과 사회안전망 구축을 목적으로 함

출처 : 보건복지부(2024). 노인보건복지사업안내.

⑤ 노인보호전문기관

〈표 4-6〉 노인보호전문기관

시 설	설치목적	서비스	설 치
노인보호 전문기관	• 노인학대 사례 증가에 대한 전문적이고 체계적인 대처 • 노인권익 보호 • 노인학대 예방 • 노인인식개선을 통한 노인의 삶의 질 향상 • 노인학대행위자에 대한 상담 및 교육 • 학대받은 노인의 발견 · 상담 · 보호 등 • 노인학대 예방 및 방지를 위한 홍보	• 피학대노인 및 가해자 상담 • 만 65세 이상자 • 일시 쉼터 운영 • 신고처 : 노인보호전문기관(1577-1389 또는 수사기관(112)	시 · 도지사 지정

출처 : 보건복지부(2024). 노인보건복지사업안내.

(2) 장애인을 위한 시설

① 장애인 거주시설

장애인복지법 제34조(재활상담 등의 조치), 제57조(장애인복지시설의 이용 등) 및 제60조의2(장애인 거주시설 이용절차)의 규정에 따라 장애인 거주시설에서 각종 서비스를 제공받을 수 있는 대상자의 자격 기준과 이용절차를 마련하여 이용대상을 명확히 하고, 이용조치 과정에 대한 필요사항을 규정함으로써 시설 서비스 이용의 편의를 도모하고 있다.

〈표 4-7〉 장애인 거주시설

구 분	내 용
장애유형별 생활시설	장애 유형이 같거나 유사장애를 가진 사람들이 입소 · 통원하게 하여 장애 유형에 적합한 주거지원, 일상생활지원, 지역사회생활지원 등의 서비스를 제공
중증장애인 거주시설	장애정도가 심하여 항상 도움이 필요한 장애인에게 주거지원, 일상생활지원, 지역사회생활지원, 요양서비스를 제공

장애영유아 거주시설	6세 미만의 장애영유아를 보호하고 재활에 필요한 주거지원, 일상생활지원, 지역사회생활지원, 요양서비스를 제공
장애인 단기거주시설	• 보호자의 일시적 부재 등으로 도움이 필요한 장애인에게 단기간 주거서비스, 일상생활지원서비스, 지역사회생활서비스를 제공 • 보호자에게 단기간 휴식을 제공하여 가족기능의 회복·유지를 지원
장애인 공동생활가정	• 지역사회 내 일반주택을 이용하여 장애인들이 스스로 사회에 적응하도록 가정생활, 사회활동 등의 자립생활을 지원 • 이용 장애인들의 사회통합과 사회적 자립을 목표로 이용자 개개인의 존엄이 유지됨과 동시에 독립적 생활이 최대한 보장되는 방식으로 운영

출처 : 장애인복지법 시행규칙 [별표 4] 재구성; 보건복지부(2024). 2024년 장애인복지시설 사업안내 (3권).

② 장애인 지역사회 재활시설

장애인복지법 제58조 제2항의 규정에 따른 장애인지역사회재활시설의 설치 및 운영 전반에 관하여 기본적으로 필요한 공통적 사항을 정함으로써 지역사회재활시설의 운영상 일관성 유지 및 사업의 효율성 제고를 도모하는 시설이다.

〈표 4-8〉 장애인 지역사회 재활시설

시 설	내 용
장애인복지관	• 장애인에 대한 각종 상담 및 사회심리, 교육, 직업, 의료재활 등 장애인의 지역사회 생활에 필요한 종합적 재활서비스 제공 • 장애에 대한 사회적 인식개선사업 수행
장애인 주간이용시설	일상생활 및 지역사회생활을 영위하는 데 지원이 필요한 장애인에게 낮 시간 동안 활동 위주의 프로그램 및 교육 지원 등을 제공하는 시설
장애인 체육시설	• 장애인의 체력증진, 신체기능 회복 활동 지원 • 관련 편의제공 시설
수어통역센터	의사소통에 지장이 있는 청각·언어장애인에 대한 수어통역 및 상담서비스 제공 시설
장애인수련시설	• 장애인의 문화, 취미, 오락활동 등을 통한 심신수련 촉진·지원 • 관련 편의제공 시설
점자도서관	시각장애인에게 점자간행물 및 녹음서를 열람하게 하는 시설
점서 및 녹음서 출판시설	시각장애인을 위한 점자 간행물 및 녹음서를 출판하는 시설

장애인 재활치료시설	• 장애아동을 포함한 장애인에게 언어·미술·음악 등 재활치료에 필요한 치료, 상담, 훈련 등의 서비스를 제공 • 서비스를 이용한 자로부터 비용을 수납하여 운영하는 시설
시각장애인 등 생활지원센터	• 시각장애인 등에게 이동서비스를 지원하고, 지역사회 거주 시각장애인 등을 적시에 발굴하여 재활상담, 보행·점자·정보화 등 교육 • 일상생활기술훈련 등 개인별 맞춤 복지서비스를 제공하는 시설

출처 : 장애인복지법 시행규칙 [별표 4] 재구성; 보건복지부(2024). 2024년 장애인복지시설 사업안내, 제3권, p. 276.

2) 시설에서의 서비스 원칙

(1) 쾌적한 생활공간 제공

노인과 장애인 등 서비스의 이용자 대부분은 심신장애나 기능상의 저하가 있으며 상시 케어를 필요로 한다. 그러므로 오감을 통하여 신체의 변화를 관찰하여 적절하게 의료와 연계해야 하며, 질 좋은 생활환경을 조성하여 생명을 연장하도록 원조해야 한다.

(2) 개인의 프라이버시 및 가치관 존중

서비스 이용자는 그들의 생활환경과 가치관, 성장과정과 문화, 심신의 상태 등이 어떠한 상태에 놓여있든지 간에 존엄한 인간으로서 존중되어야 한다. 그러나 집단이라는 공동체의 특성상 개인의 욕구보다는 평균적 욕구와 획일화된 프로그램과 규칙 등으로 개인의 프라이버시를 지키기가 어려운 경우가 많다. 이는 지금까지 가지고 있던 생활습관과 가치관 등의 변화와 함께 고통과 불안감을 줄 수도 있다.

그러므로 안심하고 편안한 상태에서의 생활을 위해서는 강요보다는 자유롭게 선택할 수 있는 선택의 폭을 넓히고 프라이버시를 존중할 수 있도록 배려해야 한다. 또한 비밀을 지키면서 인권을 지킬 수 있도록 더 많은 노력이 필요하다.

(3) 자립성 추구

서비스 이용자의 ADL 수준과 심신상태에 대응하여 자립을 유지하고 확대해 나갈 수 있도록 케어하도록 한다. 모든 것을 해주는 것이 다 좋은 것은 아니며 이용자가 무엇이 가능한지를 정확히 파악하여 목표수준을 세우고 다양한 직종과 제휴하여 케어계획을 세워 서비스하도록 한다.

시설 내에서 인간으로서의 긍지를 갖고 살아가도록 케어해야 할 것이며 이를 위하여 의·식·주 등의 생활환경을 정비하고 필요시에는 케어기구 등의 활용을 통하여 자립활동을 격려하도록 한다.

(4) 교제활동을 통한 삶의 보람 확보

시설에서의 최대 장점은 동료 간의 교제활동을 통하여 기쁨과 자극을 갖게 된다는 것이다. 시설에서의 다양한 프로그램은 긴장감과 리듬을 만들어 주며, 동료들과의 교제를 통해 부드러운 분위기를 연출할 수도 있다. 이를 위하여 자원봉사자의 활용, 이웃과 학교, 유치원, 보육시설 등과의 제휴를 통해 교제의 폭을 넓혀나가도록 한다.

(5) 가정적 분위기 조성

입소 초기 서비스 대상자들은 자신의 삶의 안정을 위해 시설에 적응하기 위하여 자신의 기분을 표현하기보다는 억제하는 경향이 있다. 그러므로 자유롭게 자신의 기분이나 욕구를 표현하면서 생활할 수 있게 하기 위해서는 관계형성을 위하여 많이 들어주는 경청의 시간이 필요하며 종사자 스스로 마음을 열고 가까이 다가가도록 노력하는 것이 필요하다.

때로는 가족과의 교류를 넓히기 위하여 가족의 방문을 장려한다든지 시설에서의 생활모습을 주기적으로 가족에게 알려주는 방법을 활용하여 가족과 계속적인 교류를 진행하도록 한다.

(6) 편안한 죽음에의 원조

시설의 입소자는 대부분 병원이나 시설 내에서 죽음을 맞이한다. 무엇보다도 심리적·신체적 고통을 완화하고 인간으로서의 존엄성을 지닌 채 죽음을 맞이하도록 원조하는 것이 필요한데 이를 위해서는 팀워크가 중요하다. 사후에는 가족에게 시설에서의 생활에 대하여 긍정적인 측면을 전달해 주는 것도 중요한 역할이다.

3) 가정과 시설에서의 서비스 비교

〈표 4-9〉 가정과 시설에서의 서비스

구 분	가 정	시 설
장 소	대상자와 그 가족의 주도	시설 종사자의 주도
대 상	요양보호사, 방문간호사	시설 종사자의 다양한 서비스
협동, 연계	지역의 필요 직종, 다른 서비스	시설 내 각 직종의 역할분담
활동 프로그램	부정기적, 수시 변경 가능	정기적, 항상적
다양성	가족케어, 주·야간, 단기보호 등에 의한 일상생활의 보장	시설의 사회화에 의한 일상생활의 보장
장 점	• 대상자는 친숙한 환경(가족, 이웃, 동네)에서 생활이 가능 • 사생활이 존중되고 개인생활이 가능	총체적으로 의료, 간호, 요양서비스의 제공이 가능
단 점	• 대상자의 요구나 변화의 파악이 미흡 • 의료, 간호, 요양서비스가 단편적일 수 있음 • 서비스 제공에 이동시간이 걸리고 효과적이지 못함 • 서비스 제공의 책임소재가 불분명 • 서비스의 효과적 평가가 어려움	• 대상자는 지역사회(가족, 형제, 이웃)와 연결이 어려워지고 접촉이 끊어지고 소외되기 쉬움 • 대상자의 개인생활이 어려움

PART 03

케어복지 실천기술론

| 제5장 |

케어매니지먼트

1. 케어매니지먼트의 개념

케어매니지먼트(care management) 혹은 케이스매니지먼트(case management)는 서비스의 디자인과 조직화를 도모하는 것으로 그 기능은 서로 유사하다. 구미에서는 1950년대에 의료비 억제정책을 위해 강제퇴원을 받은 정신장애인의 생활을 지역에서 보호하는 정책으로 케이스매니지먼트의 기능이 발달하였다. 이것이 영국에서는 케어매니지먼트로 불리게 되면서 1900년에 제정된 NHS 및 커뮤니티케어법에 의해 케어매니지먼트는 재가 서비스와 불가결한 기능으로서 발전하게 되었다.

영국 보건성에서는 케어매니지먼트를 개개인의 욕구에 대응하여 제반 서비스를 마련하여 제공하는 과정으로서 케어를 필요로 하는 개개인의 욕구에 맞추어 개별적으로 사회자원을 결합하여 서비스를 조립하는 것으로 설명하고 있다.

일본의 후생성은 「고령자 개호・자립시스템연구회의 보고서」(1994)를 통하여 케어담당자가 본인과 가족의 입장에서 욕구를 정확히 파악하고 그 결과에 의거하여 케어계획을 세우고 실행해 가는 시스템이라고 정의하고 있다. 이러한 케어계획을 세우기 위해서는 케어팀의 구성이 필요하며, 팀케어의 발전은 고령사회에 필수조건으로 이 팀을 움직이기 위한 기본이 케어매니지먼트이다. 일본의 경우 2000년부터 실시된 개호보험법에 의해 케어매니지먼트 시스템이 도입되었고 이를 담당하는 케어매니저(care manager, 케어지원전문원)가 새로운 전문인력으로 배출되었다.

케어매니지먼트는 정상화의 정착과 재가복지를 중심으로 하는 정책중심으로 지역사회에서 살고 있는 요보호노인들을 돌보는 방법으로 관심을 갖게 되었으나, 재가노인들뿐만 아니라 노인장기요양시설에서도 요구되는 기술이다.

케어를 필요로 하는 노인과 장애인은 복지욕구뿐만 아니라 다른 전문영역인 보건, 의료의 욕구를 동시에 가지고 있는 경우가 대부분이지만 각각의 전문영역들은 전문성 때문에 다른 영역에 개입하지 못하는 경우가 많다. 그 결과 당사자에게 정말 필요한 서비스가 제공되지 못하거나 각 영역이 단독으로 제공되어 이용자에게 전인적 케어가 되지 못하는 경우가 많았다. 이러한 문제의 해결을 위해 전문영역들의 서비스를 조정하고 제휴해 가는 것이 필요하다.

따라서 이용자의 욕구에 대응하여 필요한 서비스를 종합적 · 일체적 · 효율적으로 제공하도록 서비스 제공기관 간에 조정을 도모하는 방법이 케어매니지먼트이며, 이를 담당하는 종사자가 케어매니저로서 이는 선임종사자에게 요구되는 역할이다.

2. 케어매니지먼트의 기능

1) 통합적 서비스의 제공

케어매니지먼트는 대상자의 다양한 욕구에 대응하여 서비스가 제공될 수 있도록 하되 연계성을 가지고 각각의 서비스를 종합적으로 제공하는 시스템이다.

2) 욕구에 적합한 서비스 제공

기존의 복지서비스가 서비스 지향형을 추구했다면 최근의 서비스는 대상자의 욕구를 중심으로 하는 욕구지향형 서비스를 추구한다. 그리하여 대상자의 의사를 존중하고 본인이 원하는 생활을 실현하기 위하여 지역의 욕구와 서비스의 균형을 객관적으로 파악하여 서비스를 제공하도록 한다.

3) 개별적 서비스의 제공

서비스 대상자의 생활습관과 주택상황, 경제적 형편, 가족관계, 가족의 케어의식의 차이 등에 의해 발생하는 문제와 욕구는 다양하다. 그러므로 이러한 다양한 욕구를 개별적으로 파악하고 이에 대응한 개별적 케어계획을 세우고 계획에 맞는 서비스를 제공하도록 한다.

3. 케어매니지먼트의 목적

1) 자립성 고취

인간의 존엄성을 보전하면서 삶의 질을 향상하기 위하여 신체적 자립뿐만 아니라 정신적·사회적 자립을 도모한다.

2) 자기결정권 실행

대상자가 자신의 삶을 최대한 보장하기 위하여 서비스를 선택할 수 있는 조건을 정비한다. 즉, 충분한 서비스의 양을 확보하고, 풍부한 서비스의 종류를 확보할 것이며 서비스에 대한 다양한 정보를 쉽게 접할 수 있도록 하여 최상의 서비스를 결정하여 제공받도록 한다.

3) 삶의 질 개선

대상자 및 가족의 삶의 질을 향상하여 보다 나은 쾌적한 생활을 할 수 있도록 생활조건을 개선하며, 이를 위하여 원조하는 것을 말한다.

4) 보건 · 복지 · 의료의 연계

대상자와 그 가족이 가지고 있는 다양한 욕구에 대응하기 위해서는 다양한 전문직과의 제휴가 필요하다. 보건 · 의료가 제외된 복지는 무력하며, 복지에 의한 생활기반에 대한 지원이 없다면 뛰어난 의료도 그 효과를 나타내기가 어렵다. 그러므로 다양한 전문가에 의한 팀 서비스가 불가결하다.

4. 케어매니지먼트의 과정

케어매니지먼트는 대상자에 대한 각종 서비스를 제공하는 직접적 원조와 이를 효과적으로 전개하기 위한 간접적 원조(정보수집, 사회자원 개발, 네트워크 구축, 서비스 조정 등)가 있는데, 직접적 원조과정을 살펴보면 다음과 같다.

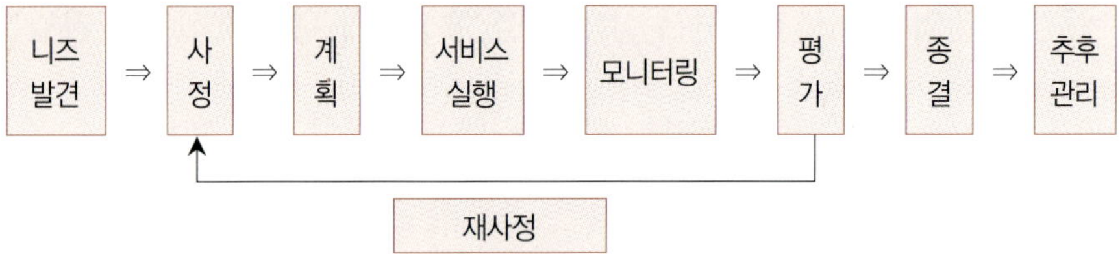

| 그림 5-1 | 케어매니지먼트의 과정

1) 욕구의 발견

지역사회 내에 흩어져 있는 노인이나 장애인의 개별적 욕구를 발견하는 것이 쉬운 일은 아니다. 특히 노인의 경우 건강이 급격히 변화하는 경우가 많고, 부상의 위험이 높아 다양한 상황에 대한 신속하고 정확한 파악이 어려운 편이다. 본인이나 가족이 상담하는 경우도 있지만 당사자가 아닌 병원이나 복지시설에서 연락하는 경우도 있고, 지역주민이나 친지 혹은 자원봉사자가 연락하는 경우도 있기 때문에 욕구의 발견을 위한 네트워크를 정비할 필요가 있다.

2) 사 정

대상자의 생활 전체, 즉 신체적·정신적·사회적 상황에 대한 욕구의 내용과 정도를 가능한 한 정확하고 객관적으로 측정하여야만 적절한 케어계획이 수립되고 이에 따라 서비스가 제공된다. 정보를 수집한 기관이나 담당자는 방문하거나 기관에 오게 하여 안정된 분위기에서 대상자가 원하는 사항들을 들을 수 있도록 한다.

사정은 각 기관에서 사용하고 있는 사정용지를 활용하는데, 용지를 펼치고 심문하는 듯한 태도를 보이지 않도록 하며, 단순히 듣는 것이 아니라 대상자의 생활 전체에서 욕구를 파악하도록 한다. 측정해야 할 구체적 사항은 다음과 같다.

- 질병, 장애정도 등 신체적 건강
- ADL(일상생활동작능력), IADL(수단적 일상생활동작능력)
- 지역사회 상황
- 이용 가능한 사회자원
- 정신적 건강

- 경제상황
- 사회관계
- 주변의 중요인물 유무(생태도 활용)
- 가족의 케어력, 가족관계 등 가족상황

3) 케어플랜 작성

케어매니저는 사정의 결과를 토대로 케어계획을 세운다. 이를 위해서는 사정에서 얻은 각종 정보가 참조되며 매니저가 단독으로 결정하지 않고 대상자와 그의 가족이 함께 케어의 기본 방침과 내용을 결정한다. 매니저는 대상자가 원하는 것을 확인하고, 달성 가능한 구체적 목표를 설정하고, 케어 내용과 우선순위를 정한다.

재가서비스의 경우 일상생활의 영위를 위하여 필요한 보건·복지 서비스를 적절히 이용할 수 있도록 대상자의 심신의 상황, 환경, 본인과 가족의 욕구 등을 감안하여 이용할 서비스의 종류, 내용 및 담당자 등의 구체적 사항을 명기하여 케어계획을 세운다.

4) 케어플랜의 실행

작성된 계획서에 의해 구체적으로 서비스가 제공되는 단계이다. 대상자의 일상생활이 지속되기 위해서는 계획대로 서비스가 제공되어야 하며, 이러한 서비스가 대상자의 욕구에 합당한 것인가를 살핀다. 대상자에게 직접적으로 관련된 각종 사회자원과의 연락조정을 위하여 실천사항의 기록은 꼭 필요하다.

5) 모니터링

모니터링(monitoring)이란 케어플랜에서 작성한 서비스가 적절하게 제공되고 있는지 감시하고 점검하는 것을 말한다. 서비스의 실행이 적정한지에 대해서 보다 정확하게 판단하기 위하여 서로 다른 관점에서 모니터링하는 것이 바람직하다. 또한 서비스를 받는 대상자의 가족도 모니터링의 멤버가 되어야 하며, 지역주민들도 참가함으로써 다양한 정보를 입수할 수 있도록 한다.

6) 평 가

케어서비스의 효과와 효율성을 평가하는 단계로서 모니터링을 통해 얻은 정보를 사용한다. 대상자의 욕구충족도, 서비스에 대한 만족도, 서비스의 효과성, 효율성 등을 측정한다. 평가방법은 회의를 통해 이루어지는 것이 일반적이다. 평가를 통하여 미비한 사항이 발견되면 재사정을 통하여 서비스의 과정을 다시 진행할 수도 있으며, 목적의 달성 시 종결을 지으면서 추후관리(follow up)를 위한 시간을 갖기도 한다.

5. 케어매니저의 역할

1) 정보수집

정보의 수집은 욕구사정과 서비스 메뉴를 만드는 것뿐만 아니라 서비스 메뉴의 이용을 포함하여 완전하고 상세한 정보가 대상자에게 제공되며 그것이 케어플랜 작성의 근거가 된다. 그러므로 케어매니저에게 부과된 일관된 역할로서의 정보수집은 대상자와 서비스 자원에 관한 정보의 여부로서 케어매니지먼트의 성공의 열쇠가 된다.

대상자에 대한 정보는 대상자의 문제상황을 확인하고 케어매니지먼트를 필요로 하는가를 판단할 자료와 욕구사정에 필요한 정보로서 대상자의 건강상태, 경제상태, 가족상태, 일상생활동작능력, 사회적 활동과 대인관계능력, 서비스의 이용상황 등을 말한다. 또한 서비스에 관한 정보는 이용가능한 서비스의 정보로서 서비스의 종류, 제공자, 이용 수속비용, 수속에 걸리는 시간 등을 말한다.

2) 조 정

케어플랜에 포함된 서비스는 대상자의 가족, 이웃, 자원봉사자, 각종 전문직, 공적 부문, 비영리 혹은 영리 민간단체나 기관으로부터 제공된다. 그러므로 케어매니저는 이러한 활동들을 조정하고 각 대상자의 욕구에 맞는 서비스를 확보해야 한다.

따라서 대상자의 자기결정을 최대한 존중하고, 적정한 서비스 수준을 확보하기 위해서는 상호 간의 대화를 통하여 서비스의 내용과 빈도 등에 대한 대상자의 의사가 반영되어야 하고 매니저는 이를 조정하여야 한다.

또한 팀 서비스로 이루어지므로 다직종 간의 조정도 중요하다. 이 경우 매니저는 대상자의 대변자, 중개자가 되어 적정한 서비스를 확보하고, 다직종 간에 대등한 관계를 만들고 상호 역할분담하에 각 특성을 발휘하도록 한다. 통상 사례회의를 통하여 조정하므로 커뮤니케이션 기법을 숙달할 필요가 있다. 그리고 매니저는 대상자의 욕구변화에 탄력적으로 대응하고, 서비스의 유연한 운영을 위해 서비스 제공자가 소속되어 있는 단체나 기관과 조정해야 하므로 네트워크를 형성할 필요가 있다.

3) 개 발

기존의 서비스로 욕구의 충족이 어렵다면 새로운 서비스의 개발이 필요하다. 케어매니저는 중개자로서 공적 부문은 물론이고 민간 비영리 부문, 영리 부문과의 제휴도 필요하다. 이 과정에서 각 기관과 소속단체를 움직여 유연한 서비스의 운용과 새로운 서비스의 창출이 가능해진다. 이러한 개발활동을 통하여 이용 가능한 서비스의 선택범위를 넓히고 대상자의 선택의 폭을 확대하도록 한다.

4) 케어플랜 작성

케어플랜은 개별적으로 원조가 필요한 케이스에 대하여 욕구사정을 통하여 이루어지는 서비스 제공 계획으로서 노인시설, 병원 등에서 종사자가 어떠한 서비스를 시행할 것인가를 계획하는 것을 말한다.

케어매니지먼트를 통하여 대상자의 자립과 삶의 질 확보를 달성할 수 있는 계획이 좋은 케어플랜이다. 따라서 서비스의 제공은 대상자의 자립을 위하여 지나치게 필요 이상의 서비스를 억제하거나 과잉으로 공급하는 것도 바람직하지 않으며 적정한 서비스의 종류와 제공수준을 대상자와 함께 결정하도록 한다.

5) 진행관리

진행관리는 케어플랜을 근거로 서비스가 적합한 형태로 제공되고 있는가를 모니터링하는 과정을 말한다. 왜냐하면 서비스 제공기간이 장기화되고, 복수의 서비스가 제공되며, 이러한 서비스가 별개의 기관과 시설에서 제공되기 때문에 케어 패키지를 점검하는 사람이 필요하며 다음과 같은 시점에서 행하도록 한다.

- 대상자의 상태와 욕구의 변화는 없는가
- 제공되는 서비스는 대상자의 욕구를 충족하는가
- 부족한 것은 없는가
- 자립심을 손상시키지는 않는가
- 가족은 어떻게 생각하는가
- 제공되고 있는 서비스의 질은 어떤가
- 서비스 제공자와 대상자의 인간관계는 어떤가

그리고 다음과 같은 방법으로 진행관리를 한다.

- 케어서비스 종사자가 제출하는 방문기록과 처음 기록을 확인한다.
- 케어서비스 종사자로부터 듣는다.
- 가정방문을 한다.
- 평가회의를 개최한다.

6) 업무사정

케어매니지먼트는 서비스가 제대로 제공되고 있는가를 정기적 · 종합적으로 평가하는 것이 중요하며, 다음과 같은 항목을 평가한다.

- 케어플랜의 목적 달성 여부
- 케어플랜의 실패 혹은 성공의 이유
- 제공된 서비스의 질과 비용에 대한 평가
- 현재의 욕구 평가와 재사정
- 서비스 이용 자격에 대한 재검토
- 케어플랜의 목적 수정
- 필요한 서비스의 재조정
- 비용의 재계산

케어매니저는 평가회의 시 코디네이터(coordinator)의 역할을 한다. 그러므로 매니저는 다양한 이들의 의견을 조정할 수 있어야 하며, 특정한 사람의 의견에 좌우되지 않도록 공평하게 평가되도록 회의를 진행해야 한다.

참고

일본의 개호보험과 케어매니저

케어매니저(care manager)는 케어매니지먼트(care management)를 담당하는 전문직으로서 고도의 전문성을 가진 케어복지 전문가라고 할 수 있다. 2000년부터 실시된 일본의 「개호보험법」에 의하면 케어매니저는 '요케어자 등의 상담에 응하고 요케어자의 심신상황에 대응하여 적절한 재가서비스와 시설서비스를 이용할 수 있도록 관계기관과 연락조정을 하고 요케어자 등이 자립적인 일상생활을 영위하는 데 필요한 원조에 관한 전문적 지식 및 기술을 갖고 있는 자로서 후생성령에서 정한 자'(개호보험법 제79조 제2항)라고 정의하고 있다.

케어매니저는 보건, 의료, 복지 분야에서 5년 이상 실무경험자(의사, 간호사, 사회복지사, 개호복지사, 영양사, 상담업무종사자 등)를 대상으로 시험과 실무연수를 통하여 선발된다.

참고로 개호보험법에 의한 케어매니지먼트의 기본 이념과 케어매니저의 기본 자세를 살펴보면 다음과 같다.

- 케어매니지먼트의 기본 이념
  - 수급자와 그 세대의 주체성 존중
  - 자립지원, 다양한 생활을 지원하는 서비스
  - 가족에의 지원의 필요성
  - 보건, 의료, 복지 서비스를 종합한 서비스의 조정
  - 서비스 전개의 팀접근
  - 적절한 서비스 이용의 시점(효과성, 효율성)
  - 보건·의료·복지서비스와 비공식적 지원체계를 통합하는 사회자원의 조정
- 케어매니저의 기본 윤리
  - 인권존중
  - 공평성
  - 중립성
  - 사회적 책임
  - 개인정보의 보호
- 케어매니저의 기본 시점
  - 자립지원
  - 정상화(normalization)와 삶의 질(QOL : Quality of Life) 향상
  - 생애주기(Life Cycle)

- 케어매니저의 역할
  - 이용자 본위의 자세
  - 팀접근의 실시 : 종합적 판단과 협력
  - 서비스계획에 근거한 서비스 실시상황의 평가와 계획의 수정
  - 서비스 실시주체에 의한 매니지먼트의 정보제공과 비밀엄수
  - 신뢰관계의 구축(Rapport)
  - 사회자원의 개발

6. 케어매니지먼트의 실제

사례

인적사항 : K씨, 75세, 남성

내용 : 부인이 상담하러 옴. K씨는 갑작스러운 경련발작으로 2024년 8월에 입원함. 뇌염 혹은 뇌증상으로 생각되었지만 원인은 불명. 2개월간 종합병원에 입원 후 퇴원. 퇴원 후 경련은 없지만 발열로 2차례 2주간 입원함. 사지마비, 구음장애, 연하장애 등 후유증이 있고 조금이라도 좋아지길 바라고 있음. 현재 2개월에 한 번씩 통원치료 중이며 가까운 개업의의 왕진과 의료마사지를 받고 있음. 주 1회 입욕서비스를 이용 중임

1) 욕구사정

(1) 가족사항

- 부인과 둘이서 살고 있음. 자식은 없음
- 부인은 가벼운 심장질환이 있으나 일상생활에 지장은 없음. 부인의 여동생이 가까이 살고 있어서 월 2~3회 방문해서 도와주고 있음

(2) 대상자의 상황

- 신체장애 정도가 심한 장애인

- 위관영양
- 기저귀 사용, 실금상태, 변은 정기적으로 하제를 사용
- 사지마비, 오른손은 조금 사용 가능
- 이동은 전 케어가 필요하며, 휠체어에 앉아 있을 수 있음
- 케어침대와 에어매트를 사용하고 있음
- 폐렴과 욕창이 병발하여 상태급변의 위험성이 있음
- 가래흡입기는 아침, 저녁 1회 정도 사용
- 체온조절이 어렵고 땀이 많이 남
- 말은 못하지만, 말을 많이 걸거나 휠체어에 앉게 하는 것이 좋은 자극이 된다고 봄. 부인이 말을 걸면 머리를 흔들거나 웃기도 함

(3) 부인의 생각

- 남편은 지금까지 잘해왔고, 지금부터 노후를 즐겁게 보내려고 하였음
- 계획대로 진행되지 않아 상당히 분한 감정을 가지고 있음
- 때로 종사자의 도움을 받고, 좋은 것은 무엇이든 다 해주고 싶어 함
- 그러면서도 자신에게 무슨 일이 생기면 어떻게 할 것인가 불안해함

(4) 주거환경

- 2층의 자가
- 집의 1층은 전용거실이지만 바닥과의 차이가 있음

(5) 경제상황

- 부부가 자영업(종업원 5명 정도)에 종사하였으나 현재는 부인이 혼자서 함
- 자택에 사무실이 있어 일이 없을 때에는 케어가 가능함
- 남편이 연금을 받고 있어 경제적으로 어느 정도 여유가 있어서 월 30~40만 원의 케어비용은 지불능력이 있음

2) 케어플랜 1

(1) 욕구파악

- 병의 악화 위험이 있고 급변 시 대응을 철저히 할 필요가 있음
- 사지마비로 체위의 변환이 요구됨
- 땀이 많아 청결케어가 필요함
- 입욕 시에는 전 케어가 요구됨
- 기저귀 교환이나 옷을 입고 벗을 때에는 부인의 부담이 큼

(2) 케어플랜의 작성

	월	화	수	목	금	토	일
오 전							
	방문케어	방문케어	통소입욕	방문케어	방문케어	방문케어	방문케어
오 후							

- 매일 10:00~17:00 : 방문케어(1일 2시간씩)
- 수 11:00~12:00 : 입욕서비스
- 월(2주에 한 번) : 개업의 왕진
- 2개월에 1회 병원에 통원 : 휠체어 및 택시 이용
- 휠체어 이동을 쉽게 하기 위한 주택개조에 대해 차후 부인과 의논

(3) 케어플랜 실천

- 방문서비스는 가능한 한 장시간 요양보호사를 파견하여 기저귀 교환, 옷 갈아입기, 청식, 체위를 교환
- 말을 자주 걸고 기분이 좋을 때에는 휠체어로 산책하는 등 가능한 한 자극을 주도록 배려

- 가래의 흡입은 의료행위이므로 요양보호사가 할 수 없음. 요양보호사는 구강 내의 가래를 제거하고 제거하기 어려운 입 안의 것만 흡인하도록 부인과 의논
- 주택개조에 대해서는 먼저 거실과 바닥의 차이를 없애고 개조에 대한 복지제도를 이용

(4) 모니터링

- 요양보호사에 의해 부인의 부담은 경감되었지만 요양보호사가 없을 때에는 부인이 모든 것을 함. 부인은 '힘들다', '쉬면서 하자' 등을 반복하지만 남편의 케어를 타인에게 맡기는 것이 싫어서 무엇이든 스스로 하려고 함
- 가래흡입이 불가능해 폐렴 등의 위험이 있고, 구강이 불결해지기 쉬움
- 방문간호와 방문 치과진료를 받도록 권고했으나 부인은 의사가 왕진하고 있다고 하며 거절함

(5) 평가, 재사정

- 3개월이 지난 시점에서 케어매니저는 요양보호사, 부인과 의논한 뒤 다음을 확인하여 케어플랜을 수정하게 됨
  - **본인상황** : 특별한 변화는 없지만 상태가 급변할 위험이 있으며, 자극을 통해 조금이라도 회복될 가능성이 있음
  - **부인상황** : '어쨌든 내가 남편을 돌보아야 한다'라는 생각이 강하나 케어의 피로도가 심해짐
  - **주거상황** : 주택개조로 거실과 바닥의 차이가 없어져 휠체어 이동이 용이하게 되었으나 욕실은 개조하지 않아 통소입욕이 필요함
- 요양형 병원에 대해 부인과 의논하였으나 동의하지는 않고 있음
- 방문간호는 비용의 부담 때문에 원하지 않음

3) 케어플랜 2

	월	화	수	목	금	토	일
오 전	방문케어	방문케어		방문케어	방문케어	방문케어	방문케어
			통소입욕		방문간호		
오 후	방문케어		방문케어	방문케어	방문케어	방문케어	

- 월, 목, 금, 토, 일 09:00~10:00 : 방문케어(아침케어)
- 월, 수, 목, 금, 토 17:00~18:00 : 방문케어(저녁케어)
- 화 09:30~17:00 : 방문케어(복합, 휠체어 케어)
- 수 11:00~12:00 : 통소입욕
- 금 11:00~12:00 이전 : 방문간호
- 월~금 : 30분 정도 방문 마사지
- 금 : 방문 치과진료
- 월 : 개업의 진료
- 방문케어를 최소한으로 하고 의료적 케어를 보강함
- 방문간호 도입을 권유하고 구강케어의 지도로 방문치과 진료를 소개함
- 2개월에 한 번 병원통원 시 필요하면 요양보호사와 동행하도록 함

(1) 실천 및 경과

- 아침, 저녁 방문케어로 수건으로 닦기, 옷 갈아입기, 기저귀 교환 등 청결케어를 실시함
- 주 1회는 장시간 방문케어로 본인의 상태가 양호할 때는 휠체어로 산책함

- 요양보호사는 가능한 한 경험이 많은 사람으로 배치함
- 2개월에 1회 통원하는 병원과 상담하여 주간보호센터를 이용할 수 있도록 함
- 욕실개조에 대해 부인과 상담함

이 사례는 갑작스럽게 쓰러진 남편을 부인이 돌보는 경우로 부인의 피로도와 장래에 대한 불안이 높았다. 처음에는 요양보호사를 파견하는 것으로 케어를 시작하였으나 부인의 상황이 변하지 않아 재평가를 통해 남편의 원조와 더불어 부인의 케어 피로도와 불안을 경감하는 것에 목적을 두고 케어플랜을 변경하여 다시 실천한 사례이다.

| 제6장 |

치매노인에 대한 케어서비스

1. 치매의 개념 및 정의

1) 치매의 개념

치매(dementia)란 라틴어의 "정신이 나간 상태"라는 뜻의 'dementatus'에서 유래한 것으로 흔히 '노망', '망령'이라고 부르던 질환이다. 치매는 정상적으로 성숙한 뇌가 후천적인 외상이나 질병 등 외적 요인에 의해서 기질적으로 손상 내지는 파괴되어 전반적인 지능, 학습, 언어 등의 인지기능과 고등정신기능이 감퇴되는 복합적 임상증후군이다. 치매는 뇌에 일시적 혹은 지속적으로 손상이 발생함으로써 추상적 사고장애, 판단장애, 성격변화 등이 서서히 진행되므로 직업이나 일상생활 활동 또는 대인관계를 포함한 사회생활 등의 유지가 곤란해지는 상황이 발생한다.

세계보건기구에 의하면 치매는 뇌의 기능 저하로 발생하는 인지장애로 대개 만성적이고 진행형인 것으로 나타난다. 기억력, 사고력, 지남력, 이해력, 계산능력, 언어 및 판단력 등을 포함하는 고도의 피질기능의 다발성 장애로 분류하고 있으며, 정신장애 진단분류의 하나인 DSM-Ⅳ에 의하면 기억장애의 기본 증상 이외에 실인증, 실행증, 실어증, 수행기능의 장애가 최소한 한 가지 이상 동반되어야 하는 것으로 되어 있다.

2) 치매의 원인

(1) 퇴행성 질환

뇌세포가 점차 소실되어 생기는 질환으로 대표적으로 알츠하이머병을 들 수 있고, 이 외에도 파킨슨병, 진행성 핵상마비, 루이체병 등이 있다.

〈표 6-1〉 파킨슨병 치매와 치매성 루이체병의 차이

구 분	파킨슨병 치매(PDD)	치매성 루이체병(DLB)
발병 순서	파킨슨병의 운동 증상이 먼저 나타난 후 치매 증상 발생	치매증상이 먼저 나타난 후 파킨슨병의 운동 증상이 뒤따름
주요 증상	운동 증상이 더 두드러지며, 시간이 지날수록 인지 저하가 진행	초기 인지 저하와 시각적 환각, REM수면 행동 장애가 특징

(2) 뇌혈관질환

뇌세포는 혈액으로부터 공급되는 산소와 영양분으로 기능을 유지하는데 뇌혈관이 터지거나 막히면 산소와 영양분의 공급이 차단되어 뇌세포가 손상받게 된다. 이때 뇌혈관이 터지면 핏덩이(혈전)가 뇌세포를 압박하여 세포의 손상을 초래하는데, 이와 같이 뇌혈관질환이 누적되어 치매가 발생하는 것을 혈관성 치매라고 한다.

(3) 대사성 질환

저산소증(가스중독), 저혈당, 요독(콩팥 이상) 등, 갑상선 기능 저하증, 간성 뇌병증(간염, 간경화증에서 동반되는 치매) 등이 있다.

(4) 결핍성 질환

뇌세포가 활동하는 데 필요한 비타민[비타민 B12, 티아민(비타민 B1)]이 부족하게 되어 치매가 발생한다.

(5) 중독성 질환

알코올로 인한 뇌세포의 파괴나 비타민이 결핍되어 치매가 오는 알코올성 치매나 이 외에도 중금속 중독, 일산화탄소 중독, 약물중독 등에 의한 치매가 있다.

(6) 뇌종양

악성 뇌종양이 급속히 커지거나 양성종양이라도 서서히 진행하면서 치매를 일으킬 수 있다.

(7) 뇌외상

교통사고 등으로 뇌를 다친 후 기억력이나 사고력이 감소하여 치매가 발생할 수 있다.

(8) 감염성 질환

신경매독, 만성 뇌수막염(결핵성 뇌수막염, 진균성 뇌수막염), 뇌염의 후유증, 크로이츠펠트-야콥병(소에 발생하는 광우병이 인간에게 생겼을 때 나타나는 치매), 에이즈 감염 후에도 치매가 발생한다.

(9) 수두증

뇌척수액이 생산은 잘 되지만 흡수가 잘 되지 않았을 경우 뇌척수액의 양이 많아져서 뇌에 고이게 되는 질환으로 치매, 요실금, 보행장애 등이 나타난다.

3) 치매의 종류

치매는 뇌의 발생 부위에 따라 피질성 치매(대뇌피질 손상)와 피질하성 치매(백질이나 뇌간의 손상)로 구별하거나, 뇌신경의 병리소견에 따라 퇴행성 변성질환에 의한 치매와 비퇴행성 변성질환에 의한 치매로 구분하며, 치료 가능성 여부에 따라 가역성 치매와 비가역성 치매로 분류하는데 이를 구체적으로 살펴보면 다음과 같다.

(1) 뇌신경의 퇴행성 변화에 의한 치매

① 알츠하이머병(Alzheimer's disease)

치매질환의 절반 이상을 차지하는 퇴행성 뇌질환으로 뇌신경세포막을 구성하는 물질의 변형이 초래되어 뇌신경세포가 파괴되므로 판단, 기억, 언어기능을 지배하는 부분이 손상되어 기억력이 현저히 감퇴한다. 서서히 발병하고, 서서히 진행하며 시간이 흐를수록 지속적으로 악화되는 양상을 보이고, 초기에는 기억능력의 손상, 수행능력의 장애, 초조, 불안 등의 정서적 변화와 성격의 변화도 일어난다.

알츠하이머형 치매의 가장 중요한 위험인자는 65세 이상에서 급속하게 증가하여 85세 이상에서는 노인인구의 절반가량이 이 치매에 해당한다. 또한 여성에게서 많이 발생하며, 두부외상, 치매의 가족력, 낮은 교육수준 등이 위험인자로 알려져 있다. 알츠하이머형 치매는 인격이 치매 초기부터 망가지는 경향이 있으며, 초기에는 기억장애 등 외부에 대한 주의력 저하가 목격되는 등 전반적 지능저하 증상을 보인다.

② 파킨슨병과 헌팅톤병

파킨슨병은 운동완만, 근강직, 진전, 보행장애 등의 운동장애를 특징적으로 나타내며 서서히 진행되는 퇴행성 질환으로 중년기와 노년기에 주로 발생한다. 파킨슨병 환자의 약 20~60%는 발병 후기에 치매를 동반한다.

헌팅톤병은 4번 염색체의 상염색체 우성으로 유전되는 질환으로 20~30대에 시작하는 무도증 등의 행동증상이 특징적이다. 병변 부위는 미상핵이며 약 20~30%에서 치매를 동반한다.

(2) 혈관성 치매

혈관성 치매는 전체 치매환자의 20~30%를 차지하고, 다양한 뇌혈관 질환에 의해서 갑작스럽게 발병하고, 갑자기 악화되거나 호전되기도 하며, 반사항진과 경직과 같은 운동장애, 우울증상, 혈관성 병소에 따라 부분적으로 특이한 인지장애가 나타난다. 혈관성 치매는 다발성 경색 치매, 빈스방거병, 열공성 뇌경색 등이 있다. 고혈압, 당뇨, 동맥경화, 심장질환, 고지혈증 등 뇌졸중의 위험인자를 지닌 성인병 환자들에게 적절한 치료를 하지 않고 지내는 경우 뇌졸중으로 인하여 뇌조직의 일부분에 혈액이 통하지 않아 신경세포가 파괴됨으로써 나타난다.

혈관성 치매는 주로 편마비나 언어장애, 두통, 현기증, 불면증, 감정불안 등의 신경증상을 동반하고 변화와 동요를 반복하면서 단계적으로 진행한다. 치료를 통해 진행을 억제할 수는 있으나 뇌졸중이 발생할 때마다 치매의 정도는 심해지며, 기능저하와 정상적 기능이 혼재하고 일정 부분 인격이 유지되며 남성에게서 더 많은 경향을 보인다.

(3) 감염질환에 의한 치매

신경매독에 의한 치매는 페니실린 등의 항생제가 소개되기 전에 중요한 치매의 원인질환이었으나 최근에는 급격하게 감소하고 있다. 그리고 에이즈(AIDS)에 의한 치매는 환자의 반 이상에서 치매증상을 일으킨다. 증상으로는 서서히 시작되며 무감동, 건망증, 집중곤란, 정신병적 증상, 보행실조, 간대성 근경련 등을 보인다. 또한 크로이츠펠트-야콥병(Creutzfelt-Jacob disease)은 40~50대에서 나타나는데 주로 불안, 충동적 행동을 보이며, 소뇌이상 소견, 시력저하, 실어증 등이 동반된다. 이 질환은 인격의 변화, 초조, 망상, 기억력 장애로 시작하여 반응이 없는 상태를 거쳐 사망에 이르며 대부분 약 1년 안에 사망한다.

(4) 독성물질에 의한 치매

알코올성 치매는 알코올 자체의 뇌세포에 대한 독성작용, 영양결핍에 따른 비타민 부족, 두부외상, 전신성 질환에 의한 뇌손상 등에 의하여 일어난다. 알코올에 의한 인지장애는 전반적인 인지기능 장애를 보인다. 그리고 중금속과 화학물질에 의해 발생하는 치매는 구리와 납 등의 중금속과 살충제, 가스, 화학물질 등이 중추신경계에 각종 장애를 일으키며 심한 경우 뇌손상을 일으켜 치매상태에 이르게 한다.

(5) 기타

치매는 그 이외의 원인으로 뇌실은 확장되어 있으나 뇌압상승은 없는 경우 치매, 보행장애, 요실금 등의 증상을 나타내는 정상압뇌수종이 있다. 또한 교통사고 및 과격한 운동과 같은 만성적인 원인에 의해 주의력결핍, 만성적인 피로감, 기억력과 언어장애, 정신기능의 둔화를 나타내는 두부외상이 있다. 그리고 저산소증, 저혈당, 요독증, 갑상선기능 저하증, 비타민 부족(티아민, B12, 엽산 등)에 의한 치매로 노인에게 자주 발생하는 대사성 장애에 따른 치매 등이 있다.

4) 치매의 증상

(1) 기억장애

기억장애는 모든 치매환자에게서 가장 먼저 나타나는 흔한 증상으로, 기억을 저장하는 뇌 구조물 등의 손상을 말한다.

특히 해마와 대뇌피질의 신경파괴에 기인하는 것으로 알려져 있다. 해마가 파괴되면 단기기억력이 감소하고, 친숙한 일을 수행하는 능력이 떨어지고, 대뇌피질이 파괴되면 언어능력과 사고능력이 감소하게 된다(최외선 외, 2007 : 172).

초창기에는 정상인의 건망증과 유사하게 최근의 기억감퇴가 있다가 시간이 경과하면서 오래전에 있었던 일에 대해서도 기억을 못하게 된다. 병이 더욱 진행됨에 따라 최근의 일은 거의 기억하지 못하게 되고 과거의 일도 잊어버리며, 가족의 이름, 관계, 자신의 이름까지도 기억하지 못하게 된다.

(2) 지남력 장애

시간의 흐름, 현재 머물고 있는 장소가 어디인지, 주변 사람들이 누구인지를 파악하는 것을 지남력이라고 한다. 보통 시간에 대한 지남력이 가장 잘 손상되며 사람에 대한 지남력은 마지막까지 유지된다. 이러한 지남력에 장애가 발생하면 자신이 있는 공간, 시각, 계절, 사람 등에 대해서 인식하지 못하며, 급격한 환경의 변화에 적응하는 것도 어려워져서 길을 제대로 찾지 못하고 거리를 측정하는 능력 등도 떨어진다.

(3) 언어장애

물건의 이름을 올바르게 말하지 못하는 실어증, 유사한 단어를 말하는 착어증, 상대방의 말을 따라 하는 반향언어증 등이며, 기억력 장애와 함께 치매 초기부터 나타날 수 있다. 초창기에는 정확한 단어를 찾지 못하여 '이것', '저것' 등으로 말하거나 '피아노' 대신 '음악을 연주하는 것'처럼 단어의 의미나 물체의 용도로 표현한다. 점차 진행되면서 원래의 목적과는 전혀 다른 단어를 발음이나 뜻이 유사한 단어로 사용하게 되며(식당 대신 식탁을 말하는 등) 차츰 동문서답을 하는 등 상대방과의 언어소통에 장애를 보이다가 병의 말기에는 전혀 말을 하지 않을 수도 있다.

(4) 실인증

실인증은 치매가 어느 정도 진행된 이후에 관찰되는 경향이 있는 것으로 시력과 청력 등의 감각기관이 정상임에도 불구하고 시각적, 청각적, 촉각적 자극을 제대로 인식하지 못하여 사물을 인지하지 못하거나 의미, 사용용도 등을 파악하지 못한다. 실인증의 종류로는 시각적 실인증, 촉각적 실인증, 청각적 실인증, 안면 실인증, 입체감각 실인증 등이 있다.

(5) 실행증

실행증이란 목적이 있는 행동이 어렵게 되는 경우로 운동기능이나 감각기능의 장애가 없는데도 어떤 일련의 행위나 정해진 운동 프로그램에 어려움을 겪는 것을 말한다. 그 예로 일상생활에서 식사하기, 옷입기, 화장실 가기 등의 행동을 잘 하지 못하게 된다.

(6) 행동장애

행동장애는 치매환자의 약 30~50%에서 나타나며 치매가 진행되면서 여러 가지 행동증상이 많아진다. 화를 내거나 폭력을 휘두르는 공격적인 행동, 판단력 부족에서 오는 부적절한 행동과 비정상적인 성적 행동, 강박적인 행동 등이 있다. 화를 내는 경우일 수도 있지만 심각해지면 타인에게 위해를 가하는 공격적 행동이나 자해행동으로 나타날 수도 있고, 똑같은 행동을 반복하기도 한다.

(7) 석양증후군

치매노인이 해질녘이 되면 더욱 혼란해지고 불안정하게 의심, 우울 등이 증가하는 경향을 말한다. 이러한 증상은 대상자의 규칙적인 생활에 변화가 생긴 후 더욱 자주 발생하게 되고, 주의집중 기간이 더욱 짧아지며, 지금의 현실이 자신을 고통 속에 처하게 만든다고 생각하여 더욱 충동적으로 행동하게 된다.

〈표 6-2〉 건망증과 치매의 증상 비교

건망증	치 매
힌트를 주면 기억이 떠오른다.	힌트를 주어도 기억이 나지 않는다.
시간이 지나도 기억력이 비슷하거나 호전될 수 있다.	시간이 지나면 점점 악화될 수 있다.
기억력 외에 다른 기능은 문제가 없다.	기억력 저하 이외에도 여러 가지 기능이 저하된다.
일상생활 활동에 지장이 없다.	일상생활 활동에 지장이 생긴다.

출처 : 보건복지부(2024). 2024 치매가이드북.

5) 치매의 진행단계

치매는 서서히 진행되는 퇴행성 만성질환으로 발병시기를 명확히 규정하기는 어렵고 대개 지적장애가 어느 정도 진행되어 정신증상이나 행동장애가 나타나서 의료기관의 진찰을 받는 경우가 많으며, 치매의 정도는 경증, 중등도, 중증의 3단계로 구분한다.

(1) 경증

가족이나 동료들이 치매환자의 문제를 알아차리기 시작하지만 아직은 혼자서 지낼 수 있는 단계이다. 사회생활이나 직업상의 능력이 상실되더라도 아직은 독립적인 생활을 영위하며, 적절한 개인위생을 유지하고 비교적 온전한 판단력을 보유한다.

(2) 중등도

치매 증상이 확연하게 나타나고 어느 정도의 도움이 없이는 혼자 지낼 수 없는 단계이다. 독립적 생활은 매우 위험하고 타인에 의한 부분적인 감독과 간호가 필요하다.

(3) 중증

치매 증상이 심해지고 일상생활 능력이 현저히 낮아져 혼자서 생활하는 것이 불가능한 단계이다. 일상생활 능력이 크게 감퇴되어 최소한의 개인 위생도 유지할 수 없다.

〈표 6-3〉 치매 단계별 특성

단 계	특 성
경 증	• 최근에 일어난 일에 대한 기억이 어렵다. • 말을 할 때 적절한 단어 선택이 어렵다. • 자주 사용하지 않는 도구나 가전 제품 사용이 서툴러진다.
중등도	• 현관 비밀번호를 잊는 등 일상생활에 자주 사용하는 정보를 기억하기 어렵다. • 표현하는 방법과 이해도가 떨어져 대화가 어렵다. • 옷을 입는 것 등 일상생활에서 도움이 필요하다.
중 증	• 대부분의 기억이 상실되고 가까운 사람도 알아보지 못한다. • 언어능력이 상실되어 대화를 할 수 없다. • 홀로 일상생활이 불가능하다.

출처 : 보건복지부(2024). 2024 치매가이드북.

2. 치매노인의 심리

치매노인은 무엇을 보거나 들어도 금방 잊어버리게 되므로 삶의 연속성이 없어지게 되고, 순간순간을 사는 것과 같은 느낌으로 불안감이 증폭되는 등 다양한 심리적 변화를 겪게 된다.

1) 불쾌감

생활 속에서 계속되는 실수로 인해 사람들에게 야단맞고 교육받아야 하는 상황들에 대해 불쾌감을 갖게 된다. 특히 치매 초기에는 이러한 상황으로 인해 스트레스가 가중되기도 한다.

2) 불안, 초조

장·단기 기억상실과 시간, 장소, 주위 사람들과의 관계 등을 이해할 수 없어서 불안감과 초조감에 빠지기 쉽다. 치매의 정도가 진행되면서 이러한 감정은 더욱 심화되기 때문에 반복해서 묻거나 따라다니기도 한다. 이때에는 친절하게 응대하여 편안할 수 있도록 돕는다.

3) 우 울

치매 초기에 이전과 다른 자신을 경험하면서 우울해지거나 무기력해지고 심하면 자살을 기도하기도 한다. 이때 지적을 받고 굴욕감을 느끼는 등 자존감에 상처를 입는 경우 더욱 우울해질 수 있다.

4) 혼 란

지남력 상실과 실인증 등으로 판단력이 없어지게 되므로 혼란한 상태에 빠질 수 있다. 또한 일상생활의 방법 등을 잊어버리게 됨으로써 자신이 문제행동을 일으키는 존재라는 느낌에 혼란을 경험하게 된다.

5) 감정의 변화

계속된 스트레스는 감정의 변화를 동반한다. 이러한 감정의 변화는 전과 다른 의사소통과 표현, 예측불허의 행동 등을 수반할 수도 있다.

6) 피해의식

노화의 현상으로 시력, 청력 등이 저하되고 분별력이 떨어지면서 다양한 피해망상적 생각을 하게 되는 경향이 있다.

7) 작 화

치매노인은 삶과 생각에 있어서 연속성을 상실했기 때문에 끊어진 기억의 필름을 연결시키기 위해 말을 만들어서 할 수 있다. 이때 주변인들은 거짓말을 한다고 생각할 수도 있는데, 이는 뇌의 기질적 병변으로 인해 생길 수 있는 것으로 더 많은 관심과 이해가 필요하다.

3. 케어서비스의 기본 원칙

1) 지지적 태도로 치매대상자의 삶을 소중히 여긴다

① 기분 좋고 알기 쉬운 말로 천천히 말을 걸고 마음이 통하도록 배려한다.
② 인간의 존엄성을 지켜주는 서비스를 실시한다.
③ 야단치거나 강제적으로 지도하는 태도는 금지한다.
④ 대상자의 삶을 소중히 여기며 환경의 변화를 최소화한다.

2) 잔존능력을 활용한다

① 남아 있는 뇌의 기능과 신체적 능력을 발견하여 활용한다.
② 습관적이고 반복적인 소일거리를 허용하여 역할을 부여한다.
③ 본인이 할 수 있는 부분은 스스로 하여 잔존기능을 유지한다.

3) 규칙적 생활을 통한 안정을 도모한다

① 규칙적 식사, 수면, 운동 등을 하며, 신체의 청결이나 의복착용에 주의를 기울인다.
② 규칙적 생활을 통해 혼란을 경감시키고 정신적 안정감을 준다.

③ 규칙적 생활을 통해 조기에 표현할 수 없는 질병을 발견하도록 한다.
④ 대상자에게 맞는 적절한 스케줄을 만든다.

4) 안전에 주의한다

① 인지기능과 다양한 장애를 동반한 치매대상자는 사고를 당할 위험이 높다.
② 대상자의 특징에 따라서 위험한 물건은 치운다.
③ 심리적으로 안전한 분위기를 조성한다.

4. 치매환자 단계별 돌봄방법

1) 경 증

치매에 걸렸다고 해서 그 순간부터 스스로 해 왔던 모든 것들을 못하게 되는 것은 아니다. 치매 진단을 받았더라도 모두 증상이 다르게 나타나기 때문에 필요한 도움도 다르다.

치매환자가 일상생활을 하는 데 도움을 줄 때에는 스스로 할 수 없는 부분만 도움을 주고 스스로 할 수 있도록 해야 한다. 치매환자가 스스로 하기 전에 모든 것을 다 해주는 것은 그나마 남아있던 치매환자의 능력을 감퇴시키면서 가족에게 더욱 의지하게 할 수 있음을 기억해야 한다. 경증 치매환자를 돕기 위한 원칙은 다음과 같다(보건복지부, 2024 : 28-29).

① 스스로 할 수 있도록 한다. 지속적인 격려를 통해 스스로 남아 있는 능력을 사용하여 독립적인 일상생활을 유지할 수 있도록 한다.
② 도움이 필요한 일상생활 활동은 보조해 주도록 한다. 평소에 할 수 있었던 것에서 반복적인 실수를 하게 되면 좌절과 위축, 불안감을 느낄 수

있다. 일상생활에서 실수하는 부분들에 대하여 도움을 주어야 한다.

③ 도움이 필요한 활동을 보조해 줄 때는 간결하고 쉽게 말한다. 치매환자에게 일상생활을 도와줄 때는 단계별로 설명하고 규칙적인 활동은 반복해서 알려준다. 치매환자를 재촉하지 않고 충분한 시간을 갖고 기다려 준다.

④ 규칙적인 생활을 유지한다. 규칙적인 생활은 무엇을 해야 하고 앞으로 어떤 일이 일어날지 예상이 가능하기 때문에 치매환자의 혼란과 불안을 낮춰줄 수 있다.

⑤ 따뜻하게 응대하고 치매환자의 생활을 소중히 여긴다. 치매환자는 상황에 대한 판단능력이 저하되기 때문에 때로는 말이나 행동에 대해 공격적으로 받아들일 수 있다. 또한 치매환자의 생활을 소중히 여기고 환경을 마음대로 바꾸지 않아야 한다. 특히 치매환자의 속도에 맞추고 평상시 생활하는 데 많은 시간이 걸리더라도 스스로 할 수 있도록 충분히 시간을 주고 기다려 주는 것이 좋다.

2) 중증도 및 중증

중등도·중증 치매환자는 일상생활에서 쉽게 피로감을 느끼고 소음이나 강한 빛과 같은 자극, 신체적 질병, 환경의 갑작스러운 변화 등으로 인해 많은 스트레스를 받는다.

그러므로 일상생활 돌봄을 통해 이러한 스트레스를 줄여주는 것이 매우 중요하다. 와상 환자의 경우 식사하기, 화장실 이용하기, 목욕하기, 옷 입기, 이동하기 등 일상생활에서 다른 사람의 전적인 도움이 필요한데, 서비스의 원칙을 살펴보면 다음과 같다(보건복지부, 2024 : 30-31).

① 치매환자를 존중하고 환자의 요구를 파악하여 안전을 우선시한다. 치매환자가 인지저하가 심해지고 의존적인 상태가 되어도 치매환자

의 방에 들어갈 때는 노크를 하고, 앞으로 어떤 돌봄을 할지 눈을 마주치고 함께 대화하는 것이 필요하다.

② 치매환자에게 남아있는 감각을 최대한 활용한다. 치매환자의 청각이나 촉각 등의 감각을 활용하여 따뜻한 말이나 행동을 하며, 평상시에 좋아하는 음악이나 후각을 자극하는 향기요법 등을 활용할 수 있다.

③ 합병증을 예방하고 관리하기 위해 노력한다. 중고도의 치매환자라 할지라도 신체적으로 동반되는 질환의 악화나 합병증 예방을 위하여 적극적으로 관리해야 한다. 또한 통증 관리, 정신적인 지지, 정서적인 돌봄도 이루어져야 한다.

④ 치매환자에게 편안한 환경을 마련해 준다. 중고도 치매환자에게 편안하고 익숙한 환경을 통해 안정감을 주며, 치매환자와 소통할 경우 치매환자가 잘하는 것, 좋아하는 것, 익숙한 것을 활용하는 것이 좋다.

5. 케어서비스의 유의사항

1) 케어 시 권장사항

① 가능하면 단순하게 하라.

② 환자가 같은 질문을 반복할 것이라는 것을 예상하라.

③ 환자에게 간단하게 수행할 수 있는 과제만을 주어라.

④ 환자와 많은 스킨십을 하라.

⑤ 환자가 당신을 따라다니고, 어디에 있는지 궁금해한다는 사실을 기억하라.

⑥ 부드럽게 대하라.

⑦ 한 번에 하나의 지시를 하라.

⑧ 환자가 때로 화나게 하는 행동을 해도 감정을 잘 조절하라.
⑨ 침착하게, 즐겁게 일하라.
⑩ 충분한 휴식을 취하고 업무에 임하라.
⑪ 환자가 원하면 간단한 일이라도 동참하게 하라.
⑫ 유머감각을 유지하라.

2) 케어 시 금기사항

① 당신의 질문에 정확히 대답하기를 기대하지 마라.
② 환자가 같은 질문을 반복해도 화내지 마라.
③ 환자에게 무엇을 시킨 후 완벽하게 할 것을 기대하지 마라.
④ 환자가 서두르게 하지 마라.
⑤ 환자에게 너무 많은 책임을 부여하지 마라.
⑥ 환자가 어떤 말이나 이름, 상황 등을 파악하기를 기대하지 마라.
⑦ 환자를 꾸짖거나 논쟁하지 마라.
⑧ 환자가 모든 것을 혼자 하도록 강요하지 마라.
⑨ 환자에게 화내지 마라.
⑩ 크게 떠들지 마라.

3) 치매노인과 함께하기

① 일상생활을 규칙적으로 하게 한다.
② 스스로 자립할 수 있도록 한다.
③ 인간의 존엄성이 유지되도록 한다.
④ 대립하지 않도록 한다.
⑤ 간단하고 쉬운 일을 맡김으로써 역할을 제공한다.

⑥ 치매노인의 기억을 조금이라도 되살릴 수 있도록 돕는다.
⑦ 항상 유머를 잃지 않는다.
⑧ 안전사항을 확인한다.
⑨ 치매노인의 건강이 유지되도록 한다.
⑩ 치매노인의 남은 능력을 최대한 발휘할 수 있도록 돕는다.
⑪ 고독하지 않게 한다.
⑫ 자존심을 상하지 않게 한다.
⑬ 항상 현실을 알려준다.
⑭ 이야기를 나눌 때 마주보고 천천히, 명확하게 이야기한다.

6. 치매노인의 문제행동

치매환자는 치매의 진행 정도에 따라서 판단력장애와 기억력장애, 언어장애 등으로 인하여 불안을 느끼고 혼란한 상태에 빠지는 등 다양한 문제행동을 일으키게 된다. 따라서 서비스를 진행함에 있어서 문제행동의 원인을 알아보고 적절한 대처방법을 강구해야 한다.

1) 배 회

배회란 아무런 계획도 목적지도 없이 돌아다니는 것으로 대부분 치매환자에게서 나타나는 증상이다. 배회의 원인은 기억력 상실이나 지남력 상실 등으로 혼란하거나 정서적으로 불안하여 집 밖으로 나가려고 하거나 여러 가지 이유로 안절부절못하여 계속 돌아다니려는 경향을 보인다.

배회는 낙상이나 신체적 손상이 있을 수 있으므로 주의 깊은 관찰과 관리가 필요하다. 그러므로 근처의 이웃이나 관공서 등에 미리 알려두어 노인이 혼자 다니는 것을 보면 연락해 줄 것을 요청하거나 옷에 이름과 연락처를 남기도록 하고 필요하면 치매용 팔찌를 활용하도록 한다.

2) 망 상

망상이란 사실에 근거하지 않는 어떤 것에 대한 잘못 고정된 믿음을 말하는 것으로 망상증상은 치매환자의 약 15~40%에서 나타나며 주된 망상은 도둑망상, 질투망상, 버림망상, 빈곤망상 등이 있다. 주로 발생하는 것은 피해망상으로 다른 사람이 자신의 물건을 훔쳐갔다는 등의 도둑망상이 흔히 발생한다. 치매환자의 망상은 정신분열증처럼 이해할 수 없는 것과는 달리 환자의 성격, 과거의 체험, 감정상태 등으로 판단하여 어느 정도 이해가 가능하다.

노인이 자신의 물건을 간수한 것을 잊어버리거나 놓아둔 곳을 잊어버려서 생기는 도둑망상의 경우 종사자를 의심할 수 있으나 이때에는 부정하거나 설득하려고 하면 불신감만 깊어질 수 있다. 그러므로 노인 스스로 물건을 찾을 수 있도록 함께 찾아보도록 권하며, 종사자가 물건을 찾더라도 노인이 찾아낼 수 있도록 이끌어 주어 노인 스스로 찾아내어야 의심이 사라질 수 있다.

대처방법을 살펴보면 다음과 같다.

- 환자가 말하는 것을 부정하거나 설득하지 말고 그대로 받아들인다.
- 물품이 없어졌다고 하면 같이 찾아본다. 그러나 환자의 물품에는 손을 대지 않는 것이 좋다.
- 중요한 물품은 환자가 믿고 있는 사람에게 보관하도록 한다.
- 언제나 숨기는 장소를 알아둔다.
- 없어졌다는 것을 알게 될 경우를 대비하여 대체품을 준비해 준다.

3) 식 사

치매노인은 음식을 혼자 먹을 수는 있어도 때로 식사하는 것을 잊어버리거나, 차려놓은 음식을 감추려 하거나 던져버리고, 버린 음식을 다시 주워먹는 등의 행동을 할 때가 있다. 이로 인해 영양실조에 빠질 수도 있고, 너무 과식하여 비만이 될 수도 있기 때문에 규칙적으로 조용한 분위기에서 영양소를 골고루 섭취할 수 있도록 식사에 대한 지도・감독과 보호가 필요하다.

식사를 거부하는 경우에는 위장이 나쁘거나 혈압이 높아지는 등 신체에 병이 발생할 수 있으므로 주의해야 한다. 때로 거부하는 이유는 먹는 방법을 모르거나 먹는 것을 거부하는 경우가 있는데 심리적 원인을 검토하여 제거하도록 한다. 또한 여러 차례 식사를 요구하는 경우에는 식사한 것을 잊어버렸기 때문이므로, 이 경우에는 식후에 식기를 바로 치우지 말고 식사했음을 알리거나 준비한다고 말하면서 주의를 다른 곳으로 돌려야 한다.

4) 수면장애

치매노인은 대부분 깊은 잠을 잘 수 없으므로 수면장애를 쉽게 경험한다. 또한 밤과 낮이 바뀔 수 있고 외부환경이 불편하거나 안정감이 없을 때 잠을 못 이루고, 신체적 질병이 있거나 심리적으로 불안하여 염려와 걱정이 많을 때에도 수면장애를 동반한다.

이처럼 밤에 수면을 이루지 못하면 낮에 했던 행동을 그대로 재현하려고 해서 가족들의 부담이 가중될 수 있다. 그러므로 숙면을 위해서는 낮잠을 피하고 산책이나 옥외활동 등 규칙적인 생활을 통하여 적절히 신체적 활동을 증가시키는 방법이 필요하다.

5) 실 금

치매노인의 배설문제 중 실금은 지남력장애와 함께 일상생활 수행의 주된 장애요인이 되므로 더 많은 인내와 수고가 요구된다. 동작이 느려서 배설의 시기를 못 맞추거나 화장실이 어디인지 모르거나 요의를 못 느끼고 배설의 방법을 잊어버리기 때문에 실금이 발생한다.

이때에는 간이변기나 요강의 사용, 기저귀의 사용, 시간을 확인해 화장실로 유도하는 방법 등을 활용하며, 때로는 변을 가지고 놀려고 하는 경우도 있는데 이 경우 위험하지 않은 물건을 손에 건네주고 주의를 돌리는 방법을 강구해 보도록 한다.

6) 섬 망

뇌의 순환장애로 환각, 착각, 불안, 공포, 흥분 등을 일으키는 일종의 의식장애를 말한다. 섬망의 원인으로는 급격한 환경의 변화라든지 신체적 질병이나 골절, 수술, 화상, 알코올중독, 약물 부작용 등 뇌의 순환장애나 뇌의 기질성 질환이 있을 경우 생기기 쉽다. 특히 야간에 생기기 쉽기 때문에 '야간섬망'이라고도 한다.

섬망상태에서 흥분하게 되면 생각지 않았던 사고를 일으킬 수 있다. 낮에 잠을 자지 않았는데도 밤에 잠을 자지 않고 걸려 있는 옷을 보고 "도둑이야"라고 하며 겁을 먹으며, 전등불빛을 보고 "불이야"라고 하는 등 소동을 피우는 경우가 있다. 특히 불안이나 강박관념이 심해질 때에는 소음을 피하고 조용한 환경 속에서 지내도록 배려하며, 그때그때의 현실을 알려주거나 침착하게 만져보게 하고, 그림자가 생기는 등 위험한 물건은 치우는 조치가 필요하다.

〈표 6-4〉 정신행동증상 대처방안

증 상	대처방안
배 회	① 배회의 원인을 먼저 파악합니다. ② 안정적이고 친근한 환경을 만듭니다. ③ 화장실 등을 표시해 길 찾기를 도와주는 환경을 만듭니다. ④ 안전한 환경에서는 배회를 수용해 줍니다. ⑤ 환자가 흥미있어 하는 일 등 다른 활동으로 주의를 전환합니다.
망상, 환각	① 치매환자의 주장과 감정을 수용하고 부정하거나 설득하지 않습니다. ② 조용하고 온화한 태도를 유지합니다. ③ 다른 활동으로 주의를 전환합니다. ④ 단순한 환경을 유지합니다.
공격성	① 공격성의 원인을 생각해 보고 차분하게 대처합니다. ② 상대의 감정에 초점을 맞춰 마음을 안정시킵니다. ③ 즐거운 대화 등으로 기분전환을 유도합니다. ④ 격려와 칭찬을 합니다. ⑤ 과도한 요구를 하지 않습니다.
무감동	① 사려 깊은 관심을 기울입니다. ② 반응이 없어도 화내지 않습니다. ③ 현재 능력에 맞는 활동인지 확인합니다. ④ 좋아하는 활동 참여를 격려합니다.
부적절한 배설	① 화내지 않고 차분하고 따뜻하게 수용해 줍니다. ② 실금을 비밀로 하여 자존감을 지켜드립니다. ③ 화장실인을 쉽게 알 수 있는 표시를 해둡니다.

출처 : 보건복지부(2024). 치매가이드북, pp. 24-25.

7. 치매대상자와의 의사소통

치매대상자는 기억이나 지능의 현저한 장애로 인하여 사고의 전달이 곤란하여 대화가 불가능한 경우가 많다. 그러나 치매의 정도에 따라서 의사전달은 다양할 수 있으며 치매대상자와의 적절한 의사소통은 치매대상자들로 하여금 일상생활을 유지하고, 문제행동을 조절할 수 있는 방법이 되므로 관리에 필수적 방법이다.

1) 의사소통의 정의 및 필요성

의사소통이란 둘 또는 그 이상의 사람 사이에 사실, 생각, 의견 또는 감정의 교환을 통하여 공통적 이해를 하고, 듣는 사람의 의식이나 태도, 행동에 변화를 일으키는 일련의 과정이다. 요양보호사가 업무를 수행하는 과정에서 요구되는 의사소통의 필요성을 정리하면 다음과 같다(보건복지부, 2024 : 279).

① 대상자 및 가족과의 신뢰관계 형성에 도움을 준다. 요양보호 서비스는 대상자, 가족과의 신뢰를 바탕으로 제공하는 서비스이므로 신뢰를 쌓아가기 위하여 대상자, 가족과의 원활한 의사소통이 필요하다.

② 요양보호 서비스에 필요한 정보를 원활하게 수집할 수 있다. 요양보호 서비스를 제공하기 위해서는 대상자와 가족의 욕구나 과제, 문제를 정확하게 파악해야 하므로 원활한 의사소통은 정보수집에 많은 도움이 된다.

③ 대상자를 깊이 이해하고, 서비스의 질을 향상할 수 있다. 대상자는 인지, 청각, 시각 등 감각기능 저하로 의사표현에 많은 어려움을 겪는다. 대상자의 상태에 맞는 의사소통 기술을 습득하여 원활히 소통하면 대상자를 더 깊이 이해할 수 있고 이를 바탕으로 질 높은 서비스를 제공할 수 있다.

④ 자신의 생각과 감정을 효과적으로 표현하여 좋은 관계를 형성할 수 있다. 요양보호사는 업무의 특성상 대상자뿐만 아니라 가족, 동료, 시설장 등과 긴밀한 관계를 유지하기 위해 자신의 생각과 감정을 잘 표현하여 서로에 대한 공감을 높이고 좋은 관계를 형성할 수 있다.

⑤ 타 전문직과의 원활한 업무 협조에 도움이 된다. 장기요양기관은 요양보호사뿐만 아니라 사회복지사, 간호사, 물리치료사 등 다양한 분야의 전문가와 팀을 이루어 업무를 하는 경우가 많다. 이러한 다양한 직종들과의 원활한 소통은 요양보호 서비스 향상으로 이어진다.

2) 의사소통의 유형

의사소통의 유형에는 언어적 의사소통과 비언어적 의사소통이 있다. 언어적 의사소통은 자신의 생각이나 감정을 말이나 글로 표현하는 것이며, 비언어적 의사소통은 몸짓, 표정, 행동, 자세, 옷차림 등으로 표현하는 것이다.

메라비언의 법칙에 의하면 상대방과의 의사소통에 영향을 미치는 요소 중 가장 중요한 것은 비언어적 요소(시각적 요소)이며, 그 다음은 음성(청각적 요소), 언어적 요소(말의 내용)이다.

참고

메라비언의 법칙

시각적 요소는 자세, 용모와 복장, 제스처 등 외적으로 보이는 부분을 말하며, 청각은 목소리의 톤이나 음색처럼 언어의 품질을 말하고, 언어는 말의 내용을 말한다. 메라비언의 법칙에 따르면, 대화를 통하여 상대방에 대한 호감 또는 비호감을 느끼는 데에서 상대방이 하는 말의 내용이 차지하는 비중은 7%로 미미하다. 반면에 말을 할 때의 태도나 목소리 등 말의 내용과 직접적으로 관계가 없는 요소가 93%를 차지하여 상대방으로부터 받는 이미지를 좌우한다.

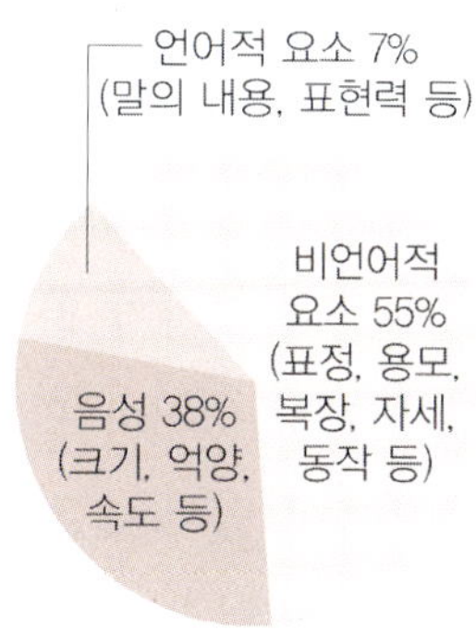

| 그림 6-1 | 메라비언의 법칙

(1) 언어적 의사소통

언어는 사람의 생각이나 감정을 효과적으로 전달할 수 있는 의사소통의 방법이며, 개인의 내면적 상태와 의도를 전달하는 방법이기도 하다. 하지만 개인 차이로 인한 편차가 크다는 단점이 있어 똑같은 단어를 서로 다른 의미로 사용하기도 하고, 감정을 표현하는 방법도 다르며, 어휘의 사용 정도에도 차이가 있다.

요양보호사가 언어적 의사소통을 할 때 유의사항을 살펴보면 말의 강도, 억양, 속어, 방언 등에 따라 오해가 있을 수 있기 때문에 대상자, 대상자의 가족과 의사소통을 할 때에는 명확하고 이해하기 쉬운 용어를 사용해야 한다. 또한 비언어적 표현을 적절히 병행하여 사용하도록 한다.

(2) 비언어적 의사소통

비언어적 의사소통에는 용모, 자세, 침묵, 말투, 얼굴표정, 손짓, 눈짓, 몸짓, 목소리 크기, 씰룩거림, 으쓱거림, 웃음소리 크기, 눈물 등이 있으며 때로는 언어적 의사소통보다 더 효과적으로 활용될 때가 있다.

모든 의사소통에는 비언어적 의사소통이 존재하며 감정적, 정서적 부분이 크게 작용하는데, 대상자 관찰에서 비언어적 의사소통이 중요한 이유를 살펴보면 다음과 같다.

요양보호사는 대상자의 표현을 주의 깊게 관찰하여 대상자의 기분이나 감정 등을 파악하기 위해 노력해야 한다. 이는 대상자가 시력, 청력 등 감각이 떨어져 있거나 만성질환 등으로 자신의 의사를 적절하게 표현하는 데 어려움이 있기 때문이다. 평소에 대상자를 잘 관찰해 두면 대상자의 얼굴표정이나 손짓, 몸짓 등으로 말하려고 하는 메시지가 무엇인지 빨리 파악할 수 있고, 서비스 제공에 참고할 수 있다.

- **눈맞춤** : 눈맞춤은 중요한 의사소통 수단이다. 대상자를 직시하면 대상자에게 관심을 갖고 경청하고 있으며, 대화에 적극적으로 임한다는 메시지를 전달할 수 있다.
- **얼굴표정** : 얼굴표정은 대화에 영향을 미치는 요소 중 가장 중요한 시각적 요소이며, 눈을 치켜뜨거나 미소를 짓는 등의 표정은 말로써 전달하고자 하는 의미를 더욱 분명하게 하는 효과적인 의사소통 수단이다.
- **자세** : 손과 팔의 움직임도 중요한 의사소통 수단이다. 손과 팔을 자연스럽게 놓고 있다가 상황에 따라 적절하게 움직이는 것이 좋다.

- **어조** : 어조는 말하는 사람의 감정을 드러낸다. 낮고 온화한 목소리, 분명한 발음, 적절한 말 속도가 좋다.
- **옷차림과 외양** : 요양보호사가 입는 옷과 머리스타일 등도 중요한 비언어적 의사소통 수단 중의 하나이다. 옷차림이나 외양이 요양보호사에 대한 인상을 결정짓고, 이 인상이 대상자 및 가족과의 관계에 영향을 미치기 때문이다.

3) 의사소통의 원칙

장기요양 서비스 제공에서 대상자와 그 가족과의 의사소통을 할 때 비에스텍의 7원칙(The Biestek's Principles, 1957)은 매우 유용하게 활용할 수 있다.

(1) 대상자를 개인으로 파악한다(개별화 : Individualization)

대상자의 생활 욕구나 생활 과제 등이 다른 이용자와 같다 하더라도 그 욕구가 나타나게 된 배경이나 생활환경 등은 각각 다르기 때문에 그와 관련된 배경과 생활환경 등을 분석하고 이해해야 한다.

- 대상자의 신체적, 심리적, 생활환경의 특성을 이해한다.
- 대상자의 개인적 특성, 질병, 과거 생활사, 경제력 등을 이해한다.
- 대상자의 가족관계 이웃과의 관계 등을 이해한다.
- 그 외 대상자의 종교, 성향 등에 대해서도 이해한다.

(2) 대상자의 감정 표현을 존중한다 (의도적 감정 표현 : Purposeful Expression of Feelings)

대상자가 상담을 받을 때 다양한 감정이 생긴다는 것을 잘 이해해야 한다. 그리고 감정을 쉽게 표현할 수 있는 분위기를 만들어서 대상자의 감정을 정확하게 파악해야 한다. 사례관리자 앞에서 다양한 감정을 표현할 수 있다는 것은 두 사람 사이에 서서히 신뢰 관계가 구축되고 있음을 의미한다.

(3) 자신의 감정을 자각하고 조절한다 (통제된 정서적 관여 : Controlled Emotional Involvement)

대상자의 이야기를 들으면서 여러 가지 감정이 생기게 된다. 이때 요양보호사는 자신의 감정이 어떻게 변화되는지 올바로 파악하고 적절히 조절하면서 대상자의 이야기에 귀를 기울여야 한다. 요양보호사가 자신을 뒤돌아보거나 장기요양기관 내에서 슈퍼비전(supervision)을 받는 것은 매우 중요하다.

(4) 받아들인다(수용 : Acceptance)

요양보호사는 대상자 자신 또는 타인에게 해를 주지 않는다면 대상자의 생각이나 행동에 대한 편견을 버리고 먼저 받아들여야 한다. 또한 왜 그런 생각이나 행동을 했는지에 대해 깊이 이해하도록 한다.

(5) 대상자를 일방적으로 비난하지 않는다 (비심판적 태도 : The Nonjudgmental Attitude)

대상자는 어떤 일에 실패하거나 간혹 부적절한 말과 행동을 하는 경우가 있다. 이때 요양보호사는 그로 인해 대상자의 인격이나 가능성 등을 부정적으로 판단하거나 일방적으로 질책해서는 안 된다.

(6) 대상자의 자기 결정을 돕고 존중한다 (이용자의 자기 결정 : Client Self-Determination)

대상자가 결정한 내용이 자신 또는 타인에게 해를 주지 않고 공공 복지에 위반되지 않는다면 요양보호사는 대상자의 능력이나 내용의 타당성을 판단하여 결정하는 데 필요한 정보를 제공한다. 그 결과 어떤 일이 생길 수 있는지 예상하여 대상자의 결정을 돕고 그 결과를 존중하며 지켜본다.

(7) 비밀을 유지하여 신뢰를 쌓는다(비밀 유지 : Confidentiality)

의사소통을 통해 알게 된 내용을 대상자의 허락 없이 제3자에게 공개하지 않겠다는 약속이다. 그리고 이를 지킴으로써 요양보호사와 대상자 사이에 기본적인 신뢰 관계가 형성될 수 있다. 여기서 '비밀'이란 대상자의 개인정보(생년월일, 주소, 출신지, 연락처, 가족 구성, 병명 등), 대상자가 말한 내용, 사례관리자가 기록한 내용 등이다.

4) 의사소통이 어려운 이유

치매노인과의 의사소통은 일정 부분 어려움이 있다. 이는 상황에 맞는 단어 선택의 어려움, 적절한 단어를 사용하지 못하거나 조사를 빠뜨리는 등의 유창성 저하, 복잡한 말의 의미를 파악하지 못하고 긴 말의 흐름을 쫓아오지 못하는 이해력 저하 등이 원인이라고 볼 수 있다.

또한 뇌의 손상 정도에 따라 말은 하지만 이해를 못하거나 이해는 할 수 있어도 말을 못하는 기능상의 어려움도 있다. 복잡한 말보다는 쉽고 익숙한 말은 이해하고 말할 수 있으므로 치매노인과의 의사소통 시 유의해야 한다.

그리고 비언어적 문제에는 흔히 노인성 난청 등으로 인한 청력 저하, 불필요한 주변의 소리나 환경에 영향을 쉽게 받고 최근 대화나 사건을 기억하지 못하는 집중력과 기억력의 저하 및 치매노인 스스로 문제점을 어느 정도 인식하고 있어서 이로 인한 좌절감이나 우울증을 경험하고 이로 인하여 타인과 의사소통을 하지 않으려는 정서적인 문제 등이 있을 수 있다.

5) 의사소통의 자세

치매노인은 집중할 수 있는 환경을 만들고, 좌절을 느끼지 않도록 배려하는 자세가 무엇보다 필요하다. 이것을 위하여 치매노인과 눈높이를 맞추고 부드러운 미소로 대화하는 것이 필요하다. 또한 쉽고 짧게 말하며 낮은 톤으로 천천히 분명하게, 동작과 얼굴 표정 등을 이용하여 좀 더 이해하기 쉽게 대화한다.

6) 의사소통의 기술

(1) 대상자의 신체적 상태를 파악한다

치매대상자는 의사표시를 제대로 할 수 없어서 자신의 상황을 전달하지 못한다. 그러므로 신체적 상황을 주의 깊게 관찰하도록 하며, 대상자의 욕구를 알기 위해 구체적으로 질문하며 소통하도록 한다.

(2) 존중하는 자세로 관심을 갖는다

치매대상자가 실수를 했을 때 화를 내거나, 야단을 치거나, 웃으면 상처를 받을 수 있으므로 자존심이 상하는 말이나 표현은 하지 않도록 한다. 오히려 대상자의 반응이나 협조가 필요할 경우 따뜻한 말로 존중하는 태도를 유지하면서 격려와 협조를 부탁하도록 한다.

(3) 대상자가 납득할 수 있도록 대화한다

기억력 장애와 의사소통의 장애 등으로 인하여 문제행동이 나타날 수 있는데 이때에는 부정하거나 설득하려고 하지 말고 대상자가 기억력 장애로 인해 생긴 문제를 인정하고 납득할 수 있도록 돕는다.

(4) 대상자의 속도에 맞춘다

대부분의 치매대상자들은 동작이 느리고 말과 행동이 잘 맞지 않는다. 이때 종사자는 대상자의 속도에 맞추어 천천히 대해 주며 반응할 때까지 기다려 준다. 천천히, 차분하게, 상냥하고 예의 바르게 대상자의 반응을 살피면서 속도를 맞춘다.

(5) 반복하여 설명한다

치매대상자는 인지기능의 저하로 상대방의 말뜻을 이해하지 못하고 자기 마음대로 판단할 수 있다. 이럴 경우 다시 의미를 충분히 설명하고 그래도 의사소통이 어려우면 잠깐 대화를 중단하고 다른 문장으로 묻거나 다른 사람이 묻는 것이 좋다. 대상자가 질문에 대답할 수 없을 때 좌절감을 느낄 수 있으므로 가능하면 '예', '아니요'로 답할 수 있는 단답형 질문을 하도록 한다.

(6) 어린아이 대하듯 하지 말고 인격적으로 대한다

치매대상자를 대할 때에는 어린아이에게 하는 것처럼 말하지 말고 인간의 존엄성을 존중하는 태도로 유머감각과 함께 정중하게 존칭어를 사용하도록 한다. 명령하거나 부정적인 문장의 사용보다는 긍정적이고 지지적인 이야기를 하도록 하고 대상자가 없는 듯이 함부로 이야기하지 않도록 한다.

(7) 간결하게 정보를 전한다

치매대상자는 한 번에 여러 가지 말을 하면 혼란스러워한다. 그러므로 한 번에 한 가지씩만 질문하되 간단명료한 단어를 사용하고, 쉬운 단어와 짧은 문장을 사용하여 대상자가 말을 이해할 수 있도록 하며, 이해하지 못할 경우에는 같은 말로 반복하도록 한다. 대상자가 판단이 가능하면 구체적으로 선택할 수 있는 내용을 간단하고 확실하게 제시한다.

(8) 대상자에게 한 번에 하나의 일을 요구한다

치매대상자는 여러 가지 일을 동시에 할 경우 그 일의 종류를 기억하지 못할 뿐만 아니라 일의 내용도 이해하지 못하여 엉뚱한 행동을 할 위험이 있다. 그러므로 한 번에 한 가지씩 시행하도록 한다.

(9) 얼굴을 마주하고 이야기한다

치매대상자의 경우 시력과 청력 등에 장애가 있는 경우가 많으므로 가까운 곳에서 말하는 것이 좋으며, 대화에 집중하고 있다는 것을 보여주기 위해서 얼굴을 마주보고 말하는 것이 좋다. 또한 무엇인가에 집중하고 있을 때 말을 걸게 되면 열중하고 있어서 듣지 못할 수도 있고, 대상자를 뒤에서 부르거나 몸을 갑자기 붙잡으면 균형을 잃고 넘어질 우려가 있으므로 얼굴을 마주하고 말하는 것이 바람직하다.

(10) 현실을 알려준다

치매대상자들은 인지기능이나 지남력 상실 등으로 현실감각이 떨어질 수 있다. 그러므로 대상자에게 접근할 때에는 이름을 부르고, 자신이 누구인지 밝히는 등 현재 상황을 알리도록 한다.

(11) 일상적 어휘를 사용한다

치매대상자와의 원활한 의사소통을 위하여 유행어나 외래어, 은어 등의 사용을 자제하도록 한다. 대상자가 모르는 단어는 불안감을 증가시킬 수 있고, 자신과 말하는 상대방을 잊어버릴 수도 있다.

(12) 과거를 회상하도록 돕는다

치매대상자는 치매 정도에 따라서 단기기억보다는 장기기억을 보유하고 있을 수 있다. 그러므로 지난 날을 회상하면서 자신을 되찾을 수 있고 불안이나 감정을 가라앉힐 수도 있다. 옛날 이야기나 예전에 즐겨 부르던 노래 등을 회상하면서 대화를 이어나가는 것도 좋은 방법이다.

7) 효과적인 의사소통 방법

대상자는 청각, 시각 등 감각기능의 저하로 제한된 의사소통을 할 수밖에 없다. 이러한 점을 감안하여 대상자의 상태를 파악하고 그에 적합한 의사소통을 하는 것이 중요하다. 효과적인 의사소통을 하기 위해서는 라포 형성, 경청, 공감, 말하기, 침묵, 수용 등의 기본적인 방법이 필요하다.

(1) 라포 형성

라포(Rapport)란 '마음의 유대'라는 뜻으로 서로의 마음이 연결된 상태, 즉, 두 사람 사이의 상호 신뢰 관계를 나타내며, 의사소통의 기본이다. 라포가 형성되면 인간관계에서 호감과 상호 신뢰가 생기고 비로소 유대감이 깊은 인간관계를 형성하게 된다. 라포가 형성된 사람들의 관계에서는 '무슨 일이라도 털어놓고 말할 수 있다', '충분히 이해할 수 있다', '공감한다', '함께 있다'라는 느낌을 갖게 된다.

라포를 형성하기 위해서는 신체언어를 맞추고, 눈을 맞추며, 호흡의 리듬을 맞추고, 언어를 맞추는 것이 필요하다. 사람들의 신체언어를 잘 살펴보면, 개입상태에서는 몸을 앞쪽으로 기울이며 눈은 앞쪽을 향하는 반면, 관조상태에서는 몸을 뒤로 젖히며 눈은 먼 곳을 응시한다.

(2) 경청

경청은 다른 사람의 말을 주의 깊게 들으며 공감하는 능력이다. 감성을 지배하는 것은 '귀'로 의사소통을 잘하기 위해서는 다른 사람의 말을 주의 깊게 들으며 공감할 수 있는 능력을 갖추는 것이 중요하다. 경청은 대화

과정에서 신뢰를 쌓을 수 있는 좋은 방법이며, 상대방이 말하려고 하는 의미를 잘 파악하고 상대방의 입장에서 이해하려는 노력이 필요하다.

① 좋은 경청

경청을 잘한다는 것은 단순히 잘 듣는 것이 아니라 상대방이 말하려고 하는 의미를 잘 파악하고 이해하는 것이다. 경청하는 사람은 상대방의 말에 항상 동의하지 않더라도 충분히 이해하기 위해 항상 마음을 열어둔다. 좋은 경청은 상대방과 상호작용하고 말한 내용에 대해 생각하고, 무엇을 말할지 기대하는 것으로, 좋은 경청자가 되기 위해서는 상대방에게 집중할 수 있는 훈련이 필요하다.

② 경청의 방법

- 혼자서 대화를 독점하지 않고, 말하는 순서를 지킨다.
- 상대방의 말을 가로채거나 이야기를 가로막지 않는다.
- 의견이 다르더라도 일단 수용한다.
- 논쟁에서는 먼저 상대방의 주장을 들어준다.
- 시선을 맞추며, 귀로만 듣지 말고 오감을 동원해 적극적으로 듣는다.
- 흥분하지 않고, 비판적 태도를 버린다.
- 상대방이 말하는 의미를 이해한다.
- 단어 이외의 보이는 표현에도 신경을 쓴다.
- 상대방이 말하는 동안 경청하고 있다는 것을 표현한다.

③ 경청을 방해하는 요인

- 대충 미루어 짐작하고, 충분히 듣지 않은 상태에서 조언한다.
- 미리 대답을 준비한다.
- 듣고 싶지 않은 말을 걸러낸다.
- 상대방의 말을 반박하고 논쟁하기 위해서 듣는다.

- 상대방의 말을 나 자신의 경험에 맞춘다.
- 마음에 들지 않을 경우 슬쩍 넘어가며 대화의 본질을 회피한다.

(3) 공감

공감이란 상대방이 하는 말을 상대방의 관점에서 이해하고, 감정을 함께 느끼며, 자신이 느낀 바를 전달하는 것을 의미한다. 즉, 공감능력은 '나는 당신의 상황을 알고, 당신의 기분을 이해한다'처럼 다른 사람의 상황이나 기분을 같이 느낄 수 있는 능력을 말한다.

어떤 문제에 대해 상대방이 받아들일 마음의 준비가 없는 상황에서 너무 빨리 충고를 하거나 비판하면 이에 대해 반감을 가진 상대방은 의사소통을 차단해 버린다. 바람직한 공감은 상대방의 말에 충분히 귀를 기울이고 그 말을 자신의 말로 요약해서 다시 반복해 주는 것이다. 이 기법은 문제 상황에서 대화를 지속시키고 문제를 지닌 당사자가 스스로 해결책을 찾아 나가도록 하는 데 아주 효과적이다.

(4) 말하기

말하기란 자신의 느낌과 생각을 효과적으로 표현함으로써 상대방과 원활히 대화하는 것이다. 효과적인 말하기는 서로 존중하면서 자신의 진심이 상대방에게 전해지고, 상대방의 진심도 나에게 전달되어 서로 합의점을 찾아가는 것이며, 상대방을 조정하고 통제하는 것과는 다르다.

① 효과적인 말하기

- 자신의 감정에 솔직해진다.
- 상대방의 말을 수용하고 자신의 생각을 정리한다.
- 의사전달을 분명하게 한다.
- 비판적인 단어를 사용하지 않는다.

- 특정 상대를 지칭하거나 비판하지 않는다.
- 부정적인 비교를 하지 않는다.
- 나쁜 내용을 회고하거나 상기시키지 않는다.
- 상대방을 위협하는 말을 하지 않는다.
- 상대방을 감정적으로 공격하지 않는다.
- 편안하고 이완된 자세를 취한다.

② 효과적인 말하기의 방해 요인

- 자신이 모든 일에 전문가임을 주장한다.
- 자신에게는 잘못이 없고 항상 옳다고 주장한다.
- 부족하고 자신감 없는 태도를 보인다.
- 자신은 보호받아야 한다고 생각한다.
- 자신은 완벽한 사람이므로 비난을 받지 않아야 한다고 생각한다.

③ 나-전달법(I-Message)

나-전달법은 상대방을 비난하지 않고 상대방의 행동이 나에게 미친 영향에 초점을 맞추어 이야기하는 표현법이다. 반면 너-전달법은 상대방의 행동에 초점을 두고 행동에 대한 비난, 비평, 평가의 의미를 전하며, 상대방에게 잘못이 있다고 공격하는 표현이다.

나-전달법의 예
함께 홍보물을 배포하기 위해 만나기로 한 동료가 약속시간에 늦을 때 ① 행동, 상황을 있는 그대로 비난 없이 → "약속시간이 지켜지지 않으면" ② 그 행동이 나에게 미친 영향 → "함께 일하는 데 지장이 있고" ③ 그 상황에서 내가 느끼는 바를 진솔하게 → "기다리는 동안 걱정하고 조바심이 났어요." ④ 원하는 바를 구체적으로 → "앞으로는 약속시간을 잘 지켜주기 바랍니다."
나-전달법의 주의사항
① 부정적 정서를 강조하지 않는다. ② 상대방에게 교훈을 주는 데 열중하여 말하는 사람의 본심을 전달할 기회를 놓치지 말아야 한다. ③ 감정을 폭발적으로 드러내지 않는다. ④ 상대를 평가하지 않는 태도가 필요하다. ⑤ 나-전달법으로 말하고 나서 다시 수용적 태도(경청)를 취한다.
나-전달법 연습하기
대화를 나누는데 나의 말에 반응이 없는 동료 요양보호사에게 ① 행동 : ② 영향 : ③ 느낌 : ④ 바람 :

(5) 침묵

침묵은 어떤 말보다 중요한 역할을 할 때가 있다. 긍정적이고 수용적인 침묵은 가치 있는 치료적 도구로 작용하여 대상자로 하여금 말할 수 있는 용기를 주고, 요양보호사와 대상자 모두에게 생각을 정리할 시간을 준다. 그러나 대상자가 침묵을 어떻게 받아들이느냐에 따라 효과가 달라지므로 조심스럽게 사용해야 한다.

(6) 수용

수용이란 상대방의 표현을 비판 없이 있는 그대로 받아들이는 것으로 단순한 동의나 칭찬과는 다르다. 이는 대상자를 있는 그대로의 한 인간으로 받아들여 그의 특성 모두를 인정하고 존중하는 태도이다.

요양보호사는 대상자의 강점과 약점, 긍정적인 감정과 부정적인 감정, 태도 등을 포함하여 있는 그대로 이해해야 한다. 이러한 수용으로 대상자는 긴장이 감소되고 안도감을 느끼며 자신감이 증진된다. 요양보호사는 대상자에게 충고하거나 답을 주려 하지 말고 감정, 태도 등을 수용하면서 지지한다.

8) 단계별 의사소통

〈표 6-5〉 **치매단계별 의사소통**

	의사소통 손상 정도	단계별 의사소통 방법
초기	• 일관성 및 연결성 손상 • 빈번한 확인과 설명 요구 • 대화의 주제가 자주 바뀜 • 사용 어휘 수의 제한성 • 물건, 사람 이름 명명의 어려움 • 시제 사용 결여	• 간단하고 직접적인 언어 사용 • 대상자의 집중시간 파악 • 대상자가 응답할 충분한 시간 확보 • 긍정적 사건, 기억을 회상케 함 • 중요한 내용은 반복
중기	• 애매모호한 내용의 이야기 • 대화의 주제가 제한적 • 불특정 다수를 지칭하는 용어(이것, 그것 등) 증가 • 사용 어휘 수의 제한 증가 • 명칭 실어증 증상 • 대화 중 말이 끊기는 횟수의 증가 • 적절한 어구 사용의 결여가 빈번 • 부적절한 명사의 선택과 부정확한 시제의 사용	• 대상자가 볼 때만 이야기 • 대상자에게 친숙한 물건 활용 • 반응할 때까지 기다려 주기 • 친숙한 활동을 통해 대화 시도 • 반복해서 설명하기 • 길고 복잡한 문장 피하기

종기	• 의사소통 유지의 어려움 • 말이 없어짐(무언증) • 대화 시 눈맞춤이 어려움 • 현저한 사용 어휘의 감소 • 명명의 현저한 어려움 • 부정확한 발음 • 자발적 언어표현은 감소하고 타인의 말을 따라 함	• 대상자의 이름을 부르며 이야기 • 편안하고 부드러운 모습 유지 • 대상자가 듣고 있다고 가정하기 • 적절한 스킨십 활용 • 대상자의 비언어적 메시지 확인

출처 : 보건복지부(2010). 요양보호사 공통 표준교재, pp. 641-644 재구성.

8. 치매의 예방

치매는 후천적으로 기억, 언어, 판단력 등 여러 영역의 인지 기능이 감소하여 일상생활을 제대로 수행하지 못하는 임상 증후군으로 치매에 걸리지 않기 위해서는 올바르고 규칙적인 생활습관과 노력이 필요하다.

1) 치매의 경고증상

〈표 6-6〉 치매의 경고증상

증 상	상 황
기억력 장애	중요한 약속, 전화번호, 주변 사람들의 이름 등을 잊는다.
친숙한 일을 잘 못함	간단한 집안일, 평소 잘 하던 취미활동, 요리 등을 잘 못한다.
언어장애	간단한 단어를 잊어버리거나 엉뚱한 단어로 표현하기도 한다. 사물의 이름을 정확하게 말하지 못한다.
지남력 상실	시간과 장소에 대한 지남력에 장애가 있어 잘 알던 길을 잃거나 집을 잘 찾아오지 못하는 경우가 생긴다.
판단력 장애	계절에 맞지 않게 옷을 입거나 지나치게 돈을 지불하는 등의 문제가 발생한다.
추상적 사고의 어려움	가계부의 수입과 지출을 맞추는 등의 다소 복잡한 업무수행에 어려움을 느낀다.

물건보관의 어려움	엉뚱한 장소에 물건을 두고 잘 못 찾는 경우가 발생한다.
기분행동의 변화	평소보다 지나친 기분의 변화가 일어나 뚜렷한 이유 없이 쉽게 울거나 화를 내기도 한다.
인격의 변화	의심을 많이 하거나 몹시 불안해하기도 하고 매우 의존적인 성격으로 변하기도 한다.
자발성 상실	자발적인 행동이 감소하여 잠을 많이 자거나 TV를 평소보다 오랜 시간 시청하고 평소 잘 하던 행동을 하려고 하지 않는 등의 모습을 보인다.

출처 : 최외선 외(2007), p. 179 재구성.

2) 치매예방을 위한 방법

(1) 융통성 있는 사고방식

감정에 사로잡히지 않고 객관적으로 판단하기 위해서는 시간을 두고 넓은 시야로 생각하여 판단해야 한다. 때로 가치관이 다른 젊은 세대를 만나면 새로운 세대의 감각을 받아들여 융통성 있는 생각을 가지도록 노력하여야 한다.

(2) 지속적인 뇌활동

20대 이후부터는 하루에 10만 개의 뇌세포가 죽는다. 그러므로 뇌를 많이 사용하여 뇌세포의 소멸을 예방하고 뇌세포를 활성화시켜야 한다. 이를 위하여 취미생활과 소근육을 많이 사용하고 걷기운동을 통해 몸 전체 근육을 사용하여 뇌를 자극할 수 있도록 한다.

(3) 성인병 예방

두부외상을 피하고 고혈압, 비만, 당뇨병, 심장질환, 흡연, 알코올중독 등의 성인병을 예방하도록 한다.

(4) 건강관리에 힘쓸 것

- 비타민 B_{12}와 엽산을 충분히 섭취하도록 한다.
- 식사량은 80% 정도로 소식한다.
- 규칙적 식습관 및 각종 영양소의 바른 섭취를 권장한다.
- 음식은 싱겁게 먹는다.
- 등푸른 생선, 해조류, 견과류 등을 꾸준히 섭취한다.

(5) 사회활동의 유지

- 건전한 대인관계, 사회생활, 봉사활동, 종교활동 등을 유지할 것
- 가능한 한 외출을 많이 할 것

(6) 역할부여

- 가정과 사회에서 나름의 역할을 가질 것
- 과거에 연연해하지 않고 미래의 목표를 가지고 생활할 것
- 보람 있는 생활을 추구할 것

(7) 치매방지 두뇌운동을 할 것

- 뇌 유산소 운동(심호흡하기)
- 타성에 젖은 사고의 틀 깨기
- 기억력 증강시키기
- 글자를 이용한 게임하기
- 숫자 세기
- 그림 보고 기억해 내기

〈표 6-7〉 치매예방 수칙

치매예방 10대 수칙	
1. 고혈압을 치료한다.	2. 당뇨병을 조절한다.
3. 콜레스테롤을 점검한다.	4. 비만을 조절한다.
5. 심장병을 초기에 발견하고 치료한다.	6. 우울증을 치료한다.
7. 적절한 운동을 꾸준히 한다.	8. 절대로 흡연을 하지 않는다.
9. 과음은 절대 안 한다.	10. 적당한 일과 취미활동을 꾸준히 한다.

치매예방 식생활 수칙 건강에 좋은 음식을 먹는 습관은 뇌의 노화와 기억력 감퇴를 막아주어 치매예방에 도움을 준다.
1. 칼로리 섭취량을 줄이고 체중을 감량한다.
2. 저지방 식사를 한다.
3. 비타민 E(토코페롤), 비타민 C 섭취를 늘린다.
4. 매일 과일, 채소, 차 등의 항산화 식품을 섭취한다.
5. 하루에 6잔 이상의 물을 충분히 마신다.
6. 오메가 3 지방산과 같은 좋은 지방이 많이 함유된 음식을 섭취한다(등푸른 생선 - 꽁치, 정어리, 고등어/ 견과류 - 호두 등).
7. 치매예방에 좋은 한방차를 마신다(강황, 울금, 가시오가피, 인삼, 영지버섯 등을 연하게 달여 매일 1~2잔 차처럼 마신다).

3) 치매돌봄 10계명

〈표 6-8〉 치매돌봄 10계명

내 용
1. 치매환자도 존중받아야 할 사람임을 잊지 않는다.
2. 치매환자를 격려하고, 잔존기능을 활용할 수 있도록 지지한다.
3. 치매환자의 작은 변화도 가치가 있고 감사해야 한다.
4. 치매환자의 신체적 건강에 대한 세심한 관심으로 적절한 건강관리를 받도록 한다.
5. 장기적인 계획을 바탕으로 치매환자를 돌보도록 한다.
6. 불의의 사고를 항상 대비하고 예방한다.
7. 치매 관련 다양한 자원을 적극 활용한다.
8. 치매에 대한 지식을 꾸준히 쌓아간다.
9. 치매는 모든 가족 구성원들이 함께 돌보아야 한다.
10. 치매환자를 돌보는 가족은 자신의 건강도 잘 챙겨야 한다.

출처 : 보건복지부(2024). 2024 치매가이드북.

| 제7장 |

일상생활 동작을 위한 기술

1. 섭 취

식사를 통한 영양의 섭취는 건강상태를 유지하고 증진시키기 위해 중요한 것으로 질병예방, 만성병의 치료, 건강증진에 결정적 역할을 한다. 또한 식사는 일상생활의 즐거움과 삶의 만족감을 주고 타인과의 교제도 가능하게 한다. 따라서 대상자에게 있어서 음식물의 섭취는 심리적 영향을 받기 쉬우므로 안정된 상태에서 즐겁게 식사할 수 있도록 충분한 영양과 안전한 섭취, 기호, 환경 등에 대한 배려를 통해 삶의 질을 높이는 서비스가 되도록 해야 한다.

대상자는 영양불량 상태가 일어나기 쉽다. 이는 치아의 상실, 감각기능의 변화 등이 음식섭취에 영향을 주어 소화능력이 저하되고 식품을 선택하거나 요리나 식사에 대한 흥미가 떨어져 부적절한 음식을 섭취하게 되기 때문이다. 또한 노인의 빈곤, 사회적 고립, 질병 등도 영양불량 상태를 초래한다. 이처럼 대상자의 영양불량은 복합적 요인에 의해 발생하므로 다양한 해결방안이 필요하지만 무엇보다 지속적인 영양관리나 식사관리를 통해서 만성 퇴행성 질환을 예방하고 발병을 지연시키는 것이 필요하다.

1) 영양관리

영양이란 음식물을 섭취하고 이용하는 전 과정을 말하는 것으로 우리의 신체는 각 기관의 정상적 활동 유지, 체온 유지 기능, 효소의 기능, 세포의 성장 및 회복 등을 위해서 다양한 영양소를 필요로 한다. 이를 위해 인체는 삶의 전 과정에 있어서 음식물을 통해 영양분을 공급받는다. 그러나 노화가 진행됨에 따라 에너지원의 섭취가 부족할 수 있는데, 전체적인 에너지 섭취량은 줄여야 하지만 필요한 에너지의 섭취가 부족하지 않도록 충분한 열량을 공급하는 것이 중요하다.

(1) 탄수화물

주 공급형태는 포도당이며, 단맛을 내는 역할 이외에 몸에 에너지를 공급하는 중요한 역할을 한다. 인체에 필요한 만큼 충분한 섭취를 하지 않으면 신체에 포도당 공급이 불충분해진다.

(2) 단백질

각종 감염성 질환이나 위장기능의 약화 등으로 체내에서 단백질의 이용효율이 떨어진다. 그러므로 필수 아미노산이 균형 있게 공급될 수 있도록 살코기, 계란, 생선 등과 같은 양질의 단백질을 섭취하도록 한다.

(3) 지방

과다한 지방의 섭취는 각종 성인병의 주범이므로 LDL(Low Density Lipoprotein)에 해당하는 포화지방산이나 콜레스테롤의 섭취는 제한하고, HDL(High Density Lipoprotein)에 해당하는 식물성 지방이나 생선 등을 충분히 섭취하도록 한다.

(4) 무기질과 비타민

노인들의 식사에서 가장 부족하기 쉬운 것이 비타민 A와 C, 그리고 칼슘이므로 노인들은 무기질과 비타민을 충분히 섭취해야 한다. 특히 골다공증의 예방을 위해서는 칼슘과 비타민 D를 충분히 섭취하고, 노화를 방지하기 위해서 비타민 A, C, E 등을 골고루 섭취하도록 한다. 그러나 지용성 비타민인 비타민 A, E 등은 지나치게 섭취하면 오히려 체내에서 독성을 유발할 수 있으므로 적정한 섭취가 필요하다.

(5) 물

생명의 연장에 물은 필수적이며 용매와 윤활제의 역할뿐만 아니라 영양소와 노폐물의 운반 및 체온 조절을 위한 매개체로서의 역할을 한다. 물은 체질에 따라, 섭취하는 음식물의 내용에 따라 섭취량을 조절해야 한다.

2) 건강관리

노인의 경우 영양적인 면에서 다른 연령층보다 더 많은 문제가 야기된다. 노인은 전반적으로 음식섭취가 부족하여 다양한 영양분의 공급이 어렵고, 소화기능의 저하와 편식, 소화관 운동의 감소, 영양소의 흡수기능 저하 등으로 다음과 같은 문제가 발생한다.

(1) 영양결핍

건강한 상태를 유지하는 데 필요한 영양소 중 하나 혹은 그 이상이 부족할 때 발생한다. 필요한 영양분을 골고루, 적절하게 섭취하기 위해서는 임상적 관찰, 식사력 사정, 진단적 검사가 필요하다.

(2) 비만

연령의 증가와 함께 열량의 요구는 감소하는데 젊었을 때부터 취했던 식습관을 그대로 유지하면 비만이 생길 수 있다. 비만은 심장병, 고혈압, 관절질환, 지방간, 담석증, 통풍, 당뇨 등과 같은 건강상의 문제를 초래한다. 비만은 이상체중의 20%를 초과하는 경우로 식이제한과 함께 운동을 병행하면 체중의 감소효과를 가져올 수 있다. 체중이 감소하면 비만으로 초래되는 합병증의 50% 이상을 감소시킬 수 있으므로 비만의 조절을 위해서는 꾸준한 관리가 필요하다.

(3) 변비

변비란 1주에 3회 이하의 배변을 하거나 복부불편감, 팽만감이 있고 배변 시 힘을 주어야 하며, 딱딱하고 물기 없는 변을 보는 것으로, 연령의 증가에 따라 위장관계 변화, 수분섭취의 감소, 섬유질 섭취의 감소, 활동력 저하, 약물복용, 치질 등이 원인이 된다. 변비를 예방하기 위해서는 적당한 섬유질과 수분섭취, 활동유지, 규칙적 배변습관을 가져야 한다.

(4) 빈혈

노인성 빈혈은 철분결핍성 빈혈로 위궤양, 십이지장궤양, 게실염, 치질, 암으로 인한 위장관 출혈이 원인이거나 불충분한 철분섭취나 흡수장애가 원인이다. 또한 골수의 변화 및 영양소의 결핍으로 인해 조혈작용이 떨어지거나 단백질과 열량이 부족하여 적혈구의 생성이 감소되어도 노인성 빈혈이 초래된다. 이때에는 출혈을 야기하는 문제를 해결하도록 하며, 식이를 통해 철분섭취를 자주 하며 비타민 C와 철분제를 복용하는 것도 좋다.

(5) 골다공증

노인에게 흔한 질환으로 무기질과 단백질의 화학적 비율에는 변화가 없이 뼈의 중량만이 감소하는 것을 골다공증이라고 하며 쉽게 골절이 일어날 수 있다. 지방과 에너지 함량은 적게 하고 비타민 D가 풍부한 고칼슘 식사, 우유와 유제품 등을 통해 뼈의 손실을 예방하도록 한다.

3) 섭취 시 유의사항

① 즐거운 분위기에서 식사할 수 있도록 배려한다. 식욕은 인간의 기본적 욕구일 뿐만 아니라 좋은 영양상태는 질병의 진행을 예방하며, 회복을 촉진한다.
② 대상자에게 배설의 욕구가 있는지 확인한다.
③ 적절한 영양소가 공급되는지 살펴본다.
④ 청결한 환경의 조성을 통해 식욕을 증진시킨다.
⑤ 대상자의 건강 정도에 따라 일반식, 유동식, 치료식 등을 제공한다.
⑥ 대상자로 하여금 식사 전에 손을 씻거나, 입을 헹구도록 해서 식욕을 돋우도록 한다.
⑦ 가능한 한 여러 사람과 함께 식사할 수 있도록 한다.
⑧ 식사 이후에는 반드시 입 안에 음식이 남아있지 않도록 깨끗이 한다.
⑨ 와상노인의 경우 가능하면 상체를 높게 하며, 음식의 온도를 확인하고, 모두 삼켰는지 등을 확인한 이후에 천천히 식사에 집중하도록 한다.
⑩ 편마비가 있는 노인의 경우 대상자의 상태와 능력에 맞는 도구(식기, 포크, 숟가락 등)를 준비하여 최대한 스스로 식사할 수 있도록 한다.
⑪ 비위관 영양을 하는 대상자의 경우 의식 정도와 관계없이 시작과 끝을 반드시 이야기해 주고, 영양액의 유효기간 확인하며, 구강간호를 통해 입안의 건조와 갈증을 예방해야 한다. 비위관 주변을 청결히 유지하고 영양액 주입 후 30분 정도 앉아 있도록 보조하며, 섭취량을

기록하고, 사용한 물품과 주위의 정리정돈, 입술보호제 활용을 돕고, 섭취량을 기록한다.

⑫ 칫솔질이나 입안 헹구기를 한 후 입 주위를 닦고 사레를 예방하기 위해 30분 정도 앉아 있도록 한다.

2. 배 설

배설은 생명유지에 불가결한 것으로 쾌적한 일상생활의 기본적 욕구이며 정신적 영향을 받기 쉬운 생리적 기능으로, 체내 대사산물을 규칙적으로 배설하는 것은 정상적 신체기능의 유지에 필수적인 것이다. 그러므로 배설을 통한 기본적 욕구충족이 이루어지지 않으면 다른 행위를 통해서도 만족감이 저하될 수밖에 없다.

그러나 장애나 질병상태에서는 배설에 변화가 나타나므로 정상적인 배설습관을 유지하기 위해서는 타인의 도움이 필요하게 되고, 인간의 가장 기본적인 욕구를 스스로 해결하지 못할 경우 대상자는 자존감이 저하되고, 배설물을 치우는 과정에서 개인의 프라이버시가 드러남에 따라 수치스러움, 불안감 및 절망감 등을 느끼게 된다.

일반적으로 노인은 치아결손, 식사 섭취량의 감소, 운동량의 감소 등으로 변비가 잘 생기며 항문 괄약근 이상이나 방광 괄약근의 이상, 신경계의 이상 등으로 변실금과 요실금 등이 나타난다. 그러므로 취침 전에는 수분의 섭취량을 조절하고 필요할 경우 기저귀를 사용하도록 한다. 변비가 있는 경우 섬유질이 풍부한 야채나 과일 등을 충분히 섭취하도록 한다.

1) 배설장애

노인에게 있어서 배설상의 문제는 스트레스, 위장관의 생리적 변화, 장구조의 외과적 변화, 심리적 요인 등에 의해서 발생하며 그 내용은 다음과 같다.

(1) 변비

변비는 장운동의 저하, 즉 장벽에 분변의 덩어리가 장시간 머물면서 변에 함유된 대부분의 수분을 장벽이 흡수하게 되어 변이 더욱 굳어지고 부드럽지 못하게 되면서 발생한다.

(2) 분변매복

변비가 해결되지 않음으로 인해 생기는 것으로 단단한 변이 쌓이고 직장에 끼어서 배출되지 않는 증상을 말한다. 뚜렷한 징후로는 배변하고 싶은 느낌이 있음에도 며칠 동안 배변을 할 수 없게 되며, 변비가 심한 대상자에게 생길 위험이 크다.

(3) 설사

배변의 횟수가 증가하면서 수분이 많고 형태가 없는 대변이 배출되는 것으로 위장관 장애의 한 증상이다. 물기가 많고 배변이 급하게 되어 조절하기 어려워질 수 있고, 설사가 회음부와 엉덩이의 피부에 반복적으로 묻으면 피부를 자극하여 피부가 상할 수도 있으므로 세심한 피부관리가 필요하다.

(4) 변실금

항문에서 가스와 분변의 배출을 조절할 수 없어 대변이 새는 것으로 항문 괄약근의 기능이나 조절기능이 손상되면 변실금이 발생한다. 대부분의 경우 대상자가 의식은 명료하지만 신체적으로 배변을 피할 수 없어 변실금이 생기고 이는 대상자의 신체적 이미지를 손상시킬 수 있으므로 관리가 필요하다.

(5) 장내가스

가스는 대상자가 공기를 삼키거나 인체 내의 작용을 통해 생성되는 것으로 가스가 장에 차면 배가 팽만해지며 이는 흔히 복부팽만감, 동통, 복부경련을 일으킬 수 있다.

2) 배설 시 유의사항

① 대상자의 배설요구, 즉 요의와 변의의 언어적 표현이 있는가, 안절부절못하는가, 허리를 들썩이는 등의 비언어적 표현을 하는가 등을 주의 깊게 관찰한다.

② 배설행동의 독립성, 즉 배설을 위한 보조용품의 사용경험과 신체거동능력 등을 살핀다.

③ 배설 시 관찰내용

- **배설 전** : 요의/ 변의 유무, 하복부 팽만감, 이전 배설과의 간격
- **배설 중** : 통증, 불편함, 불안 정도, 소변의 흐름 이상 유무
- **배설 후** : 색깔, 혼탁의 유무, 배설시간, 잔뇨감, 횟수, 양, 배설상태에 특이사항이 있으면 보고하도록 함

④ 배설과 관련하여 위험요소는 미리 제거하여 사고를 미연에 방지한다.

⑤ 프라이버시의 유지를 위해 불필요한 노출은 삼가며, 커튼이나 스크린을 활용하여 편안하게 배설하도록 한다.

⑥ 배설의 실수가 있는 경우 부끄러워하거나 심리적으로 위축되지 않도록 주의한다.

⑦ 필요시 기저귀나 방수포를 사용한다.

⑧ 배설 이후에는 대상자의 손을 닦아준다.

⑨ 이동변기의 사용 이후에는 즉시 처리하고 환기한다.

⑩ 사용한 물품을 정리하고 특이사항이 있을 경우 보고한다.

⑪ 유치도뇨관 사용자

- 유치도뇨관을 통한 감염증이 생기기 쉬우므로 감염예방을 위한 관리에 주의한다.
- 소변이 담긴 주머니는 방광위치보다 낮게 둔다.
- 지시가 있는 경우 수분섭취량과 배설량을 확인하고 기록한다.
- 침대에서 자유롭게 움직일 수 있으며, 보행이 가능함을 알린다.

3. 개인위생

개인위생은 목욕하기, 대・소변 보기, 일반적 신체위생 및 외양 다듬기와 같이 여러 기능이 개인 스스로에 의해 이루어지는 것을 의미한다. 이러한 위생은 개인의 가치와 행위에 의해 이루어지는 개인적 일로 피부, 모발, 손톱, 치아, 구강 및 비강, 눈, 귀, 회음부 및 생식기의 위생상태를 말한다. 이처럼 신체를 청결히 하는 것은 몸과 마음이 상쾌해질 뿐 아니라 보건위생상 꼭 필요한 것으로 신체에 붙어 있던 미생물의 번식을 막아 감염 혹은 전염병을 예방할 수 있다.

1) 구 강

(1) 구강위생

구강위생은 입, 치아, 잇몸과 입술의 건강상태를 유지하는 데 필수적인 것으로 칫솔질은 음식 찌꺼기, 프라그 및 세균이 있는 치아를 깨끗이 하고 잇몸을 자극하여 순환을 촉진하고, 불쾌한 냄새와 맛으로 인한 불쾌감을 완화한다.

(2) 주의사항

- 구강 내 염증을 확인하고 치아와 혀를 닦아주며, 입술도 관리한다.
- 와상의 경우, 머리를 높게 하여 양치액을 삼키지 않도록 하며 머리를 옆으로 돌려 내용물을 뱉어내도록 한다.
- 치아가 없거나 연하장애자, 의식불명자, 사레가 잘 드는 대상자는 입안을 닦아낼 때 손가락이나 도구로 너무 자극하여 구토나 질식을 일으키지 않도록 한다.
- 부득이하게 똑바로 누운 대상자는 상반신을 높여주고 목에서 가슴까지 수건을 대준다.
- 필요시 구강청정제를 사용한다.
- 의치 사용 시 엄지와 검지를 사용하여 의치의 앞부분을 잡고 상하로 움직이면서 뺀다.
- 의치는 칫솔질을 통하여 닦아내며, 너무 뜨거운 물을 사용하면 금이 가거나 모양의 변형이 있으므로 주의하면서 흐르는 물에 닦도록 한다.
- 의치 보관 시 세정제나 물이 담긴 보관용기를 사용한다.

2) 두 발

(1) 두발청결

머리 감기기는 두피나 머리카락의 청결을 유지하며, 가려움, 비듬, 냄새를 예방하고 두피를 자극하여 혈액순환을 촉진하고 상쾌함을 제공한다. 머리를 감기기 전 신체적 상태와 정서적 상태를 점검하도록 하며, 머리를 감을 때의 자세, 장소, 습관이나 기호 등을 확인한다.

(2) 주의사항

- 공복, 식후는 피하고 가능하면 따뜻한 낮 시간을 이용한다.
- 머리 감기 전에 대·소변을 보게 한 후 머리감는 절차에 대한 설명을 통해 편한 상태를 유지하도록 한다.
- 통 목욕 시 물의 온도는 39~41℃, 실내온도는 22~26℃를 유지한다.
- 침대에서 머리를 감을 때에는 방수포 위에 수건을 놓아 어깨까지 감싸며, 베개를 치우고 침대모서리에 머리가 오도록 몸을 비스듬히 한다.
- 머리를 감은 후 필요하면 헤어드라이어를 사용하여 말린다.
- 대상자의 기호에 따라 머리 모양을 정리해 주고 거울을 제공하여 자신의 머리 스타일을 볼 수 있게 한다.

3) 손·발

손과 발을 닦아서 청결을 유지함으로써 마비나 구축, 악취나 무좀 등을 예방할 수 있고, 말초 부위를 따뜻하게 함으로써 혈액순환을 증진시키고 기분을 상쾌하게 할 수 있다.

(1) 피부보호 방법

노인의 피부는 건조하고 거칠며 윤기가 없고 각질이 생기기 쉽다. 이를 예방하기 위해서는 보습을 고려한 비누나 클렌저를 선택하며, 주기적으로 오일이나 로션 등을 사용하여 보습을 유지하도록 한다. 또한 피부에 상처가 나지 않도록 조심하며, 피부에 자극을 주지 않도록 한다. 피부의 색이나 상처, 분비물의 유무 등에 대하여 세밀하게 관찰하고 특이사항 발견 시 보고한다.

(2) 주의사항

- 편안한 자세에서 진행한다.
- 씻으면서 이불이나 바닥에 물이 튀지 않도록 필요하면 방수포를 깔아둔다.
- 회음부는 분비물과 배설물로 더러워지기 쉽고, 악취가 나며, 여성은 방광염, 요로감염의 원인이 되므로 청결유지가 더욱 필요하다.
- 커튼이나 스크린을 쳐서 개인 프라이버시가 유지되도록 한다.

4) 세수, 면도, 목욕하기

(1) 세수하기

대상자가 기동장애나 인지장애가 있는 경우 스스로 세수를 할 수 없으므로 얼굴을 깨끗이 씻어주어 혈액순환을 촉진하고 청결을 유지함으로써 자존감과 정서적 안정감을 제공하여 인간관계 유지에 도움을 준다.

눈은 눈물이나 눈곱으로 염증이 잘 생기는 부위이다. 눈곱이 없는 쪽부터 먼저 닦아주며, 깨끗한 수건으로 부드럽게 안쪽에서 바깥쪽으로 닦는다. 노인은 귀지가 쌓여 중이염이나 난청을 일으키기도 하므로 정기적으로 귀지를 닦아내고, 귀지의 제거는 의료행위가 될 수 있으므로 의료기관에 가서 제거하는 것이 안전하다. 또한 조심하면서 귓바퀴나 귀의 뒷면도 따뜻한 물수건으로 닦아준다. 노인은 콧물이 자주 나오고 이물질로 인하여 코가 막히게 되어 비염 등이 발생하기 쉬우므로 세안 시 코의 안쪽을 깨끗이 닦도록 한다.

안경을 사용하는 경우 하루에 한 번 이상 닦거나 물로 깨끗하게 씻도록 하며, 매일 반복되는 일이므로 무리 없이 할 수 있도록 도와주고 습관화시킨다. 가능하면 스스로 하도록 지원하고 느리더라도 자립을 위한 과정이므로 기다려 주도록 한다.

(2) 면도하기

노인의 피부는 건조하여 상처가 나기 쉬우므로 면도 전 따뜻한 물수건으로 건조함을 완화시키거나 충분한 거품을 낸 뒤 면도한다. 대상자가 가지고 있는 면도기의 사용방법에 맞추어 하되 상처가 나지 않도록 주의한다. 가능하면 전기면도기를 사용하는 것이 안전하며, 면도 이후에는 따뜻한 물수건으로 닦아낸 뒤 로션이나 크림을 바른다.

면도를 시행하기 전에 상처가 있는지 살펴보고, 시행하면서 상처가 생겨 피가 날 경우 직접 접촉하지 않도록 한다. 또한 주름진 부위는 부드럽게 잡아당겨 면도하여 상처가 나지 않도록 주의하며, 면도는 수염의 강도가 약한 볼 부위부터, 얼굴 가장자리 → 목, 입 주위 → 턱밑 → 콧수염 등 수염의 강도가 강한 부위의 순으로, 수염이 자란 방향으로 실시한다.

면도 이후 로션이나 크림 등을 바를 때에는 자극적이지 않도록 문지르지 말고 살살 두드려 바르도록 한다. 또한 면도 이후 안면에 상처가 생기지 않았는지 살펴보면서 만족하는지, 불편한 점은 없었는지 물어보면서 다음 면도 시 활용한다.

(3) 목욕하기

목욕을 통해 깨끗한 몸을 유지하면 대상자의 기분이 상쾌해지며 자신이 건강하다고 느낄 수 있어서 삶의 활력소가 되기도 한다. 목욕은 피부를 깨끗이 하고 편안함을 증진시키며 피부와 점막을 마사지하는 효과가 있어서 혈액순환과 근육이완 및 관절운동을 돕는다.

목욕은 대상자에게 신체적 부담이 될 수도 있으므로 목욕 전에 욕창, 습진의 유무, 피부상태 등을 관찰하며, 목욕 전후 대상자의 신체적 기능상태를 고려하고 안색이나 기분 등을 확인하여 부분목욕이나 전신목욕 여부를 선택하도록 한다. 목욕은 대상자의 건강 정도에 따라 통목욕, 샤워, 침상

목욕 등이 있다.

① 목욕의 장점

- 목욕을 하게 되면 피부의 노폐물을 제거하여 청결을 유지할 수 있다.
- 적당한 온도의 목욕은 대상자의 긴장을 풀어주어 심신을 편안하게 해주어 수면에도 도움을 줄 수 있다.
- 신진대사를 촉진하며, 혈액순환을 돕고 근육 및 관절의 이완을 돕는다.
- 목욕하는 과정을 통해 피부의 문제를 발견할 수 있다.

② 목욕 시 유의사항

- 실내온도는 22~26℃, 물의 온도는 39~41℃를 유지하고 창문과 욕실의 문을 닫는다.
- 대상자가 미끄러지지 않도록 미끄럼 방지매트나 부착용 시트, 손잡이 등이 구비되어 있는지 확인하고 주변 환경을 정비한다.
- 식사 직전·직후에는 피하며, 목욕 전에 가능하면 대·소변을 보도록 한다.
- 대상자가 수치심을 느끼지 않도록 회음부는 목욕수건 등으로 씻을 부위 이외의 부위는 가려주며, 체온 유지를 위해 자주 따뜻한 물을 뿌려준다.
- 목욕 이후에 한기를 느끼지 않도록 빨리 닦아주고 목욕 이후에는 수분을 보충할 수 있도록 따뜻한 우유나 차 등을 마시게 한다.
- 욕구와 사생활을 존중하여 최대한 원하는 방식에 따르며, 만일의 상황에 대비해서 욕실 문은 잠그지 않는다.
- 가능한 한 스스로 하도록 하여 능동적인 근육운동과 이로 인한 성취감을 갖도록 하며, 때때로 말을 건네어 상태를 확인한다.

4. 체위변경

체위변경은 장시간 누워 있는 대상자에게 나타날 수 있는 관절의 굳어짐과 변형을 예방하고 편안함과 안락함을 제공한다. 이때에는 대상자의 신체적 상태, 안정도 및 운동의 상황, 통증, 장애의 정도, 심리적 측면 등을 고려하여 수행해야 하고, 이를 위해 사전에 설명하고 동의를 얻어 대상자가 마음에 준비를 하고 스스로 하려는 의욕을 갖도록 한다.

1) 기본 원칙

① 대상자에게 동작을 설명하고 동의를 구한다. 이는 대상자 스스로 하려고 하는 의욕·의지를 촉진하는 기회가 되기도 한다.
② 정상적인 움직임으로 신체에 해를 주지 않는다. 돌아눕고, 앉고, 일어서는 등의 동작은 머리, 팔꿈치, 손과 발, 몸 등 자연스러운 동작에서 비롯된다. 정상적인 움직임을 거스르지 않아야 안전하다.
③ 신체상태와 상황에 따라 돕는 속도와 빈도를 적절하게 하여 안전하고 편안하게 실시한다.

2) 올바른 신체정렬 방법

① 요양보호사의 허리와 가슴 사이의 높이로 몸 가까이에서 잡고 보조해야 한다. 대상자와 멀어질수록 요양보호사는 신체 손상 위험이 증가한다.
② 안정성과 균형을 위하여 발을 적당히 벌리고 서서 한 발은 다른 발보다 약간 앞에 놓아 지지면을 넓힌다.
③ 머리를 똑바로 세우고, 발의 자세를 고정시켜 양다리에 체중을 지지

한 후 무릎을 굽히고 중심을 낮게 하여 골반을 안정시킨다.

④ 대상자 이동 시 다리와 몸통의 큰 근육을 사용하여 척추의 안정성을 유지한다.

⑤ 갑작스러운 동작은 피하고 보조 후 적절한 휴식을 취한다.

5. 이 동

인간의 생활에서 이동은 중요한 것으로 일상생활에 있어서도 식사, 배설, 청결 등의 기본적 욕구를 만족시키면서 자립해 가기 위해 없어서는 안 되는 요소이다. 이동은 인간의 의욕과 동기부여에 밀접한 관계를 갖는 행위로서 움직임에 장애가 생기면 보충수단으로서 휠체어, 보행기, 지팡이 등을 사용하여 생활의 자립을 추구한다.

1) 침상이동

필요에 따라 침상 내 이동을 통해 대상자의 잔존기능을 유지시키도록 하며, 침상 내 이동을 통하여 신체기능 및 관절기능이 유지될 수 있도록 한다.

(1) 침상이동 시 유의사항

대상자의 의사에 따라 이동방향을 사전에 확인하고 신호에 따라 실시하도록 하며, 가능한 한 대상자의 협조를 통해 이동이 이루어질 수 있도록 한다. 또한 무리한 이동으로 대상자는 물론, 요양보호사 자신에게 신체적으로 무리가 가는 일이 없도록 한다.

- 변경이 가능한 체위를 간호사 등과 의논한다.

- 욕창, 상처, 마비의 유무를 확인하고 의식상태와 상관없이 동작을 설명한다.
- 가급적 대상자가 스스로 움직일 수 있도록 하고 도움이 필요할 시 보조한다.
- 안면창백, 어지러움, 오심, 구토, 식은땀 등의 증상이 나타나면 원래 자세로 눕히고 간호사 등에게 보고한다.
- 마비된 쪽이 밑으로 향하는 자세는 30분을 넘기지 않도록 한다.

(2) 침대 머리로 올리기

- 침대를 수평으로 한다.
- 허리 높이로 침대를 올린 뒤, 요양보호사 쪽의 침대 난간을 내리고, 반대쪽 난간은 올린다.
- 대상자의 무릎을 세워 발바닥이 침대에 닿게 한다.
- 협조할 수 있는 경우, 침대 머리 쪽 난간을 잡게 한 후 '하나, 둘, 셋' 등의 신호를 하여 같이 이동하고자 하는 방향으로 이동한다.
- 협조할 수 없는 경우, 침대 양쪽에 한 사람씩 마주서서 한쪽 팔은 머리 밑에 넣어 어깨와 등 밑을, 다른 팔은 둔부와 대퇴부 밑에 넣어 반대편 사람과 손을 잡고 신호에 맞춰 두 사람이 동시에 이동하고자 하는 방향으로 옮긴다.
- 몸의 자세를 바르게 유지한다.
- 대상자의 기호에 맞게 침대 높이를 조절하고, 편안하도록 베개 및 쿠션을 정리하고, 침대 난간을 올린다.
- 안전을 확인한다.

(3) 옆으로 눕히기

옆으로 돌려 눕히기는 체위변경 등과 같이 자세를 바꿀 필요가 있을 때 시행한다.

- 종사자가 돌려 눕히려고 하는 쪽에 선다.
- 돌려 눕히려고 하는 쪽으로 머리를 돌린다.
- 옆으로 누웠을 때 팔이 몸에 눌리지 않도록 눕히려는 쪽의 손을 위로 올리거나, 양손을 가슴에 포개어 놓는다.
- 무릎을 굽히거나 돌려 눕는 방향과 반대쪽 발을 다른 쪽 발 위에 올려 놓는다.
- 반대쪽 어깨와 엉덩이에 손을 대고 옆으로 돌려 눕힌다.
- 엉덩이를 움직여 뒤로 이동시키고 어깨를 움직여 편안하게 하여 준다.
- 필요하다면 베개를 등과 필요 부위에 받쳐준다.
- 스스로 돌아누울 수 있는 대상자는 스스로 하게 하며, 최소한만 돕는다.
- 대상자를 움직일 때 요양보호사가 대상자의 앞에서 수행해야 한다.

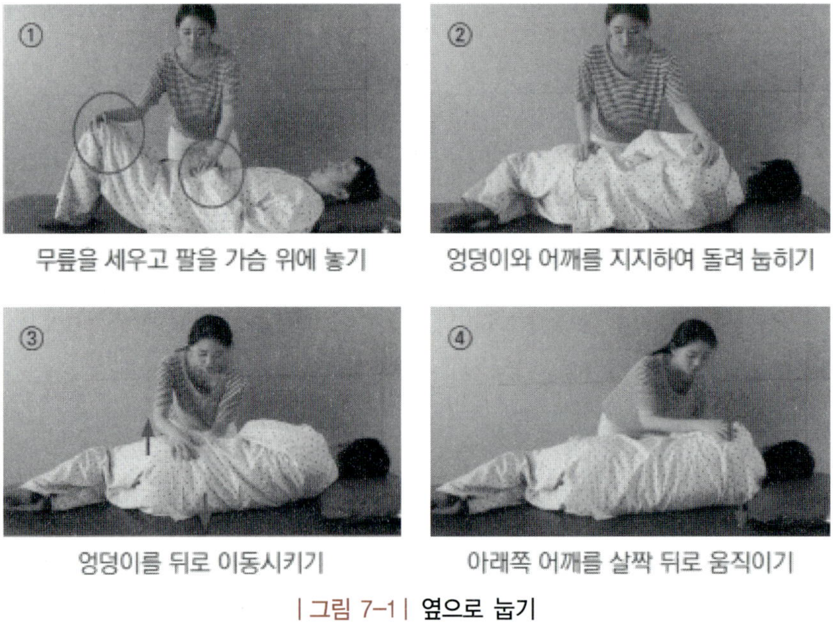

| 그림 7-1 | 옆으로 눕기

(4) 침대 모서리로 이동하기

- 종사자가 돌려 눕히려고 하는 쪽에 선다.
- 대상자의 양 무릎을 세우고, 양손은 가슴에 포개어 놓는다.
- 상반신과 하반신으로 나누어 이동한다. 상반신을 옮길 때 한 손은 대상자의 목에서 겨드랑이를 향해 넣어서 받치고 다른 한 손은 허리 아래에 넣어 장골을 잡는다.
- 종사자는 무릎과 허리를 구부리며 상반신을 앞으로 끌어당긴다.
- 하반신은 허리 부분과 대퇴부를 받쳐서 이동시킨다.

(5) 상체 일으키기

- 허리 높이까지 침대를 올리고 요양보호사 쪽의 침대 난간은 내리고, 반대쪽 난간은 올린다.
- 대상자의 양 무릎을 구부려 세우고 요양보호사는 한쪽 손을 대상자의 겨드랑이에서 반대쪽 팔꿈치까지 깊숙이 넣는다.
- 요양보호사는 다른 쪽 손으로 고개를 지지한 상태로 신호를 하며 천천히 일으킨다.
- 대상자의 무릎을 세우고, 양손으로 요양보호사의 어깨를 잡도록 한다.
- 요양보호사는 대상자의 등에 손을 넣어 신호를 하며 천천히 일으킨다.
- 안전을 확인한다.

(6) 침대에 걸터앉히기

침대 위에서 휠체어나 이동변기 등으로 이동할 때 일단 일어나 앉은 다음 침대 끝으로 이동하여 침대에 걸터앉아야 한다.

- 대상자에게 설명한다.
- 요양보호사는 앉히고자 하는 쪽에서 대상자를 향하여 선다.

- 대상자 가까이 서서 돌려 눕히는 방법에 따라 돌려 눕힌다.
- 대상자의 목 밑으로 팔을 깊숙이 넣고 다른 한 손은 다리를 지지한다.
- 신체정렬을 유지한 상태에서 어깨쪽 팔에 힘을 주어 일으켜 앉힌다.

2) 휠체어 이동

휠체어를 사용하여 이동한다는 것은 생활범위가 확대되며, 근·골격계 기능을 강화할 수 있다. 또한 이를 통해 인지 및 신체기능을 유지하고, 자립심을 회복하는 데 도움이 된다.

(1) 휠체어의 명칭

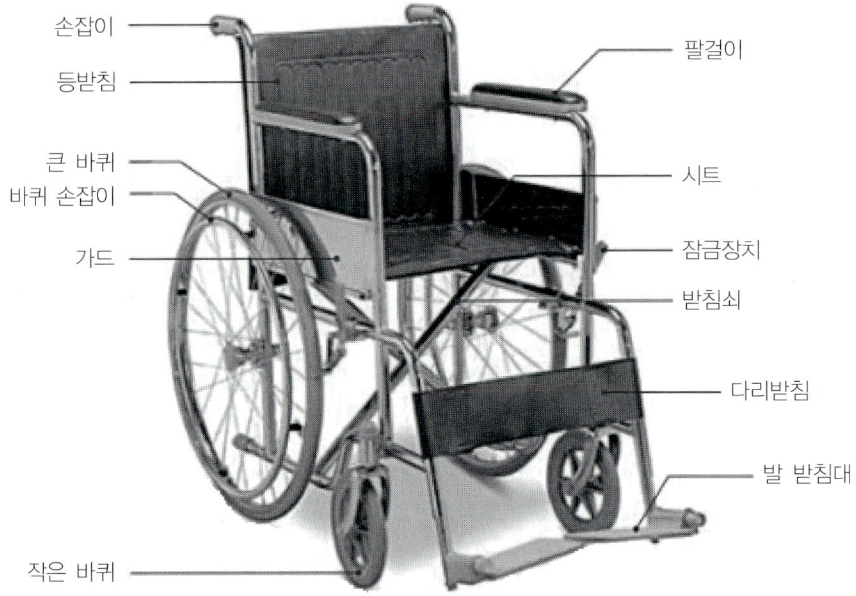

| 그림 7-2 | 휠체어의 구조

(2) 휠체어 사용방법

- **잠금장치 사용법** : 휠체어 옆에서 손잡이를 잡고 한 손으로 잠금장치를 사용한다.
- **접는 법** : 잠금장치를 고정시킨 후 발 받침대를 올리고 시트를 들어올린 후 팔걸이를 잡아접는다.
- **펴는 법** : 잠금장치를 해제하고 팔걸이를 잡아 바깥쪽으로 펼친 후 시트를 눌러 완전하게 펴고 발 받침대를 내린다.

잠금장치 사용하기	① (고정 시) 휠체어 옆 손잡이를 바퀴 쪽으로 밀어 잠근다. ② (이동 시) 휠체어 옆 손잡이를 바퀴 반대쪽으로 밀어 푼다.	
휠체어 펴기	① 잠금장치를 잠근다. ② 팔걸이를 펼친다. ③ 시트를 눌러서 편다.	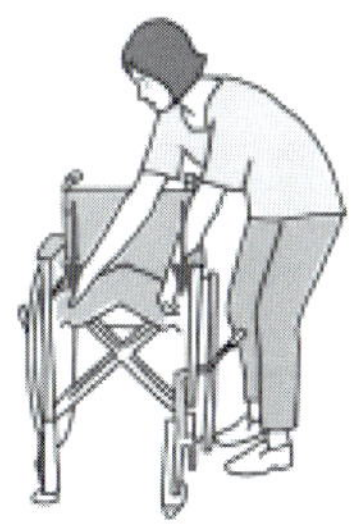
휠체어 접기	① 잠금장치를 잠근다. ② 발 받침대를 올린다. ③ 시트를 들어올린다. ④ 팔걸이를 접는다.	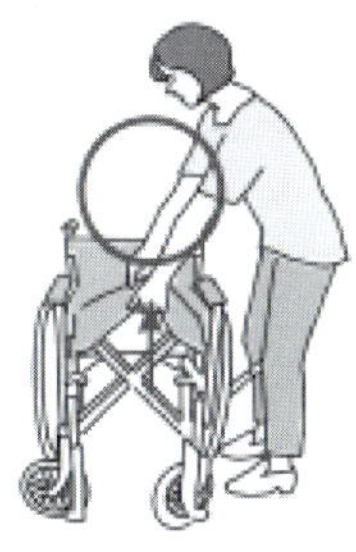
발판 높낮이 조절하기	① 발판 밑에 있는 볼트를 왼쪽으로 돌려 푼다. ② 발 받침대를 좌우로 움직여서 대상자의 다리 길이에 맞춘다. ③ 볼트를 오른쪽으로 돌려 조인다.	

(3) 휠체어 이동 시 유의사항

① 휠체어 선택

- 불편하지 않도록 몸집 및 체형에 맞춘다.
- 바퀴의 잠금장치, 핸들, 팔걸이, 발 받침대 등이 모두 안정적으로 부착되어 있고, 작동해야 한다.
- 타이어의 공기압이 적정해야 운전하기 편하다.

② 비위관, 유치도뇨관, 튜브, 드레싱, 부목 등이 있는 경우 당겨지거나 움직이지 않도록 한다.

③ 움직이지 않을 때는 반드시 잠금장치를 잠근다.

④ 하반신 마비 및 스스로 자세를 움직일 수 없는 경우에는 욕창방지 방석을 사용하고, 1~2시간마다 자세를 바꿔주며, 침대에서의 휴식 없이 3시간 이상 휠체어에 앉혀두지 않는다.

⑤ 대상자가 휠체어에 있는 동안에는 항상 곁에 있어야 한다.

(4) 휠체어 이동 시 작동방법

엘리베이터를 타고 내릴 때	① 뒤로 들어가서 앞으로 밀고 나온다. - 엘리베이터에서 돌려야 하는 불편함을 피할 수 있다. ② 엘리베이터와 복도 틈새에 작은 바퀴가 끼지 않도록 주의한다.	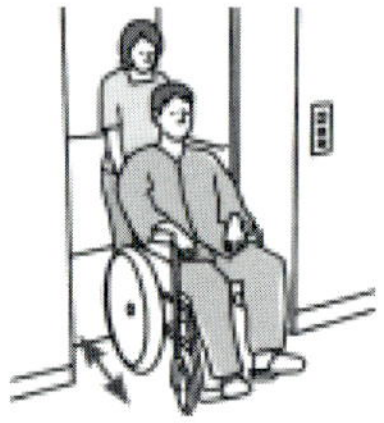
도로 턱이나 문턱을 오를 때	① 양팔에 힘을 주고 휠체어 뒤쪽을 발로 살짝 눌러 조심스럽게 휠체어를 뒤쪽으로 기울인다. ② 앞바퀴를 들어 도로 턱이나 문턱을 오른다.	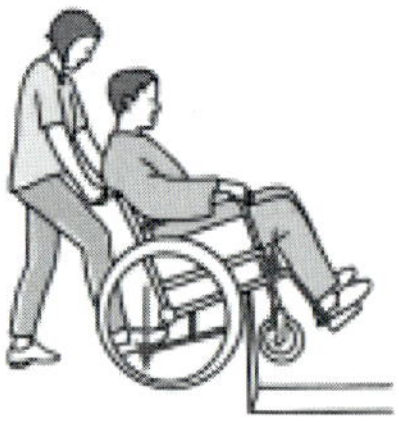

도로 턱이나 문턱을 내려갈 때	① 도로 턱이나 문턱을 먼저 내려와 뒤에 서서 뒷바퀴를 내려놓는다. ② 앞바퀴를 들어올린 상태에서 뒤로 천천히 이동하면서 앞바퀴를 조심히 내려놓는다.	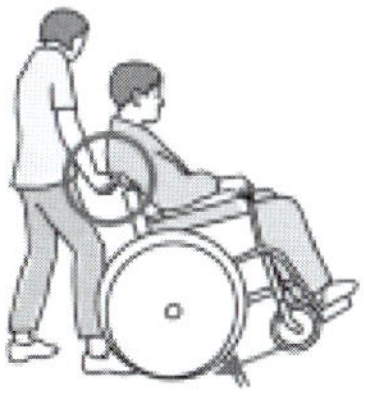
오르막길을 갈 때	① 자세를 가급적 낮춘다. ② 다리에 힘을 주어 휠체어를 밀고 올라간다. → 체중이 많이 나가는 대상자이거나 경사가 큰 경우에는 지그재그로 밀고 올라가는 방법도 있다.	
내리막길을 갈 때	① 몸으로 휠체어를 지지하면서 고개를 뒤로 돌려 방향을 살핀다. ② 방향을 확인하면서 뒷걸음질로 내려간다. → 체중이 많이 나가는 대상자이거나 경사가 큰 경우에는 지그재그로 내려가는 방법도 있다.	
울퉁불퉁한 길을 갈 때	① 앞바퀴를 살짝 들어올린다. ② 휠체어를 약간 뒤로 젖힌 상태에서 이동한다. 앞바퀴가 지면에 닿으면 휠체어를 밀기도 힘들고 대상자가 진동을 많이 느낀다.	

3) 보행(자가, 기구) 돕기

보행이란 인간에게 있어서 가장 기본적인 신체동작이며 좌우하지의 상호운동으로 직립자세를 유지하며 걷는 것은 인간의 기본 자세이다. 인간은 이를 통하여 뼈, 관절, 근육의 운동기계, 신경계, 순환기계, 호흡기계가 밀접하게 관련하고 있는 매우 정교하고 치밀한 동작을 진행한다.

그러므로 노화에 따른 기능저하와 만성질환으로 인해 장기간 누워있는 대상자가 혼자서 보행하는 것은 어려운 일이므로 똑바로 선 자세에서 걷도록 돕는 것이 중요하다. 이때 종사자는 대상자가 자세와 균형을 유지할 수 있도록 불편한 쪽을 지지해 주고, 대상자는 의자나 손잡이를 잡고 똑바로 서있는 자세를 취하고 제자리걸음과 같은 준비운동을 하거나 전후좌우로 이동할 수 있도록 보조한다.

(1) 보행보조 시 유의사항

- 혼자서 일어나는 데 무리가 없는 상태에서 걷기를 시도한다.
- 보행 초기에는 보행기, 지팡이 등을 이용하여 걷고, 점차 혼자서 걷도록 한다.
- 지팡이 끝의 고무가 닳지 않았는지, 손잡이가 안전한지 등을 확인한다.
- 미끄럼방지 양말과 신발을 신도록 한다.
- 가능한 한 스스로 걷도록 격려하고, 불가피한 경우에만 지지해 준다.

(2) 보행 돕기(보행벨트)

- 보행벨트의 안전잠금을 위한 끈이나 패드의 상태, 벨트 손잡이의 바느질 상태를 확인한다.
- 대상자의 상의 허리 부분에 맞춰 벨트를 묶는다.
- 보행 전에 벨트나 끈이 풀리지 않았는지 확인한다.
- 종사자가 대상자의 불편한 쪽 뒤에 서서 대상자의 가까운 쪽에 있는 손으로 대상자의 허리를 감싸안으며, 벨트 손잡이를 잡는다. 다른 한 손으로는 반대편 벨트 손잡이를 잡는다.

(3) 보행기 사용 돕기

보행기를 사용하면 스스로 거동을 가능하게 하고, 근골격계 기능을 강화할 수 있다. 또한 보행기 사용을 통해 인지 및 신체 기능을 유지하고, 실내외에서 가능한 한 일상생활을 할 수 있도록 유도한다. 이때 주의사항을 살펴보면 다음과 같다.

- **보행기 선택** : 신체기능 및 사용 공간, 체형에 맞는 것을 선택하고 지팡이 끝의 고무, 보행기 다리의 고무가 닳은 정도, 보행기의 바퀴와 잠금장치를 확인한다.
- **보조물품** : 미끄럼방지 양말, 신발
- **요양보호사의 위치** : 대상자 가까이에서 지지한다(불편한 쪽에서 돕기).

(4) 지팡이 이용 보행 돕기

보행용 복지용구에서 지팡이는 신체와 체중 지지, 균형보조, 보행 방식의 교정, 보행속도와 지구력 향상을 목적으로 사용된다. 지팡이는 측면으로의 안정성이 낮고 손관절을 자력으로 고정할 필요가 있기 때문에 체중의 20~30% 정도밖에 지지할 수 없다. 그 이상의 부하가 가해질 경우 두 곳 이상의 지지점을 가지고 있어 측면에 안정성이 있는 것으로 선택해야 한다. 지팡이 선정 시 유의사항은 다음과 같다.

- 지팡이를 사용하는 쪽 발의 새끼발가락으로부터 바깥쪽 15cm 지점에 지팡이로 바닥을 짚은 상태에서 팔꿈치를 20~30° 정도 구부린 높이가 좋다. 강도 면에서 상체 지지와 균형 보조의 목적도 추가되므로 표준적인 조정보다 굽힌 자세의 짧은 길이로 조정한다.
- 지팡이는 조금만 짧거나 길어도 걷기가 매우 불편하기 때문에 길이를 적절하게 맞출 필요가 있다. 길이는 바닥 면에서 신체의 둔부까지 길이로 맞추면 된다.
- 등이 굽어 있는 등 대상자의 자세에 문제가 있다면 걷는 자세나 사용법을 치료사에게 상담해야 한다.
- 길이 조절 구조에는 버튼식, 록크너트식, 스냅록크식이 있다. 버튼식은 장기간 사용으로 고정된 구멍이 커져 지팡이를 짚을 때 소음이 발

생할 수 있다. 록크너트식은 소음이 잘 안 나지만 단단히 잠궈두지 않으면 풀리기 쉽다. 스냅록크식은 한번 길이를 바꾸면 헐거워지지도 않고 소음도 발생하지 않는다.

(5) 실버카 이용 보행 돕기

- 실버카는 안전하고 의자대용으로 사용할 수 있다.
- 실버카는 물건을 넣을 수도 있어 편리하다.
- 실버카는 대상자의 체형에 맞는 것을 선택하고, 바퀴와 잠금장치 등을 정기적으로 점검한다.

| 그림 7-3 | 실버카

4) 이송 돕기

빠른 응급처치와 2차 손상 발생 및 상태의 악화를 방지하기 위하여 대상자의 안전한 이송을 돕는다. 이송 시 유의사항을 살펴보면 다음과 같다.

- 기도확보, 호흡평가, 순환평가를 실시하고 들것이나 기타 응급장비를 사용한다.
- 2차 손상과 기존 상태의 악화를 방지하기 위해 이송순서와 계획을 수립한다.
- 대상자에게 설명하여 가능하면 대상자 이송 시 협조하도록 한다.
- 무리하여 혼자서 대상자를 옮기려 하지 말고, 필요시 주변 사람에게

요청하여 도움을 받는다.
- 대상자의 움직임을 최소로 하여 이송한다.

6. 안 전

안전이란 대상자의 주변 환경 보호를 포함하여 개인의 주변 환경에 대한 느낌과 지각을 의미하는 것으로 사고의 예방, 사고로부터 생길 수 있는 재물상의 손해나 손상을 경감시키는 것을 말한다. 이처럼 안전보장은 인간의 기본적 욕구이며, 대상자의 안전은 모든 의료제공자가 염두에 두어야 하는 책임이기도 하다. 특히 노인은 노화와 관련하여 생리적·심리적 취약함 때문에 모든 기능이 쇠퇴하고 행동능력이 저하되기 때문에 안전한 환경을 제공하여 사고를 예방하는 것이 중요하다.

1) 낙상, 미끄러짐, 넘어짐 예방하기

(1) 낙상의 정의

낙상이란 외적 충격 없이 일상생활을 수행하는 동안 균형이나 안정성을 잃으면서 신체의 일부분이 바닥에 닿는 것으로 단순한 넘어짐을 의미한다. 노인에게 일어나는 낙상은 손상, 기능장애, 사망의 주요 원인이 될 수 있다. 대부분 낙상 이후에 골절이나 찰과상 등의 신체적 손상을 입는 경우도 있고 신체적 손상이 없더라도 낙상에 대한 두려움을 갖게 되어 활동의 제약을 받을 수 있다. 그러므로 안전한 환경 제공과 세심한 관찰을 통해 예방할 수 있도록 한다.

(2) 낙상의 위험요인

① 내부적 요인

- **시력 감퇴** : 노안의 진행으로 사물을 잘 보기 위해 더 밝은 빛이 요구되고, 렌즈가 황색화되면서 빛 반사에 매우 예민해진다. 이때에는 시야가 좁아지고 색의 구분이 둔해지며, 물건의 깊이에 대한 인식이 저하되고 움직이는 물체에 초점을 맞추는 것이 어렵게 된다.
- **청력 감소** : 자동차의 경적이나 화재경보 등을 잘 듣지 못한다.
- **근골격계 변화** : 뼈와 근육의 크기가 감소하는데, 특히 여성이 더 심하다. 폐경기 이후 여성에게서 골다공증이 빈발하며 심하면 재채기나 창문을 여는 등의 활동에 의해서도 골절이 발생할 수 있다. 걷는 동작이 불안정해지고 몸의 무게중심이 젊었을 때보다 앞으로 기울어져 낙상의 위험성이 높아진다.
- **신경 및 인지적 변화** : 반사작용이 느려지고 온도변화에 대한 예민도도 저하되며 기억력과 주의집중이 나빠진다.
- 저혈압, 저혈당, 부정맥이 있다.
- 진정제, 이뇨제, 혈압강하제, 장기간의 침상안정을 도모한다.
- 의사소통의 장애와 혼돈, 불면증, 야뇨증, 빈뇨감 등이 있다.

② 외부적 요인

- 부적절한 조명, 고정되지 않은 매트, 젖었거나 미끄러운 마룻바닥, 바닥에 쏟아진 물건, 평평하지 않은 바닥, 전깃줄, 난간이 없는 층계, 부적절한 가구배치 등의 환경적 문제
- 평평하지 않거나 미끄러운 보도, 경사가 급한 장소, 야간의 약한 조명
- 휠체어, 보조기구, 보행기, 바퀴 달린 침상의 탁자, 번쩍이는 불빛, 윤이 나는 마룻바닥, 침대난간, 억제대 등

(3) 낙상예방

〈표 7-1〉 낙상의 외재적 위험요소 제거방법

장 소	낙상예방 방법
계 단	• 손잡이와 미끄럼 방지장치를 만듦
욕 실	• 손잡이를 만듦 • 미끄럼 방지매트를 사용함
거실 · 복도	• 가능하면 문턱을 없애고 경사도를 설치함 • 전기코드는 방 모서리로 돌리거나 테이프 등으로 고정함 • 주위의 물건을 최소화하고 정리함 • 바닥에 물기를 바로 닦음 • 미끄럼 방지매트를 사용함
조 명	• 야간등을 켜둠 • 손 가까이에 전등 스위치를 둠 • 직사광선을 막기 위해 스크린이나 블라인드를 사용함
침 대	• 침대에 난간을 만듦 • 침대 높이를 낮춤 • 미끄러지지 않도록 바퀴에 잠금장치를 함
화장실	• 화장실에 손잡이를 만듦 • 화장실 바닥에 물기를 없앰 • 이동식 좌변기는 미끄러지지 않도록 고정하고 손잡이를 만듦

출처 : 보건복지부(2010). 요양보호사 공통 표준교재, p. 432.

(4) 노인 낙상의 합병증

- 고관절, 대퇴, 상완, 요골관절, 늑골의 골절과 통증을 유발하는 연부조직 손상과 가동성 장애
- 입원으로 인한 부동과 병원성 질환의 위험에 노출
- 신경학적 증상과 징후
- 낙상에 대한 두려움, 자신감 상실, 보행제한

2) 감염예방

(1) 감염의 정의

감염이란 세균이나 바이러스, 곰팡이, 원생동물, 벌레와 같은 수많은 감염원들이 몸 속으로 침입해 신체가 오염된 상태이다.

면역력은 개인차가 있으나 일반적으로 노인은 면역기능이 저하되고 스트레스, 부적절한 영양공급, 만성질환, 특정한 약물 사용으로 인해 감염성 질환이 증가한다.

의료진이나 서비스 종사자의 손, 실내공기, 적출물 등에 의해서 감염되기 쉽다.

(2) 감염의 증상

- 국소증상 : 발적, 통증, 부종, 열감, 삼출 및 배액의 증가
- 호흡기계 : 인후통, 기침, 객담량 증가, 객담의 색 변화, 호흡곤란
- 비뇨기계 : 배뇨장애, 소변색의 변화
- 기타 : 피곤, 의욕상실, 두통, 근육통, 식욕상실, 발열, 안면홍조, 탈수, 빈맥, 발진, 쇼크

(3) 감염의 예방

① 손씻기

- 손씻기는 감염예방에 가장 기본적이고 효과적인 방법이다.
- 식사 전, 화장실 사용 후, 객담이나 상처배액과 같은 대상자의 신체물질을 만진 후 반드시 손을 씻는다.
- 균의 오염을 제거하여 대상자와의 교차감염을 차단한다.
- 흐르는 물에 팔꿈치보다 손을 낮게 유지하며 손과 팔을 적신 후 물을 잠근다.

- 충분한 양의 비누를 사용해 손바닥, 손등을 비빈다.
- 손가락 사이사이, 주름진 부분과 손톱 밑을 깨끗이 씻어낸다.
- 흐르는 물에 비누를 완전히 씻어낸다.

② 분비물 처리

- 대상자의 가래, 소변, 대변 등의 배설물은 반드시 위생적으로 처리한다.
- 배설물을 만질 때에는 가급적 장갑을 착용하며, 처리 후 손을 씻는다.
- 오염된 세탁물은 격리장소에 따로 배출하며, 가정에서는 분리하여 세탁한다.
- 대상자가 사용하는 물품에 혈액이나 체액이 묻은 경우 찬물로 닦고 더운물로 헹구며 필요시 소독한다.

③ 대상자의 위생관리

- 목욕을 통해 대상자의 피부에 있는 미생물을 제거하고 타인에게 옮겨가는 것을 막는다.
- 와상의 대상자는 침상을 떠나 있는 시간이 적으므로 실금 등이 있으면 침구가 불결해져 미생물의 발생장소가 되기 쉽다. 따라서 항상 침구의 위생관리를 한다.
- 의류의 더러움을 없애는 방법, 표백제를 사용한 소독방법 등을 잘 알아두어 청결관리에 유의한다.

④ 종사자의 위생관리

- 종사자는 개인위생을 실천함으로써 감염으로부터 자신을 보호하고 대상자의 교차감염 위험을 최소화해야 한다.
- 피부와 머리카락 및 두피에 있는 미생물의 수를 감소시키고 성장을 억제하기 위하여 매일 청결에 주의한다.

- 치아건강을 유지한다.
- 피부가 갈라지면 세균이 정착하거나 감염되기 쉬우므로 손을 씻은 후 로션 등을 바른다.
- 가운이나 앞치마, 신발 등은 깨끗하게 유지한다.
- 필요시 보호장구로 마스크, 가운, 장갑 등을 착용한다.

⑤ 유치도뇨관 보유 대상자의 감염관리

- 손씻기를 잘한다.
- 요관이 당겨지지 않게 한다.
- 튜브가 꼬이거나 막히지 않도록 한다.
- 수집병으로부터 소변이 역류되지 않도록 한다.
- 대상자의 수집병은 방광보다 낮은 위치에 고정시키고, 바닥에 닿지 않도록 한다.
- 수집병은 적어도 8시간에 한 번은 비워주되 소변 양에 따라 자주 비운다.

3) 욕창예방

욕창을 예방하기 위해서는 전신과 국소관리를 병행하는 것이 효율적이다. 발생 요인으로 발전할 문제를 예측하여 사전에 대책을 세워야 한다. 전신관리에는 영양 관리와 피부관리, 유산소 운동이 필요하다. 국소관리는 압력 분산을 효율적으로 행하는 것으로 첫째, 신체압력 분산 복지용구의 사용, 둘째, 적절한 신체압력 관리, 셋째, 적절한 체위 관리이다. 신체압력 분산이란 신체와 바닥의 접촉면을 크게 함으로써 압력이 분산되어 감압시키는 것을 말한다.

(1) 욕창의 정의

욕창은 침대, 의자, 석고붕대 같은 외부물질과 뼈 돌출부위 간에 지속적인 압박으로 혈액공급이 부족해서 발생한다. 산소와 영양분의 부족으로 신체대사 노폐물이 세포 내에 쌓여 조직괴사가 일어난다.

증상으로는 피부가 붉어지고 물집이 생기며 짓무르고 궤양, 피부의 괴사 등이 있다. 심하면 세균이 혈관 속에 들어가 패혈증을 일으켜 사망할 수도 있다.

(2) 욕창의 호발 부위

- 양 무릎 사이나 발목, 어깨뼈, 척추, 머리 뒷부분, 발꿈치, 천골 등과 같이 체중이 집중되는 곳
- 피하층과 근육층의 위축으로 연조직과 모세혈관 압력이 증가된 곳

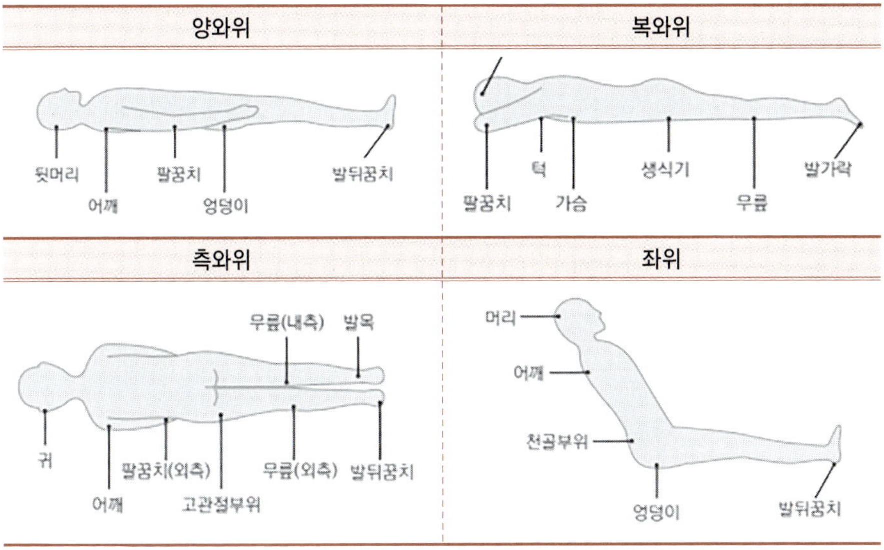

| 그림 7-4 | 자세에 따른 욕창발병 부위

출처 : 가혁(2021). 요양병원 진료지침서(제4판); Ellis, M.(2017). Pressure ulcer prevention in care home settings. Nursing Older People, 29(3), 29-35.

(3) 욕창의 위험요인

- **부동** : 마비 대상자나 극심하게 허약한 상태 및 부동 등으로 운동성이 감소된 대상자는 스스로 압력을 제거하는 능력이 부족하므로 지속적인 압력을 받는다.
- **부적절한 영양** : 체중감소, 근육위축 및 피하지방 감소 등의 현상이 나타나 피부와 뼈 사이의 완충지대가 감소하게 되어 욕창이 생길 가능성이 크다.
- **요/ 변실금** : 습기로 인한 피부연화는 표피의 손상을 일으키고 미생물을 번식시켜서 피부 통합성을 파괴하고 감염을 일으킨다.
- 몸에 꽉 끼는 옷을 입는 경우
- 우울하거나 의욕이 없어서 움직임이 적은 경우
- 대상자를 잘못 들어올리거나 침대에서 잘못 잡아 끈 경우

(4) 욕창의 단계

- **1단계** : 피부는 분홍색 혹은 푸른색을 띤다. 누르면 색깔이 일시적으로 없어지며 딱딱하고 열감이 있다. 이때에는 마사지를 함으로써 욕창의 진행을 예방한다.
- **2단계** : 피부가 갈라지고 물집이 생기고 조직이 상한다.
- **3단계** : 깊은 욕창이 생기고 괴사조직이 많이 발생한다.
- **4단계** : 골과 근육까지 괴사가 미치는 경우로 대상자의 전체적인 건강상태가 매우 나빠진다.

(5) 욕창의 예방

- 매일 아침, 저녁으로 대상자의 피부상태를 점검한다. 피부가 붉게 일어난 부위는 없는지, 있다면 자세를 바꾸어도 그대로인지 등을 확인한다.
- 젖은 침대시트는 바로 교체하고 피부에 오염물질이 있으면 재빨리 부

드러운 천이나 스펀지, 자극이 없는 비누, 미지근한 물을 사용하여 씻기고 말린다.

- 특정 부위에 압력이 집중되지 않도록 규칙적으로 자세를 바꾸어 준다. 침대에서는 적어도 2시간에 한 번씩 몸을 돌려 눕혀준다.
- 침대시트에 주름이 있거나 음식 부스러기 등이 떨어져 있으면 마찰을 일으킬 수 있으므로 수시로 점검한다.
- 피부를 주무르는 것을 삼간다.
- 너무 뜨거운 물주머니는 피부에 화상을 입힐 수 있으므로 조심한다.
- 뼈 주위를 보호하고 무릎 사이에는 베개를 끼워 마찰을 방지한다.
- 몸에 꽉 끼는 옷, 단추 달린 의복, 긴 손톱, 장신구 등은 피한다.
- 욕창예방 방석은 오랫동안 앉아 있거나 휠체어를 이용할 경우 신체 압력을 분산하고 욕창을 예방하기 위한 특수방석으로 신체 압력을 분산할 수 있도록 여러 개의 공기방으로 구성되어 있다. 통풍이 잘 되고 세탁이 용이한 것을 선택한다.
- 욕창예방 매트리스는 매트리스의 교대부양을 통해 압력을 분산하여 욕창을 예방한다. 보온성, 통기성, 탄력성, 흡습성 등이 뛰어나야 하며, 예방뿐만 아니라 일으켜 세우기, 체위변경 등 간호하는 사람의 부담도 고려해서 선택해야 한다.

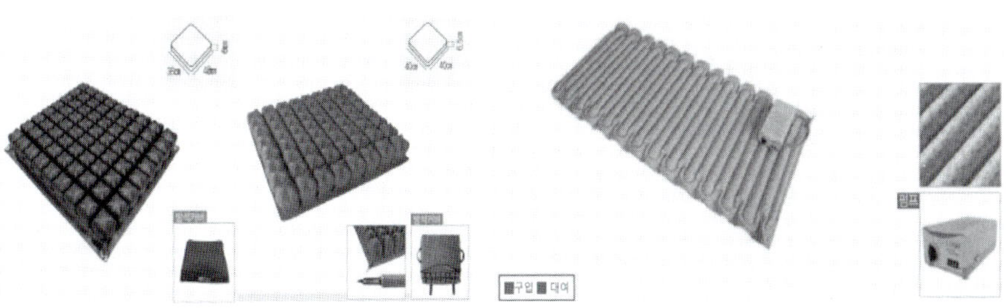

▲ 욕창예방 방석　　　▲ 욕창예방 매트리스

| 그림 7-5 | **욕창예방 도구**

(6) 침대에서의 체위변경

① 체위변경

- 체위변경은 스스로 움직일 수 없거나 움직여서는 안 되는 대상자의 일상생활 동작을 돕기 위한 것이다.
- 체위를 자주 바꾸어 피부의 혈액순환을 돕고 불편함을 덜어준다.
- 대상자의 몸을 잡아야 할 경우 관절 밑부분을 지지해 주도록 한다.
- 체위에 따라 들어간 부분이나 다리 사이를 베개나 수건으로 지지해 준다.

② 체위변경의 목적

- 근육위축으로 인한 호흡기능 저하의 예방과 폐 확장 촉진
- 관절강직으로 인한 움직임 제한이나 변형 방지
- 혈액순환장애로 인해 몸이 붓거나 혈액이 응고되는 것을 예방
- 고정된 자세로 인한 피부조직의 괴사와 욕창 예방

③ 기본 체위유형

- **양와위** : 천장을 쳐다보며 똑바로 누운 자세로 휴식을 취하거나 잠을 잘 때의 자세
- **복위** : 엎드린 상태에서 머리를 옆으로 돌린 자세로 등에 상처가 있거나 등의 근육을 쉬게 해줄 때의 자세
- **측위** : 옆으로 누운 상태로 양팔을 앞으로 하고 무릎을 구부린 자세로 둔부의 압력을 피하거나 관장할 때의 자세
- **반좌위** : 천장을 보며 누운 상태에서 침상머리를 45° 정도 올린 자세로 숨이 차거나 얼굴을 씻을 때, 식사 시나 위관영양을 할 때의 자세

7. 의생활

의복은 신체 청결을 유지하는 데 중요한 역할을 한다. 또한 선호하는 의복을 입어 자기 자신의 개성이나 의식을 표현하기도 한다. 그러므로 대상자의 건강수준에 맞는 의복을 입어 더 쾌적하고 건강하게 생활하도록 돕는다.

시간과 장소에 맞는 옷을 입는 것은 사회인으로서 생활하는 데 기본이 되는 사항이다. 그러므로 시간과 장소에 맞게 일상복과 외출복, 잠옷으로 갈아입도록 하여 대상자가 낮과 밤, 집 안과 집 밖을 구분할 수 있도록 돕는다.

의복은 체온을 조절하고 외부로부터의 자극에 대해 몸을 보호한다. 땀이나 분비물 등으로 더러워진 옷을 갈아입음으로써 피부의 기능을 정상화시키고, 옷을 갈아입으면서 관절운동과 기분전환의 기회를 가질 수 있다. 시간이 지체되더라도 대상자가 스스로 할 수 있도록 하여 자신감과 성취감을 맛볼 수 있도록 돕되 다음과 같은 주의사항에 유의하도록 한다.

- 기분상태, 안색, 통증의 유무, 어지러움, 열감, 신체의 가능성 여부를 확인한다.
- 실내온도는 22~26℃를 유지하고 종사자의 손과 의복의 보온을 유지한다.
- 목욕수건 등을 걸쳐서 노출 부위를 최대한 적게 하여 수치심을 느끼지 않도록 한다.
- 상·하지의 마비 유무, 걷거나 서는 동작, 앉는 자세의 가능 여부를 감안하여 옷 입고 벗기를 돕는다.
- 상의와 하의가 분리되고 앞여밈이거나 단추가 있는 옷이 좋으며, 없는 경우 신축성이 좋은 옷을 선택한다.

- 편마비나 장애가 있는 경우, 옷을 벗을 때는 건강한 쪽부터 벗고 입을 때에는 불편한 쪽부터 입는다.
- 단추나 지퍼는 매직테이프로 처리하여 벗기 쉽도록 하며, 허리나 소매는 조이지 않는 옷을 선택한다.
- 옷의 색상, 개인의 생활리듬을 고려하여 신체동작이 편하고, 입고 벗기 쉬운 옷을 선택한다.
- 와상상태의 대상자는 욕창이 발생하지 않도록 세심하게 관찰한다.

1) 단추 있는 상의 갈아입기(앉을 수 있는 편마비 대상자)

- 바닥이나 의자에 앉도록 한다. 단추를 풀고 마비된 쪽 어깨의 옷을 조금 당긴다.
- 건강한 쪽 소매를 당겨서 벗긴다. 마비된 쪽은 스스로 벗을 수 있게 돕는다.
- 마비된 팔을 잡아당기지 않게 조심한다.
- 옷을 입을 때는 마비된 팔을 먼저 끼우고, 건강한 팔을 마저 끼우도록 한다.
- 단추를 잠그고, 불편해하지 않도록 옷을 정돈해 준다.

2) 단추 없는 상의 갈아입기

- 옷을 벗길 때는 가슴까지 옷을 걷어 올린다.
- 건강한 쪽 겨드랑이에 손을 넣어 팔꿈치를 빼고, 소매를 잡아당겨 옷을 벗긴다.
- 건강한 손으로 옷을 잡아 스스로 머리를 빼면, 마비된 손을 뺄 수 있게 소매를 당겨준다.

- 옷을 입을 때는 마비된 팔을 먼저 끼운다.
- 옷의 몸통과 목 부분을 움켜잡아 머리를 끼운다.
- 건강한 팔을 소매에 끼울 때, 팔을 쉽게 집어넣을 수 있도록 돕는다.
- 불편해하지 않도록 옷을 정돈한다.
- 상의를 갈아입은 뒤에는 머리를 정돈해 준다.

3) 하의 갈아입기

- 앉은 상태에서 몸을 좌우로 움직이며 무릎까지 바지를 조금씩 내릴 수 있도록 돕는다.
- 의자에서 미끄러지지 않도록 주시한다.
- 스스로 건강한 다리를 올려 바지를 벗도록 돕고 건강한 손으로 마비된 다리를 당겨서 바지를 벗는다.
- 바지를 입을 때는 먼저 마비된 다리에 바지를 끼울 수 있게 돕는다. 건강한 쪽은 스스로 입도록 돕고 바지를 한쪽씩 올린다.
- 고개를 앞으로 숙이고 엉덩이를 들면서 바지를 입는다.
- 다리 사이에 발을 집어넣고, 팔을 목에 두르도록 한다. 허리를 잡고 천천히 일으켜 세운다.
- 손을 떼지 않은 상태에서 바지를 완전히 올린다.
- 의자에 다시 앉히고 옷을 정돈해 준다.

4) 탄력스타킹 신기

장시간 누워있거나 다리에 부종이 있는 대상자의 경우 혈액순환을 도와 부종을 줄이고 수술 후 부종, 임파부종, 혈전증, 정맥류를 예방하기 위해 간호사 등의 지시에 따라 탄력스타킹을 신긴다. 단, 피부에 화농성 염증이 있거나 동맥순환에 장애가 있는 사람, 접촉성 피부염이 있는 사람은 사용할 수 없으며, 여유분을 가지고 수면 시에도 착용하도록 한다.

- 누운 상태에서 다리를 15분 정도 쿠션 위에 올려 머리보다 높게 유지한다.
- 착용 부위의 둘레를 측정한다.
- 탄력스타킹을 신기 쉽도록 말아서 준비한다.
- 발끝부터 신기되 중간에 주름이 많이 잡히거나 끝까지 올리지 않으면 혈액순환이 안 되므로 주의하도록 한다.

5) 침상청결

침상은 청결할 경우 정서적 안정감과 삶의 만족도를 높일 수 있으며, 침상을 안전하고 깨끗하게 유지하여 충분한 휴식과 수면을 취하도록 돕는다. 이처럼 쾌적한 침상환경은 안정된 생활이 가능하도록 돕는다.

침구는 부드럽고 땀 흡수가 잘 되는 면제품이 제일 좋고, 정기적으로 세탁하고 햇볕에 말려야 한다. 또한 더러워진 침구는 즉시 교환하며 침대 주위의 물건을 잘 정리해 청결하고 안전한 환경을 유지한다.

(1) 침상환경

〈표 7-2〉 침상환경 조성

내 용	방 법
온 도	• 실내온도 유지(낮 20~23°C, 밤 18°C) • 땀과 손발의 온도를 확인하여 의복과 실내온도 조절 • 방, 복도와 화장실의 온도는 일정하게 유지하여 혈압상승을 예방
습 도	• 쾌적한 습도 유지(30~60%) • 습도가 낮으면 구강, 목, 피부의 건조함, 오한 발생(어항, 화분, 가습기로 조절) • 습도가 높으면 불쾌감이 발생하므로 제습기로 조절

환 기	• 공기가 피부에 직접 닿아 피로나 한기를 느끼지 않도록 주의 • 드레싱, 폐기물, 변기, 배설물 등의 냄새 발생 시 환기는 필수
채 광	• 피로감과 불쾌감을 줄 수 있는 직사광선은 조절 • 스크린, 커튼을 이용하여 밝기 조절
조 명	• 시력, 초점 조절, 식별력, 어두운 곳에서 적응력이 떨어지므로 조명은 밝게 유지 • 복도, 화장실, 계단에 밝은 조명을 사용하여 사고를 예방 • 수면을 위해 밤에는 개인 등을 사용
소 음	• 수면장애, 불안과 흥분을 유발시키지 않도록 소음을 줄임
실내 구조	• 휠체어, 보행기, 지팡이의 사용이 가능한 공간을 확보 • 현관이나 화장실의 문턱을 없애도록 함 • 문턱이 있으면 경사로를 설치하여 휠체어가 다닐 수 있도록 함 • 계단, 화장실, 복도에는 미끄럼 방지턱과 손잡이를 설치함 • 헛딛거나 넘어지지 않게 바닥, 벽, 마루, 문, 선반 등에 색깔로 구분 • 복도 벽에 손잡이 설치

출처 : 보건복지부(2010). 요양보호사 공통 표준교재, p. 392 재구성.

(2) 침대정리

침대는 휴식과 수면을 위한 중요한 장소이면서도 와상노인에게는 생활의 장소이므로 안전하고 깨끗하게 정리정돈을 하여 위생적이고 쾌적한 생활이 되도록 돕는다. 또한 청결한 침상은 정서적 안정감과 삶의 만족도를 높인다. 침대관리의 방법을 살펴보면 다음과 같다.

- 침구는 부드럽고 땀 흡수가 잘 되는 면제품이 제일 좋다.
- 정기적으로 세탁하고 햇볕에 말리도록 한다.
- 이불과 베개의 커버는 흡습성이 좋고, 세탁이 용이한 재질을 선택한다.
- 기저귀를 사용하거나 침대에서 배설하는 경우 방수포를 깔아 침구가 젖는 것을 막는다.
- 침구가 더러워지면 즉시 교환하며, 먼지는 매일 제거한다.
- 침대 주위의 물건을 정리하여 안전한 환경을 유지한다.
- 시트의 구겨진 부분은 욕창의 원인이 될 수 있으므로 반듯하게 정리

한다.

- 침상을 정돈할 때는 반드시 대상자의 동의를 구한다.
- 대상자가 넘어지지 않도록 전기 코드 등 발에 걸리는 물건을 치운다.
- 대상자에게 필요한 물품이나 요양보호에 필요한 물품은 손이 닿는 위치에 두고 나머지는 잘 치워둔다.
- 물건을 찾기 쉽게 정리하고 용기에 들어있는 물건의 이름을 적어두어 찾기 쉽게 한다.

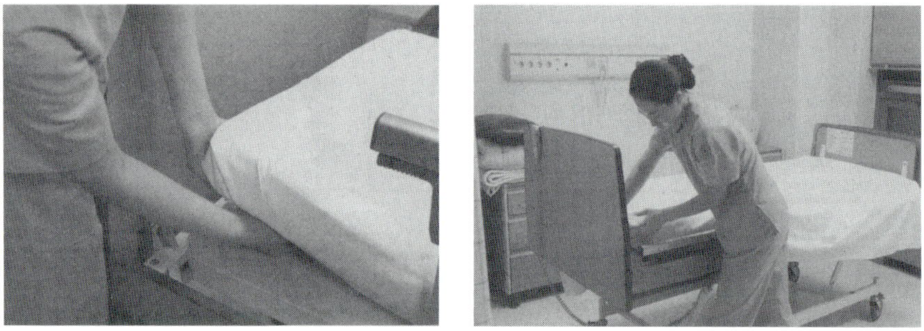

| 그림 7-6 | 매트리스 시트 정리

| 제8장 | **가사 및 일상생활 지원**

1. 가사 및 일상생활 지원의 이해

1) 일상생활 지원의 목적

사람은 누구나 일상생활을 영위할 기본적 권리와 욕구를 갖는다. 그러므로 일상생활 지원은 질환 및 장애로 인해 일상생활에 제약이 있는 대상자에게 기본적인 가사 및 일상생활 지원을 통하여 생활의 불편을 최소화하여 대상자 스스로 생활할 수 있도록 돕는 것을 목적으로 한다. 이에 서비스 종사자는 대상자의 자립성과 잔존능력이 감소되지 않도록 대상자 스스로 할 수 있는 능력을 파악하여 그들의 능력을 최대한 발휘할 수 있도록 도와야 한다.

2) 일상생활 지원의 원칙 및 유의사항

- 대상자의 질환 및 특성에 대하여 이해하고, 욕구를 파악하여 서비스를 제공한다.
- 대상자의 생활방식과 가치관을 존중하며 요양보호사의 방식을 따르도록 강요해서는 안 된다.
- 대상자와 신뢰관계를 형성하고, 대상자의 안전을 최우선하여 배려한다.

- 대상자의 잔존능력을 파악하여 스스로 일상생활을 할 수 있도록 격려하고 유도하며, 스스로 할 수 없는 영역은 종사자가 지원하도록 한다.
- 대상자의 욕구와 생활습관, 방법 등을 존중하여 진행하되 서비스 시간 내에서는 반드시 일의 우선순위를 정하여 대상자에게 내용을 설명한 후 확인을 거쳐 서비스를 제공한다.
- 서비스에 대해서는 요양보호사의 판단으로 결정하지 않으며 반드시 대상자에게 충분히 설명하고 동의를 얻는다. 인지능력이 없는 대상자에게는 요양보호사의 판단에 따라 수행할 수 있으나, 가급적 보호자에게 설명하고 동의를 얻는다.
- 종사자가 할 수 없는 업무에 대해서는 그 이유를 설명해 주어 대상자가 무시나 외면당한다고 느끼지 않도록 한다.
- 서비스에 사용된 생활용품은 반드시 대상자의 동의를 얻어 사용하고, 함부로 위치를 변경하거나 버리지 않는다.
- 거동이 불편하여 식사 및 밑반찬 서비스의 지원이 필요한 경우 관련 기관에 지원신청을 요청한다.
- 서비스 제공 시 대상자의 신체 및 심리변화에 주의하고, 특이사항이 발생하면 상세하게 기록하고 보고하도록 한다.
- 자원은 계획성 있게 필요한 만큼만 사용하도록 하여 환경오염을 최소화하고, 일회용품의 사용을 자제하도록 한다.

3) 일상생활 지원의 중요성

(1) 신체활동 지원

노인장기요양보험의 표준서비스 중 요양보호사가 제공하는 서비스는 크게 신체활동 지원과 일상생활 지원으로 구분할 수 있다. 신체활동 지원은 세면 도움, 머리 감기기, 몸 단장, 배설 도움, 식사 도움, 목욕 도움,

체위변경 도움 등과 같이 대상자에게 신체에 관한 직접적인 도움을 실시한다.

(2) 일상생활 지원

일상생활 지원은 신체활동을 지원하는 데 필요한 조건이나 수단을 마련하기 위한 간접적인 활동이다. 예를 들어, '식사 도움'이라는 신체활동 지원을 위해서는 필요한 재료를 구입하고 조리해야 한다. 또한 '배설 도움'에는 배설물로 더러워진 옷을 세탁하고, 방이나 욕실, 화장실을 깨끗하게 청소하는 활동 등을 실시한다.

(3) 일상생활 지원의 중요성

신체활동 지원과 일상생활 지원은 밀접한 관련이 있으며, 일상생활 지원 없이 신체활동 지원을 제대로 수행할 수 없고, 일상생활 지원이 적절하게 이루어져야만 신체활동 지원이 안정적으로 유지될 수 있다.

신체활동 지원이 필요하지 않은 대상자에게는 일상생활 지원만 제공하지만, 신체활동 지원이 필요한 대상자에게는 신체활동 지원과 일상생활 지원을 함께 제공한다.

식사준비, 세탁, 청소 등의 일상생활 지원이 요양보호사의 전문성을 저하시키는 것처럼 인식되는 부분도 있으나 일상생활 지원이야말로 대상자가 자립적으로 생활하는 데 중요한 역할을 한다.

(4) 일상생활 지원의 수준

모든 가사 및 일상생활 지원활동을 요양보호사가 전적으로 담당하는 것은 가능하지도 바람직하지도 않다. 무엇이든 대신해 주는 것은 자칫 대상자가 가지고 있던 기능을 오히려 저하시키고, 더더욱 의존적인 상태로 몰고 갈 수 있기 때문이다.

관찰을 통해 일상생활 활동 중 대상자 개개인이 평소 스스로 하고 있는 활동, 도움이 있으면 할 수 있는 활동, 할 수 없어 타인의 도움이 전적으로 필요한 활동을 파악하는 것이 중요하다. 이러한 대상자의 상태나 수행능력에 따라 요양보호사의 도움과 지원의 수준은 달라질 수 있다.

우선, 대상자가 스스로 하고 있는 것은 현재의 상태로 자립적인 활동을 유지하는 데 초점을 둔다. 만약 대상자가 제한적이나마 할 수 있는 것이 있다면, 부분적인 도움을 통해 요양보호사와 함께 할 수 있도록 유도하여야 한다. 스스로 할 수 없는 활동에 대해서만 전적인 직접서비스를 제공한다.

2. 식사준비와 영양

1) 식사준비

노인은 나이가 들어감에 따라 신체적 변화가 생기면서 영양요구량이 변화하고, 소화·흡수 능력이 감소한다. 또한 심리·사회적 변화 및 미각 등 감각기능 저하로 식사의 즐거움이 감소하여 영양섭취 불균형 위험이 크다. 대상자의 건강상태에 따라 적절한 식품과 조리 방법을 선택하고 체계적인 식사 관리를 통해 영양의 과잉 또는 부족이 생기지 않고 건강을 유지하도록 한다.

또한 대상자의 질환 및 저작능력, 연하장애 등을 고려하여 적절한 식재료 준비와 조리방법을 선택함으로써 건강한 식습관 형성과 식사관리가 가능하며, 질병의 악화 및 합병증을 예방할 수 있다. 이를 위해서 건강과 질병상태에 따라 식재료를 구매하고, 대상자의 의견을 충분히 듣고 구입하도록 한다.

(1) 대상자의 특징과 식사관리 원칙

- **에너지 요구량 감소** : 나이가 들면서 기초대사량과 활동량이 줄어 에너지 요구량이 감소하므로 체중이 증가하기 쉽다. 따라서 건강 체중을 유지하기 위해 적정한 양을 제공한다.
- **소화능력 감소** : 소화액 분비가 저하되어 한 번에 많은 양을 소화하기 어렵다. 조금씩 자주 섭취하는 것이 좋으며 소화하기 쉬운 식품과 조리법을 선택한다.
- **저작불편** : 치아 손실 등으로 음식을 씹는 데 어려움을 가진 고령자가 많으므로 딱딱한 식재료를 부드럽게 조리하고 식품의 크기를 작게 한다. 또한 아삭하거나 바삭한 질감도 활용하여 다양한 질감의 음식을 맛보도록 하는 것이 좋다.
- **침 분비 감소** : 침 분비가 줄어들게 되므로 약간 국물이 있거나 재료가 촉촉하도록 조리하는 것이 좋다.
- **감각기능 퇴화** : 미각, 후각 등 감각기관이 퇴화하여 짜게 먹을 가능성이 높으므로 다양한 향신료를 이용하여 입맛을 돋운다.
- **식욕 저하** : 식욕이 저하되면 영양섭취가 부족해진다. 식욕이 저하되지 않도록 향, 색, 모양이 다양한 식재료와 조리법을 이용한다.

(2) 기타 고려사항

- **개인차 고려** : 개인의 건강상태, 활동 능력 등에 따라 영양요구량에 차이가 있으므로 각 개인에게 필요한 영양을 섭취할 수 있게 한다. 또한 건강에 문제가 되지 않는 한 개인의 기호도와 식습관을 존중하고 문제가 있는 경우 대상자에게 개선해야 하는 이유를 설명하고 개선할 수 있게 한다.
- 균형 잡힌 영양섭취를 위해 규칙적으로 식사하는 것이 중요하다.

- 갈증을 느끼지 않더라도 수시로 물을 충분히 마실 수 있게 한다.
- 일부 약물은 영양소 흡수를 방해하고 체내 대사작용에 영향을 미쳐 영양소 효율을 감소시킨다[고혈압 약(hydrazine 하이드라진) - 비타민 B6 결핍, 이뇨제 - 칼슘, 아연, 마그네슘 등의 무기질 결핍]. 약물에 따라 식욕과 입맛에 영향을 주는 경우가 있으므로 약물의 종류에 따라 부족한 영양소가 없도록 주의한다.
- **영양보충제 사용** : 건강과 영양섭취 상태에 따라 영양보충제를 섭취할 수 있다. 영양보충제 사용 시 전문가의 지침을 따르도록 한다.

(3) 식사준비의 원칙

- 식단은 대상자와 함께 정한다.
- 대상자가 좋아하는 음식, 잘 먹지 않는 음식, 소화하기 어려운 음식 등 식사와 관련된 특이사항에 대해 기록해 둔다.
- 혼자 사는 대상자의 경우 한 번에 섭취할 수 있는 양만큼씩 나누어 준비해 둔다.
- 식재료나 관련 물품의 구매내역은 대상자와 상의한 후 결정한다.
- 식재료를 구입한 영수증과 거스름돈을 대상자에게 전달하고, 구매한 식재료의 적절한 보관 및 관리를 지원한다.

(4) 장보기의 원칙

대상자의 건강상태와 기호를 고려하여 식단을 작성한 후 미리 계획을 세워 식재료를 구매하되, 대상자의 의견을 반영하여 구입한다. 활동이 가능한 대상자는 식재료 구매 시 동행하는 것도 좋다. 식재료 구매 수칙은 다음과 같다.

- 식단을 작성한다.
- 필요한 식재료의 종류와 양을 결정하여 구매목록을 만든다.

- 현재 있는 식재료의 종류와 양을 확인하여 구매목록을 조정한다.
- 대상자와 구매목록에 대해 상의하고, 품목별로 구매 장소를 결정한다.
- 필요량만 구매하며, 식재료 구매 시 유통기한, 영양표시, 보관방법 및 보관상태 등을 확인한다.
- 식재료 구입 후 냉장이나 냉동보관 물품은 즉시 냉장, 냉동보관 한다.

(5) 조리방법의 이해 및 조리 기술

① 식재료 준비

- 대상자의 질환 및 음식섭취 능력에 따라 준비한다.
- **저작능력이 약한 경우** : 부드럽게 섭취할 수 있도록 푹 끓이고, 다지거나 믹서에 간다.
- **연하장애가 있는 경우** : 부드러운 재료를 선택, 충분히 끓여 삼키기 쉽도록 준비한다.

② 조리방법

- **전처리** : 조리 전 식재료를 깨끗하게 씻고 용도에 맞게 다듬는다. 전처리 과정 중에 식재료를 불리거나 불순한 맛을 제거하기도 한다. 식품에 묻어 있는 이물질을 제거하기 위해 씻는 과정 중 수용성 비타민이 손실될 수 있으므로 적은 물로 빨리 씻는다. 질긴 식재료는 적절히 절단하면 씹기 편해진다.
- **다양한 조리방법** : 가열조리 시 영양소가 많이 파괴되므로 적절한 온도와 시간을 지킨다. 조리 시간을 줄이기 위해 크기를 작게 자르거나 칼집을 넣을 수 있고, 조리한 후 다지거나 믹서에 가는 방법도 있다.

〈표 8-1〉 조리방법

조리법	특 징
생채/ 샐러드	채소를 생채나 샐러드로 먹으면 채소의 수용성 영양소를 흡수하는 데 도움이 된다. 식초나 소스로 무치면 미각에 변화를 주어 입맛을 찾는 데 도움이 된다. 샐러드에 고기나 견과류 등을 곁들이고 플레인 요거트를 소스로 이용하면 채소에 부족한 영양소를 보충할 수 있다.
나 물	시금치, 쑥갓, 취 등을 데쳐서 참기름이나 들기름을 넣어 무치면 지용성 비타민 섭취에 도움이 된다. 두부나 해산물을 넣어 무치면 맛이 좋아지고 단백질을 보충할 수 있다.
굽 기	높은 열로 빠른 시간 내에 조리하기 때문에 수용성 영양소의 손실이 적고 식품 자체 성분이 용출되지 않으므로 식품 고유의 맛을 살릴 수 있다. 굽는 과정 중 풍미가 생겨 음식 맛이 풍부해진다. 오래 구우면 수분이 빠져나가 딱딱해지므로 적당히 굽는다(예 생선구이, 너비아니구이 등).
튀기기	고온에서 단시간 조리하므로 영양소 파괴가 적다. 튀기는 중 재료의 수분은 증발하여 바삭해지고 튀김기름이 흡수되어 독특한 풍미가 생긴다. 노인은 지방 소화력이 낮으므로 기름기가 적은 조리 방법을 선택하는 것이 바람직하다.
볶 기	고온에서 단시간에 조리하므로 수용성 성분의 용출이 적으며 비타민 파괴도 적다. 볶는 과정에서 식품의 수분이 빠져나오는 대신 기름이 흡수되므로 풍미를 증가시킬 수 있다. 카로티노이드가 들어 있는 당근, 호박, 고추, 토마토 등은 기름에 볶으면 소화 흡수율이 높아진다. 지방이 적은 육류 부위를 다양한 채소와 함께 볶으면 육류에 부족한 섬유소와 비타민, 무기질을 함께 섭취할 수 있다.
삶 기	고온의 물에 식품을 넣어 가열하는 방법으로 수용성 성분과 맛이 국물 속으로 나오므로 국물이 목적이 아닌 삶기의 경우 조리물을 많이 잡지 않는다. 채소는 삶으면 부드러워져 먹기 쉽고, 육류는 오래 삶으면 부드러워지지만 생선은 오래 삶으면 질기고 딱딱해진다.
찌 기	수증기의 기화열을 이용하는 조리법으로 맛이나 영양성분의 용출이 적고, 재료를 부드럽게 하며 모양을 유지할 수 있다(예 달걀찜, 생선찜, 단호박찜, 찐 감자 등).

출처 : 보건복지부(2024). 2024년 요양보호사 양성 표준교재, p. 527.

③ 소화를 돕는 조리법

- 씹기 쉽고 소화하기 쉬운 식재료를 활용하거나, 부드럽게 조리하는 방법을 사용한다.
- 단단한 식재료를 부드러운 식재료로 대체한다(예 비빔밥 위의 달걀 프라이

→ 연두부나 달걀찜).

- 단단하거나 질긴 식재료를 부드럽게 조리한다(예 육류 요리 시 키위, 배 등 갈아 넣기, 육류의 질긴 부위(사태, 양지)를 낮은 온도로 뭉근하게 오랜 시간 조리, 수입산 강낭콩은 오래 불려도 충분히 부드러워지지 않으므로 삶아서 이용).
- 단단한 식재료를 작게 자르거나(단단한 콩류, 다진 육류, 미나리, 부추, 시래기 등 채소류) 육류는 결 반대 방향으로 자른다.
- 튀김이 단단하지 않도록 튀김 옷 반죽의 농도를 조절한다.
- 고령자는 침 분비가 감소하여 씹기 어려운 경우도 있으므로 약간 국물이 있거나 촉촉하게 조리한다.

④ 조미료 사용

〈표 8-2〉 조미료 사용방법

종 류	방 법
천연조미료	요리의 감칠맛을 살리기 위해 사용하는 것으로서 몇 가지 천연양념을 만들어 두면 화학성분 없이도 단맛과 감칠맛을 낼 수 있다. 천연조미료는 제철 재료를 사용하는 것이 경제적이고 가장 영양가가 높다.
가루로 내서 쓰는 천연조미료	각종 건어물, 해산물, 채소, 곡물 등 주변에서 쉽게 구할 수 있는 재료들을 잘 말려서 빻아두면 음식의 맛을 내는 천연조미료로 사용할 수 있다. 콩가루와 멸치가루, 다시마, 홍합, 버섯 등 다양한 재료들이 쓰인다.
장으로 쓰이는 천연조미료	간장, 된장, 고추장 등에 다양한 재료들을 섞어 천연 장으로 만들어 두면 조미료를 따로 넣지 않고도 맛있는 요리를 할 수 있다. 여러 가지 재료를 혼합해 만든 소스도 밀폐용기에 보관하면 쉽고 빠르게 요리를 위해 다양하게 활용할 수 있다.

(6) 조리의 원칙

- 안전하게 가공된 식품을 선택하고 적절한 방법으로 가열, 조리한다.
- 조리한 식품은 신속히 섭취하고, 남은 음식을 보관, 저장할 때에는 주의한다.
- 저장했던 조리식품은 섭취 시 재가열한다.

- 조리한 식품과 조리하지 않은 식품이 섞이지 않도록 한다.
- 조리 전후에 손을 잘 씻고, 조리대는 항상 청결을 유지한다.
- 쥐나 곤충 등이 접근하지 못하도록 음식 보관과 청결에 유의한다.
- 깨끗한 물에 조리한다.

2) 영 양

대상자의 질환 및 상태에 따라 식사관리를 함으로써 치료의 효과를 높이고, 적절한 영양섭취는 대상자의 건강 유지·증진에 기본적인 요소이며, 질병을 예방하고 기존 질병의 진행 속도를 늦춰 궁극적으로 노인의 삶의 질을 향상한다.

(1) 노인영양문제의 원인

- 침 분비가 줄어들고 음식물을 씹고 삼키는 능력이 저하된다.
- 위가 위축되고 소화액 분비가 감소되어 소화 및 흡수 기능이 떨어진다.
- 체수분량이 감소하고 갈증을 잘 느끼지 못해 탈수가 발생한다.
- 미각이 저하되어 음식을 짜게 먹는다.
- 시력과 후각 등 감각기능이 저하되어 상한 음식을 먹을 수 있다.
- 만성질환 또는 약물복용, 치료식사 섭취로 식욕이 떨어질 수 있다.
- 인지기능 저하(치매 등)로 음식을 과도하게 섭취하거나, 식욕이 없어지기도 한다.
- 배우자나 친한 친구의 죽음, 은퇴, 고독, 우울 등으로 인한 심리적인 이유와 활동량 감소로 식욕이 감소한다.
- 독거노인이나 사회적으로 고립된 노인은 식사 내용이 단조롭고, 식사 시간이 불규칙할 수 있다.

(2) 주요 영양 문제

- 에너지 과다 섭취와 부족 섭취 문제가 공존하고, 75세 이상 고령자 중 에너지 섭취가 부족한 경우가 많다.
- 전체 에너지 섭취량 중 탄수화물의 비중이 높다.
- 단백질, 비타민 A, 비타민 C, 나이아신, 엽산(75세 이상 여성), 칼슘, 비타민 D를 필요량보다 부족하게 섭취한다.
- 나트륨은 기준 이상 과다 섭취한다.
- 소득수준이 낮은 경우 거의 모든 영양소의 섭취가 부족하다.

(3) 한국인을 위한 식생활지침

- 매일 신선한 채소, 과일과 함께 곡류, 고기·생선·달걀·콩류·우유·유제품을 균형 있게 먹는다.
- 덜 짜게, 덜 달게, 덜 기름지게 먹는다.
- 물은 충분히 마신다.
- 과식을 피하고, 활동량을 늘려서 건강체중을 유지한다.
- 아침식사를 꼭 한다.
- 음식은 위생적으로, 필요한 만큼만 마련한다.
- 음식을 먹을 땐 각자 덜어 먹기를 실천한다.
- 술은 절제한다.
- 우리 지역 식재료와 환경을 생각하는 식생활을 즐긴다.

3) 특별식

(1) 당뇨병

당뇨병은 혈액 속에 당분이 지나치게 많아져 당이 소변으로 배출되는 데서 생기는 병으로 다뇨, 다갈, 다식의 특징이 있다. 혈당관리가 제대로 이루어지지 않으면 저혈당증 등 급성 합병증과 함께 심혈관계질환, 당뇨병성 신증, 당뇨병성 망막병증 등 만성적인 합병증을 일으킬 수 있다. 당뇨병의 관리에서는 운동, 약물요법과 함께 식사관리가 필수적인데, 당뇨병 식사관리의 목표는 정상 혈당과 혈중지질 유지, 적정한 체중 유지, 합병증 예방·지연, 좋은 영양상태 유지이다. 무조건 음식을 제한하지 말고 적정 체중을 유지할 수 있도록 필요한 열량을 균형 있게 규칙적으로 섭취하도록 한다.

① 식사원칙

- 매일 일정한 시간에 알맞은 양의 음식을 규칙적으로 먹는다.
- 설탕이나 꿀 등 단순당의 섭취를 주의한다.
- 식이섬유를 충분히 섭취한다.
- 지방을 적절히 섭취하되 콜레스테롤의 섭취는 제한한다.
- 염분 섭취를 줄인다.
- 음주는 피하는 것이 좋다.

② 섭취할 음식

비교적 자유롭게 섭취할 수 있는 식품	주의해야 할 식품
• 채소류 : 대부분의 채소류(예외 : 고춧잎, 쑥, 단호박, 풋마늘, 당근, 도라지, 연근, 우엉) • 해조류 : 곤약, 김, 미역, 우무, 한천, 매생이 • 음료수 : 녹차, 홍차, 보리차, 코카콜라 라이트, 다이어트 사이다, 생수, 옥수수수염차 등 달지 않은 차 • 향신료 : 겨자, 식초, 계피, 후추, 레몬 • 저열량 감미료 : 그린스위트, 화인스위트, 네오스위트, 이퀄, 뉴슈가, 신화당	• 곡류 : 케이크, 달콤한 과자, 파이류, 설탕 입힌 플레이크, 약과, 꿀떡 • 우유류 : 가당요구르트, 가당연유, 초코우유, 바나나우유, 딸기우유 • 과일류 : 과일통조림류 • 기타 : 유자차, 모과차 등 달콤한 차류, 사탕, 꿀, 젤리, 초콜릿, 시럽, 잼, 엿, 양갱, 껌, 조청, 물엿

(2) 고혈압

고혈압이란 안정상태일 때 혈압이 지속적으로 정상혈압보다 높은 것을 말한다. 고혈압은 동맥경화를 비롯한 심혈관계 질환과 뇌졸중의 주요 원인이 되므로 혈압을 낮추기 위해 식습관 및 생활습관 개선을 통해 체중을 조절하고 나트륨을 제한하는 것이 좋다.

① 식사원칙

- 체중 조절을 위해 적정한 열량을 섭취한다.
- 혈관 손상 보호를 위해 양질의 단백질을 적정량 섭취한다.
- 동물성 지방 섭취를 줄인다.
- 소금 섭취를 줄인다.
- 칼륨은 나트륨 배설을 돕고 세동맥을 확장시켜 혈압을 낮추는 효과가 있으므로 충분히 섭취한다.
- 가능한 한 복합당질을 섭취하고 섬유소를 충분히 섭취한다.
- 칼슘을 충분히 섭취한다.
- 카페인 함유 음료, 알코올 섭취를 제한한다.

② 섭취할 음식

권장식품	주의해야 할 식품
• 보리밥, 현미밥, 잡곡밥 • 생선, 콩류, 두부, 저지방우유, 두유 • 사과, 감자, 호박, 무 • 식이섬유 함유 식품 : 녹황색 채소, 해조류, 버섯류, 과일류	• 젓갈류, 장아찌류, 된장, 간장류 • 기름이 많은 쇠고기, 돼지고기, 동물내장 • 가공식품(햄, 베이컨) • 조개류, 새우, 오징어, 정어리 • 카페인 음료, 술

(3) 암

암이란 신체의 각 부분에 생긴 부적절한 악성 신생물 혹은 종양을 말한다.

① 식사원칙

- 최적의 영양소를 골고루 섭취한다.
- 황록색 채소와 과일 및 곡물 등 섬유질을 많이 섭취한다.
- 정상체중을 유지하기 위해 과식하지 않는다.

- 변화 있는 식단을 준비하고 소량씩 자주 섭취한다.
- 금연과 금주를 하며, 즐거운 식사 분위기를 조성한다.

② 주의할 음식

- 너무 뜨겁거나 찬 음식, 매운 음식은 피한다.
- 기름기가 많은 동물성 지방은 피한다.
- 흰 쌀, 흰 밀가루 등 지나치게 정제된 곡물의 이용은 자제한다.
- 각종 식품 첨가물이 들어간 가공식품은 피한다.
- 불에 탄 고기나 생선, 소금에 절인 고기, 생선 및 젓갈류, 곰팡이가 핀 음식 등은 피한다.

③ 섭취할 음식

- 육식과 채식을 혼합하여 섭취하되 가능한 한 육식보다는 채식의 비율이 높도록 한다.
- 단백질의 보충을 위하여 식물성 단백질(콩 이용식품)을 섭취한다.
- 비타민, 무기질, 섬유질이 많은 녹황색 채소와 과일을 섭취한다.
- 신선한 우유, 생강, 미나리, 양파, 당근, 마늘, 감자, 콩, 현미, 버섯, 샐러리, 양배추, 율무 등이 대표적 권장식품이다.

④ 항암치료 시 식사요령

〈표 8-3〉 **항암치료 시 식사방법**

내 용	방 법
식욕부진	고열량 식품 섭취(밀크쉐이크, 꿀차, 커스터드 등), 식전에 산책하기, 다양한 음식 섭취하기, 적은 양의 음식 자주 먹기, 적당한 양의 채소 섭취하기
변 비	공복 시 물 마시기, 와상의 대상자는 복부 마사지하기, 섬유질 식품 섭취하기, 초콜릿이나 치즈, 계란 등의 음식 피하기
설 사	우유와 유제품 피하기, 가스발생 식품 피하기(콩, 양파, 양배추, 풋고추 등), 충분한 물 마시기, 기름지거나 양념이 강한 음식 피하기, 뜨겁거나 차가운 음료 피하기, 적은 양을 자주 먹기
입 안이 헐었을 때	삼키기 쉽고 부드러운 음식 먹기, 입 안이 쓰리면 빨대 이용하기, 딱딱하거나 강한 양념의 음식은 피하기, 뜨겁거나 차가운 음식 및 음료 피하기

구 토	달거나 신 음식 피하기, 물을 자주 마시기, 얼음·아이스크림·주스 등을 자주 먹기, 항암치료 3~4시간 전까지 충분히 먹고 치료 바로 전에는 먹거나 마시지 않기, 치료 후 2~3시간 후 가볍게 먹기, 소량의 음식을 1일 5~6회 나누어 먹기, 소화하기 쉬운 음식물을 소량씩 자주 먹기, 매우 달거나 기름진 음식, 기름에 튀긴 음식 등은 피하기, 냄새가 강하거나 뜨거운 음식 피하기, 식후 바로 눕는 것 피하기

(4) 신부전증

신부전증이란 신장 조직의 퇴행성 변화로 신장 기능의 감소가 가속화된 상태를 말한다.

① 식사원칙

- 비단백 영양식을 충분히 섭취한다.
- 탈수 또는 수분과잉을 방지한다.
- 전해질의 균형을 유지한다.
- 적절한 영양상태를 유지한다.
- 식욕을 유지하고 기분 좋은 상태를 유지한다.

② 주의할 음식

〈표 8-4〉 신부전증 시 주의할 음식

내 용	방 법
단백질	근육과 체조직을 건강하게 유지하기 위하여 고급 단백질(고기, 생선, 계란, 우유, 치즈 등)을 섭취한다. 저단백질(밥, 빵과 같은 곡류, 과일, 채소 등) 음식을 섭취하도록 하되 균형잡힌 섭취가 필요하다.
염분 및 수분	염분의 섭취는 수분섭취의 증가와 관계된다. 과잉수분의 섭취는 체내에 수분을 잔류하게 하여 다리, 손 등에 부종을 일으키고 신장에 부담을 준다.
인	신부전증 시 신장에서 배설되는 인의 양은 감소하고, 혈액 내에는 인이 증가하므로 섭취를 제한한다(우유, 치즈, 요구르트, 아이스크림, 땅콩, 땅콩버터, 초콜릿, 코코아, 콜라, 맥주, 미꾸라지, 멸치, 계란 노른자 등).
칼 륨	칼륨의 섭취가 너무 적거나 많으면 근육 무력감, 부정맥 등이 있으므로 간격을 두고 소량씩 먹도록 한다(마른 과일, 견과류, 감자, 고구마, 밤, 채소, 과일 등).

③ 섭취할 음식

〈표 8-5〉 신부전증 시 섭취할 음식

내 용	방 법
당 질	체중의 감소를 방지하기 위하여 신장에 부담을 주지 않는 사탕, 꿀, 설탕, 젤리, 푸딩, 캐러멜, 양갱, 엿, 잼 등의 당분이나 과일 통조림 등을 섭취한다(당뇨병의 경우 담당의와 상의한다).
지 방	들기름, 참기름, 옥수수기름, 올리브기름 등 식물성 기름, 무염버터 등 지방식품을 섭취한다.

(5) 변비

변비란 장의 기능 저하 또는 배변이 잘 되지 않는 상태를 말한다. 나이가 들면 대장기능이 약화되고 갈증을 잘 느끼지 못해 수분섭취가 부족하기 쉽고 위장기능 저하와 치아상태가 불량하여 부드러운 음식을 선호하게 되면서 식이섬유 섭취가 부족하여 변비가 되기 쉽다. 변비 예방과 관리를 위해 수분과 식이섬유를 충분히 섭취하도록 한다.

① 식사원칙

- 규칙적인 식사를 한다.
- 충분한 식사량을 유지한다.
- 장의 연동운동을 촉진하기 위한 음식을 섭취한다.
- 식이섬유를 충분히 섭취한다.
- 물을 충분하게(하루 6~8잔 이상) 마신다.
- 우유와 발효 유제품을 섭취한다.

② 주의할 음식

- 섬유소와 수분이 부족한 음식
- 지방과 설탕의 과다 섭취
- 자극성이 강한 조미료, 커피, 콜라, 홍차, 녹차 등

③ 섭취할 음식

- 해조류 : 김, 미역, 파래, 미역줄기
- 과일 : 참외, 자두, 무화과, 배, 사과 등
- 곡류 : 현미, 보리, 고구마, 감자, 통밀 등
- 섬유질 : 콩나물, 말린 무 잎사귀, 나물 등(삶아 무쳐서 먹는다)
- 유제품 : 떠먹는 요거트 등 발효 유제품

4) 식사돕기

(1) 식사돕기의 원칙

- 식사 전에 몸을 움직이거나 가벼운 산책을 통해 식욕을 증진시킨다.
- 식사 전에 TV를 끄고 식사에 집중할 수 있는 환경을 만든다.
- 사레들리지 않도록 식사 전에 호흡을 정리하고 의치를 정비한다.
- 노인요양시설 입소대상자는 균형 잡힌 식단을 규칙적으로 제공받으므로 요양보호사는 적절한 양을 섭취하도록 돕는다.
- 재가요양보호 대상자는 음식 준비부터 섭취까지 모든 과정을 돕는다.
- 식욕이 떨어진 대상자를 위해서 다양한 음식을 조금씩 준비하여 반찬의 색깔을 보기 좋게 담아내 식욕을 돋운다.
- 대상자의 씹고 삼키는 능력을 고려하여 일반식, 저작 도움식, 연하 도움식, 유동식 등의 식사를 준비한다.
- 대상자가 식사 도중 사레들지 않도록 예방한다.
- 대상자가 사레들리거나 숨 쉬기가 어려울 경우에는 식사를 즉시 중단하고 시설장이나 관리책임자에게 알려야 한다.
- 대상자가 천식이나 호흡기 질환이 있는 경우에는 평소에도 숨 쉬기 힘들므로 음식을 줄 때 더욱 주의해야 한다.

- 마른 김이나 뻥튀기, 점도가 높은 떡 종류, 잘 부서지는 유과나 비스킷, 자극적 음식 등은 사레 및 질식을 유발할 수 있으므로 피한다.

(2) 식사돕기 자세

- 의자에 앉을 수 있는 대상자는 상체를 약간 앞으로 숙이고 턱을 당기는 자세로 식사하도록 한다.
- 의자에 앉을 수 없는 대상자는 침대머리를 30~60°가량 올려 상반신을 높이고 머리 뒤에 베개를 받쳐 턱을 당긴 자세를 취하게 한다.
- 식탁은 대상자의 가슴과 배꼽 사이 높이가 되도록 하고, 음식물은 대상자로부터 약 30cm 거리에 두고 내려다볼 수 있게 배치한다.
- 식사 도움 시 대상자의 눈높이에 앉아서 대상자가 눈으로 음식을 볼 수 있는 위치에서 음식물을 입에 넣어준다.

(3) 식사 보조도구

식사 전에 물수건 또는 휴지, 젓가락, 숟가락, 포크, 꺾인 빨대, 그릇, 앞치마나 턱받이, 자세 지지를 위한 베개, 뚜껑 달린 물컵, 칫솔, 기타 식사 보조도구 등을 준비한다.

대상자가 오른손잡이라면 오른쪽에서 밥을 먹여줘야 편안하게 느끼며, 편마비 대상자는 건강한 쪽에서 넣어준다. 또한 대상자보다 높은 곳에서 음식물을 입에 넣으면 턱을 들게 되어 사레들기 쉽기 때문에 조심해야 한다.

스스로 식사할 수 있는 대상자라도 식사하는 동안 사레, 질식, 불편한 점 등이 발생하지 않도록 관찰해야 하며, 대상자가 음식을 먹을 때 한입에 너무 많이 넣는지 살펴본다. 또한 너무 빨리 먹거나 조급하게 먹는지 살펴보고 천천히 식사하도록 지지한다. 편식하는 대상자는 반찬을 골고루 먹도록 격려하며, 식사 중에는 옆에서 지켜보고 있다가 도움이 필요할 때 도와준다.

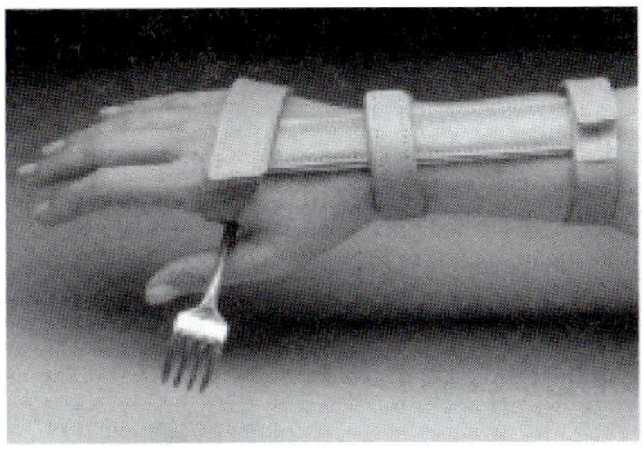

손목형 유니버셜 커프 식사도구

손떨림, 관절염 노인용 컵

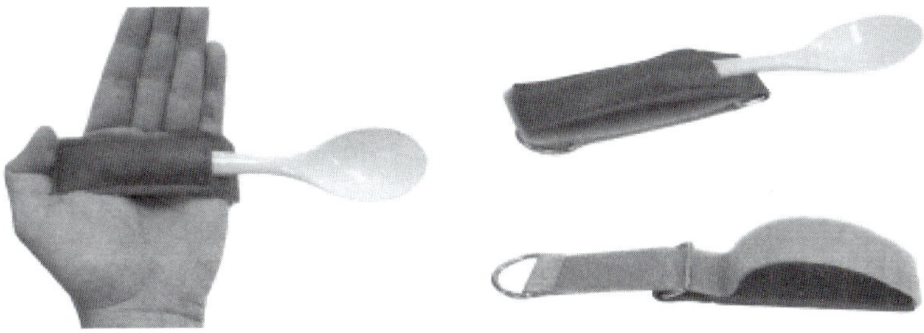

다용도 식사도구홀더(식사보조도구) – 핸드그립

| 그림 8-1 | **다양한 식사보조 도구**

3. 위생관리

오랜 침상생활이나 질환 등으로 면역력이 저하된 대상자가 오염된 환경에 노출될 경우 치명적인 상황을 초래할 수도 있다. 그러므로 대상자의 신체적 청결과 더불어서 주변 환경의 철저한 위생관리를 통하여 질병의 악화 및 합병증을 예방하여 건강하고 쾌적한 삶을 유지할 수 있어야 한다.

또한 개인위생은 피부, 모발, 손톱, 치아, 구강 및 비강, 눈, 귀, 회음부 및 생식기 등 신체의 위생과 외모 다듬기 활동을 포함하며, 대소변 처리 등의 서비스를 직접 제공하거나, 스스로 하도록 지켜보며 도와주는 것도 포함된다.

1) 기본 원칙 및 유의사항

- 대상자의 질환 및 일상생활 능력을 파악하여 최대한 스스로 활동할 수 있도록 한다.
- 대상자의 욕구파악에 근거하여 서비스를 제공한다.
- 모든 서비스의 내용은 사전에 대상자에게 설명하고 동의를 구하여 대상자가 적극적으로 참여할 수 있도록 한다.
- 대상자의 잔존능력을 격려하고 칭찬하여 자립에 대한 의지가 소멸되지 않도록 한다.
- 서비스 제공 시 물품사용에 대한 동의를 구하고, 사용 이후 보관장소를 임의로 변경하지 않는다.

2) 식품의 위생관리

- 유통기한을 확인하고 올바른 보관방법에 따라 위생적으로 보관한다.
- 유통기한이 지난 식품이나 변질된 음식은 대상자에게 이해를 구한 후 폐기처분한다.
- 부패나 변질이 쉬운 음식은 한 번에 섭취할 수 있는 양만큼 나누어 보관한다.
- 해동한 냉동식품은 다시 냉동하지 않으며, 뚜껑이나 포장을 개봉한 식품은 다른 용기에 담아 보관하되 가급적 빨리 사용한다.
- 조리된 음식은 가급적 빨리 섭취하도록 하며, 조리 전·후에 손 씻기를 통해 위생관리에 만전을 기한다.

3) 식기 및 주방의 위생관리

(1) 개수대와 가스레인지 밑의 수납장

- 곰팡이가 핀 곳은 소다물로 닦고 식초를 묻힌 헝겊으로 닦아준다.

(2) 배수구

- 조리가 끝나면 찌꺼기 거름망을 반드시 비운다.
- 주방용 세정제를 이용해서 솔로 닦는다.
- 물과 식초를 섞어 배수구에 부으면 악취가 사라진다.

(3) 찬장, 싱크대

- 양념 등으로 냄새나 곰팡이가 발생할 경우 희석한 알코올로 닦아준다.
- 세척 후에는 선반 사이에 곰팡이가 생기지 않도록 완전히 건조시킨다.
- 평소에 자주 환기를 시킨다.

(4) 냉장고

- 채소칸이나 선반 등을 꺼내어 주방용 세정제로 닦는다.
- 소다나 식초를 따뜻한 물에 타서 닦아주고, 도어패킹은 헌 칫솔에 세제를 묻혀 꼼꼼히 닦아준다.
- 이후 따뜻한 물로 한 번 더 닦아내고 알코올을 솜에 묻혀 닦아준다.
- 소독용 알코올이나 맥주를 헝겊에 묻혀 닦아주면 더러움과 악취가 없어진다.
- 숯이나 탄 빵조각, 커피, 녹차 티백은 좋은 탈취제가 된다.

(5) 수세미와 행주

- 수세미는 스펀지형보다 그물형이 더 위생적이다.

- 행주는 자주 삶되 삶을 수 없을 때에는 표백제를 희석한 물에 담가두었다가 짜서 사용하며, 사용하지 않을 때에는 바짝 말려둔다.
- 행주는 젖은 것과 마른 것을 구분하여 용도에 맞게 사용한다.

(6) 칼, 도마

- 칼과 도마는 생선, 빵, 채소 등 조리에 맞는 것을 구입하여 용도에 맞게 사용한다.
- 사용한 후에는 깨끗이 씻고 말린다.
- 도마의 사용 시 건조된 상태에서는 냄새나 색깔이 도마에 스며들어 얼룩지고 잘 씻기지 않으므로 사용 전에 물에 씻은 다음 사용한다.
- 도마를 사용한 후 세제를 충분히 묻혀 씻고, 따뜻한 물보다는 차가운 물에 헹구어 건조시킨다.

(7) 그릇 및 식기류

- 씻은 식기류는 물기가 건조되도록 어긋나게 엎어 놓는다.
- 물기가 마른 후 정리하고 모든 식기류는 가급적 절대 바닥에 두지 않는다.
- 유리그릇은 뜨겁게 달구어진 상태에서 차가운 물에 담그면 깨질 위험이 있으므로 조심한다.

(8) 고무장갑

- 조리용과 비조리용으로 구분하여 사용한다.
- 사용 후 안팎을 뒤집어 세제로 깨끗이 씻고 건조시킨다.
- 습기 찬 장갑은 습진이 생길 수 있고, 세균번식의 원인이 되므로 주의한다.

(9) 플라스틱 용기

- 밀폐용기에서 냄새가 날 경우 사용한 녹차 티백을 2~3개 넣고 뜨거운 물을 부어 하루 정도 두었다가 닦으면 냄새는 물론이고 끈적임까지 없어진다.
- 기름기가 많은 음식물을 넣었던 용기는 녹차 티백을 사용하거나, 쌀뜨물에 담가두었다가 닦으면 냄새가 없어진다.

(10) 설거지

- 환경오염 예방과 자원절약을 위해 적당량의 세제를 사용한다.
- 기름기가 적거나 음식물이 덜 묻은 그릇부터 시작한다.
- 기름기가 많은 그릇은 밀가루나 종이타월로 기름기를 제거한 후 설거지한다.

| 그림 8-2 | 식중독 예방 6대 수칙

4) 구강청결 관리

칫솔질은 음식 찌꺼기, 플라크 및 세균이 있는 치아를 깨끗이 하고 잇몸을 자극하여 순환을 촉진하고, 불쾌한 냄새와 맛으로 인한 불쾌감을 완화한다.

(1) 원칙

입안에 염증이 있는지 확인하고, 상처가 있다면 그 부분을 더 다치지 않도록 주의한다. 치료받아야 할 치아가 있는지, 잇몸, 입천장, 혀, 볼 안쪽 등이 헐었는지 세심하게 관찰하고, 이상이 있으면 시설장이나 간호사에게 보고한다. 또한 입안을 닦아낼 때 혀 안쪽이나 목젖을 자극하면 구토나 질식을 일으킬 수 있으므로 너무 깊숙이 닦지 않도록 한다.

(2) 구강청결 시 주의사항

머리를 높게 하여 물을 삼키지 않도록 하고, 머리를 옆으로 돌려 내용물을 뱉어내도록 한다. 매일 반복하는 일이므로 무리 없이 할 수 있도록 도와주고 습관화시킨다. 이때 컵 사용이 어려우면 빨대가 달린 컵을 사용하기도 한다.

(3) 칫솔질하기의 목적

- 구취를 예방하고 상쾌감을 증진시킨다.
- 잔존치아를 건강하게 유지시키고, 치료가 필요한 치아를 조기에 발견한다.
- 가족 등 타인과 마주 보며 자신감 있게 대화할 수 있도록 한다.

(4) 칫솔질하기의 주의사항

- 칫솔질 방향이 잘못되면 잇몸을 손상시킬 수 있다.

- 칫솔질의 자극에 의해 구토나 질식을 일으킬 수 있다.
- 대상자가 할 수 있는 동작과 할 수 없는 동작을 세밀하게 관찰한다.
- 가능한 한 스스로 하도록 지원하고, 자립을 위하여 과정이 느리더라도 기다려 주어야 한다.
- 적당량의 치약을 사용한다. 치약의 양이 너무 많으면 입 안에 거품이 가득 차서 칫솔질이 어렵고, 치약으로 인한 청량감 때문에 치아가 잘 닦였을 것이라고 오해하기 쉽다.
- 칫솔을 옆으로 강하게 문지르면 잇몸이 닳아 시리게 되므로 잇몸에서 치아 쪽으로 부드럽게 회전하면서 쓸어내린다.
- 혈액응고장애가 있는 대상자는 출혈 가능성이 있으므로 치실은 사용하지 않는다.
- 칫솔질은 잠자기 전과 매 식사 후 30분 이내에 3분간 하도록 습관화한다.

(5) 의치손질

의치를 청결히 하여 세균의 증식이나 염증을 예방한다. 이를 통해 식욕을 증진시키고, 입 냄새를 예방하며, 가족 등 타인과 마주 보며 자신감 있게 대화할 수 있도록 한다.

(6) 의치손질 시 주의사항

- 의치는 영양 섭취와 구강 위생에 영향을 미친다. 의치로 인해 잇몸과 치아 사이에 음식물 찌꺼기가 남기 쉽고 염증이 생길 우려가 높으므로 식사 때마다 칫솔질을 하여 의치를 청결하게 유지한다.
- 최소한 하루에 8시간은 의치를 빼놓아 잇몸의 압박을 줄인다. 그러나 지나치게 장시간 빼두면 기존 치아와 맞지 않는다는 것을 염두에 둔다.
- 의치가 파손되거나 손상되지 않도록 주의하여 취급한다.

- 의치는 칫솔을 이용하여 닦아내며 너무 뜨거운 물을 사용하면 금이 가거나 모양이 바뀔 우려가 있으므로 헹굴 때는 찬물을 사용한다.
- 의치를 끼우기 전에 구강을 청결하게 하고 잇몸 마사지를 해준다.

5) 두발 청결

머리를 감기기 전 기분, 안색, 통증 유무 등을 확인하고, 동작 가능 정도에 따라 자세와 장소를 정하며, 모발과 두피 상태를 관찰하여 대상자에게 맞는 머리 감기 방법을 적용한다. 두발을 청결히 하여 자존감과 두피의 혈액순환을 증진시키고 안락과 이완을 도모한다.

(1) 주의사항

- 공복, 식후는 피하고 추울 때에는 따뜻한 낮 시간대를 이용한다.
- 기분과 체온, 혈색 등 건강상태를 살피고, 동의를 얻은 후 머리를 감는다는 것을 알린다.
- 머리를 감기 전에 소변이나 대변을 보도록 한다.
- 모든 방법에 대해 미리 설명하여 편안한 상태를 유지하도록 한다.

(2) 드라이샴푸 이용하기

물을 사용할 수 없거나 신체적으로 움직이기 힘들 때는 드라이샴푸를 사용하는 방법도 있다. 드라이샴푸는 물 없이 머리를 감을 수 있도록 고안된 제품으로 어떤 상황에서나 즉시 사용 가능하고 물 없이도 머리카락을 청결히 유지할 수 있다.

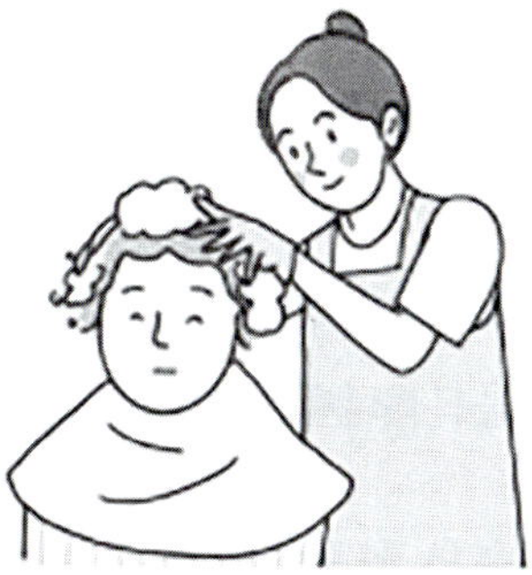

머리카락이 충분히 적셔지도록 드라이샴푸를 바른 후 거품이 나도록 머리를 마사지한다.

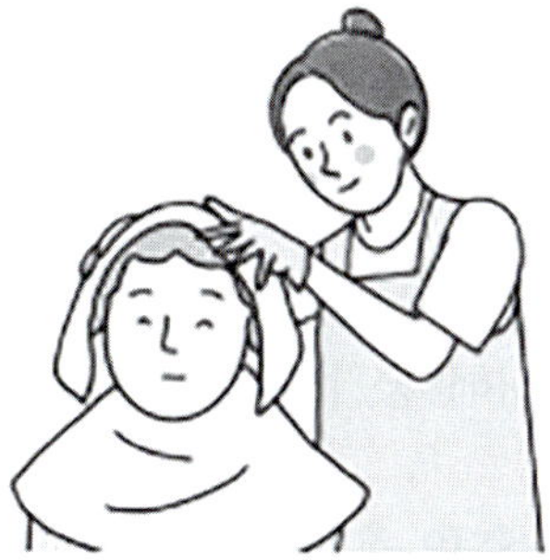

마른 수건으로 충분히 닦아낸다.

| 그림 8-3 | 드라이샴푸 이용하기

- 물은 여유 있게 준비하며, 머리 감기 전에 손으로 온도를 확인한다.
- 젖은 머리를 수건으로 건조할 때, 머리카락을 비비지 말고 큰 수건으로 머리 전체를 감싸서 가볍게 두드려 물기를 제거하도록 한다.
- 머리를 감은 후에는 한기를 느낄 수 있으므로 헤어드라이어를 사용하여 신속하게 말리는 것이 좋으며 머리로부터 10cm 이상 떨어뜨려 사용한다.
- 가능한 한 스스로 하도록 지원하고, 자립을 위하여 과정이 느리더라도 기다려 주어야 한다.

6) 손발 청결

노인의 피부는 건조하고 거칠며 윤기가 없고 피부각질이 생기기 쉽다. 피부 건조를 예방하기 위해 보습을 고려한 클렌저나 비누를 선택해야 하며, 주기적으로 오일이나 로션 등을 사용한다. 또한 손과 발을 닦아 청결을 유지함으로써 악취나 무좀을 예방하고, 손발의 말초 부위를 따뜻하게 함으로써 혈액순환을 촉진하고 기분을 상쾌하게 한다.

■ 주의사항

- 피부에 상처가 나지 않도록 조심해야 한다.
- 피부에 자극을 주는 침구나 모직의류 등은 피하고 면제품을 사용하는 것이 좋다.
- 피부의 색이나 상처, 분비물 유무를 시설장이나 간호사 등에게 보고한다.

7) 세면 돕기

세수는 얼굴의 혈액순환을 돕고 청결을 유지시키며, 자존감과 정서적 안정감을 제공하여 인간관계 유지에 도움을 준다.

■ 주의사항

- 눈은 부드럽고 깨끗한 수건으로 안쪽에서 바깥쪽으로 닦는다.
- 안경을 사용하는 경우에는 하루에 한 번 이상 닦거나 물로 씻어 깨끗하게 한다.
- 귀지가 쌓여 난청을 일으키기도 하므로 정기적으로 귀 입구와 귓바퀴, 뒷면을 닦아 낸다(귀 안쪽의 귀지 제거는 의료기관에서 시행한다).
- 코가 막히면 비염 등이 발생하기 쉬우므로 코 안과 코 볼, 둘레를 세심히 닦는다.

8) 목욕 돕기

목욕은 피부의 노폐물을 제거하여 몸을 청결하게 유지하고 자존감을 높이며, 피부와 점막을 마사지하는 효과가 있어 근육 및 관절의 이완을 돕고, 혈액순환을 촉진한다. 또한 욕창, 습진 등 피부는 물론 신체 각 부위의 건강상태를 살펴볼 수 있으며, 적당한 온도의 목욕물은 대상자의 긴장을 풀어주어, 심신을 편안하게 하고 숙면에도 도움이 된다.

■ 주의사항

- 실내온도는 22~26℃를 유지하고 바람이 들어오지 않도록 창문과 욕실 문을 닫는다.
- 몸씻기를 실시하기 전 소변 또는 대변을 보도록 하고, 상태(표정, 얼굴색, 열, 혈압상승 여부, 설사, 콧물, 재채기, 기침)를 확인하여 열이 나거나 혈압이 상승했을 때, 기분이 불쾌하거나 몸이 피로할 때, 공복 시, 식사 직전, 직후에는 피한다.
- 욕구와 사생활을 존중하여 최대한 원하는 방식에 따르며, 만일의 상황에 대비해서 욕실 문은 잠그지 않는다.
- 가능한 한 스스로 하도록 하여 능동적인 근육운동과 이로 인한 성취감을 갖도록 하며, 때때로 말을 건네어 상태를 확인한다.
- 욕실에 손잡이를 붙이거나 미끄럼방지 매트를 까는 등 안심하고 씻을 수 있도록 한다.
- 물의 온도는 35℃를 기준으로 하여 개인의 선호를 반영하나 의사표현을 하지 못하는 대상자의 경우 화상 등에 주의하며, 체온이 떨어지지 않도록 자주 따뜻한 물을 뿌려주거나 담요 등을 덮어 노출 부위를 가린다.
- 몸씻기 시간은 20~30분 이내로 하여 대상자가 지치지 않도록 한다.
- 몸을 씻은 후 한기를 느끼지 않도록 물기를 빨리 닦아주고 따뜻하게 해주며, 따뜻한 우유, 차 등으로 수분을 보충한다.

4. 청결관리

1) 의복관리

의복은 체온 조절이나 신체 청결을 유지하는 데 중요한 역할을 한다. 또한 선호하는 의복을 입어 자기 자신의 개성이나 의식을 표현하기도 한다. 그러므로 대상자의 건강수준에 맞는 의복을 입어 더 쾌적하고 건강한 생활이 되도록 돕는다.

■ 기본 원칙 및 유의사항

- 더러워진 속옷은 매일 교환하도록 하여 흡수성과 보온성 등을 유지하고 피부발진을 예방한다.
- 감염이 의심되는 대상자의 의류는 다른 의류와 구분하여 관리한다.
- 더러워지면 옷을 즉시 갈아입도록 여벌의 의류를 준비해서 보충해 둔다.
- 의류를 찾는 데 어려움이 없도록 보관장소를 고려하여 수납하되 대상자에게 장소를 명확히 알려주거나 서랍 앞쪽에 정리해 둔다.
- 의류를 버릴 때에는 대상자에게 반드시 동의를 구한다.
- 단추가 떨어졌거나 옷이 뜯긴 자리가 없는지 점검하고, 필요한 경우 수선해 두고 모직물에는 방충제를 넣는다.

2) 침상 청결관리

질환 및 장애로 침상에 오래 머무르는 대상자의 침상 주변을 말끔하게 정리정돈하여 위생적이고 쾌적한 생활을 유지하면 정서적 안정감과 삶의 만족도를 높일 수 있으며, 안전하고 깨끗한 침상을 통해 충분한 휴식과 수면을 취할 수 있다. 침구는 부드럽고 땀 흡수가 잘 되는 면제품이 제일 좋고, 정기적으로 세탁하고 햇볕에 말려야 한다. 또한 더러워진 침구는 즉시 교환하며 침대 주위의 물건을 잘 정리해 청결하고 안전한 환경을 유지한다.

(1) 기본 원칙 및 유의사항

- 대상자의 생활공간은 각자의 생활습관에 맞춰져 있기 때문에 반드시 대상자의 동의를 얻은 뒤에 정리정돈한다.
- 대상자의 활동에 불편함이 없도록 물건의 정리와 전기코드 등을 잘 정리한다.
- 대상자가 필요로 하는 물품이나 간병에 필요한 물품은 손이 닿을 수 있는 위치에 둔다.
- 침상 주변의 정리정돈을 통하여 생활의 안정과 활력이 생기도록 한다.
- 적절한 습도와 온도를 유지하도록 하기 위하여 환기를 실시한다.
- 깨끗하고 조용하며, 햇빛이 잘 드는 남향이나 남동향이 좋다.

(2) 침구의 선택

〈표 8-6〉 **침구 선택방법**

내 용	방 법
이 불	따뜻하고 가볍고 부드러우며 보습성, 보온성, 내구성 등을 고려하여 선택한다.
요(매트리스)	단단하고 탄력성과 지지력이 뛰어나며 내부는 습기를 배출할 수 있는 것을 선택한다.
린넨류(시트, 베개커버 등)	시트는 느슨하거나 주름이 있으면 욕창의 원인이 되므로 요를 덮을 수 있는 크기가 적당하며 소재는 튼튼하고 흡습성이 좋은 면으로 옅은 색을 선택한다. 때로는 커다란 수건을 사용하기도 한다.
베 개	습기와 열을 흡수하지 않고 촉감이 좋은 것을 선택하며, 메밀껍질이나 식물의 종자로 만들어진 베개가 좋다. 때로는 베개를 체위변경 시 신체를 지지하는 용도로도 사용하므로 여유 있게 준비하는 것이 좋다.

(3) 침구의 정리

- **시트의 교환** : 시트는 길이, 폭 모두 요 밑에 접어 넣을 수 있는 크기를 사용하고 재질이 두껍거나 풀을 먹인 것, 재봉선이 있는 것 등은 욕창의 원인이 되므로 주의한다.
- **이불의 소독** : 일광욕을 하면 자외선에 의한 살균효과가 있으며, 이불의 건조를 통해 면이 팽창하여 보온성도 증가한다.
- **건조** : 건조시간은 오전 10시부터 오후 2시경이 좋으며, 양모, 오리털 등은 그늘에서 말린다.
- **매트리스, 모포, 베개의 소독** : 매트리스나 요는 너무 푹신하면 몸이 푹 파묻히고, 자세가 나빠지며, 피로해지기 쉽다. 베개의 높이는 척추와 머리가 수평이 되는 것이 좋으며, 어깨폭에 20~30cm를 더하고, 딱딱한 정도는 기호에 따라 결정한다. 전염성이 있는 대상자의 경우 모포에 커버를 씌워 매일 교환한다.

3) 세탁하기

(1) 기본 원칙 및 유의사항

- 세탁방법은 대상자의 습관과 결정을 존중하여 선택한다.
- 세탁물의 상태를 확인하여 필요한 경우 수선 후 세탁하고, 세탁물의 상태를 통해 실금이나 하혈, 분비물 등을 확인하여 이상 유무에 따라 보고하도록 한다.
- 세탁물은 옷감의 종류와 색상, 세탁방법에 따라 구분하여 세탁한다.

(2) 세탁방법

- **불림세탁** : 세탁물 전체에 오염이 심한 경우 분해효소나 바이오 세정성분이 들어있는 세제로 불림세탁하거나, 고형비누로 가볍게 문지른

후 불림세탁을 한다.

- **부분세탁** : 목, 손목 부위와 같이 오염이 부분적으로 심한 경우 샴푸나 전용 클렌저를 뿌린 다음 다시 세탁기에 세탁한다.

참고

의복과 옷감에 생긴 얼룩을 제거하는 방법

① 커피 : 식초와 주방세제를 1:1 비율로 섞어서 칫솔로 얼룩 부분을 살살 문질러 제거한 후 충분히 헹구거나 탄산수에 10분 정도 담가둔 후 세탁한다.
② 땀 : 재빨리 처리하는 것이 좋다. 땀이 묻은 부위를 두 장의 수건 사이에 끼우고 두드려 땀이 수건으로 옮겨가게 한 다음 세제로 세탁한다. 겨드랑이와 같이 얼룩이 심한 부위는 온수에 과탄산소다와 주방세제를 1:1로 넣어 2~3시간 담가둔 후 헹군다.
③ 립스틱 : 클렌징폼으로 얼룩 부분을 살살 문질러 따뜻한 물로 헹구거나, 립스틱 자국 위에 버터를 살짝 묻혀 톡톡 두드린 후 화장솜에 아세톤을 묻혀서 버터와 얼룩을 지운 후 중성세제로 세탁한다.
④ 파운데이션 : 알코올이 함유된 화장수 또는 스킨을 화장솜에 적셔 얼룩을 톡톡 두드려 준다. 비눗물로 씻으면 얼룩이 번져서 깨끗하게 지워지지 않기 때문에 반드시 알코올이 함유된 화장수로 지운다.
⑤ 튀김 기름 : 얼룩이 묻은 부위에 주방용 세제를 몇 방울 떨어뜨리고 비벼서 제거한다.
⑥ 혈액이나 체액 : 찬물로 닦고 더운물로 헹군다.

- **삶기** : 면제품이나 행주, 걸레 등은 삶으면 때가 더 잘 빠지고 살균효과도 있다. 삶기 전에 세탁을 하며, 합성세제나 비눗물에 세탁물이 반쯤 잠길 정도를 넣는다. 삶을 때는 뚜껑을 덮어서 세탁물이 직접 공기층에 노출되지 않도록 한다. 색이 다르거나 종류가 다른 세탁물은 필요시 비닐봉투에 각각 넣어 묶은 후 함께 용기에 넣어서 삶되 비닐봉투가 용기의 바닥이나 옆에 닿지 않도록 한다.
- **탈수** : 지나친 탈수는 주름이나 의류손상의 원인이 되므로 소재에 따라 시간을 조절한다.
- **헹굼** : 헹구기 전에 세탁물의 비눗기를 먼저 탈수시키는 것이 좋다. 시간과 물의 절약을 위해 횟수를 조절하며(2~3회), 마지막 헹굼 시 유연제

를 통하여 감촉을 부드럽게 한다. 냄새가 심한 세탁물은 헹군 다음 붕산수에 담가두었다가 헹구지 않고 탈수하여 말리면 냄새가 없어진다.

- 건조 : 탈수 이후에 주름을 펴서 형태를 잡아 곧바로 말린다. 품질표시에 의한 건조방법을 확인하여 지시에 따른다.

4) 세탁물 관리하기

(1) 의복 정리

- 건조가 끝난 의복은 용도별, 가족별, 계절별로 반듯하게 개켜 놓는다.
- 철이 지난 의복은 붙박이장이나 옷장, 서랍장, 상자 등에 찾기 쉽게 정리해 둔다.
- 매일 사용하는 의복류나 물건은 바퀴가 있는 끌차에 정돈해 두어 침대 옆에 두면 편리하다.

(2) 보관하기

〈표 8-7〉 세탁물 보관방법

내 용	방 법
건 조	피복은 해충의 피해나 곰팡이에 의해 손상되고 보관 중 변질, 변색되는 경우가 있으므로 2시간 이상 직사광선을 쏘이거나 바람이 잘 통하는 그늘에서 건조시키거나 다림질을 하여 건조한다.
거 풍	오랜 보관이나 장마로 인해 눅눅해졌으면 건조하고 맑은 날 바람이 잘 통하는 그늘에서 거풍한다. 단, 비가 온 직후는 적합하지 않다.
방습제	방습제는 실리카겔이나 염화칼슘이 사용되는데 서랍이나 양복장 등에 넣으면 습기가 차는 것을 방지할 수 있다.
방충제	모, 견 섬유와 같이 흡습성이 큰 천연섬유는 높은 온도와 습도에서 해충의 피해를 받기 쉬우므로 방충제를 넣어두는 것이 안전하다. 이때에는 종류가 같은 것끼리 넣고, 공기보다 무거우므로 보관용기의 위쪽 구석에 넣으며, 포장된 상태에서 꺼낸 다음 천이나 신문지에 싸서 넣기도 한다.

5. 외출 및 업무 지원

신체적・정신적 장애로 일상생활이 어려운 대상자에게 외출동행, 병원동행, 산책, 은행 및 관공서 업무 대행, 물품구매 등의 개인활동지원 서비스를 제공하여 더 편리하게 생활할 수 있도록 지원한다.

1) 외출동행 및 업무지원

(1) 기본 원칙 및 유의사항

- 대상자의 욕구를 확인하고 외출 및 일상 업무지원에 대한 계획을 함께 세운다.
- 목적지까지의 교통편, 소요시간, 안전 및 편의시설 등 사전정보를 습득한다.
- 대상자의 건강상태 및 변수를 충분히 고려하여 계획하며, 대상자의 만족 여부를 점검하고 필요한 경우 지속적으로 지원한다.
- 대상자의 건강상태 및 외부상황을 고려하여 안전하게 진행하며, 대상자의 개인물품에 분실이 없도록 유의한다.

(2) 외출 동행하기

- 대상자의 외출목적(장보기, 병원가기, 나들이, 물품 구매하기, 방문하기 등)을 파악한다.
- 그 날의 외부환경이나 기후, 날씨상황 등에 따라 융통성 있게 조절한다.
- 동행할 장소의 상황을 정확하게 파악하여 대중교통이나 개인 교통수단을 계획한다.
- 외출 이후에는 환기를 하고, 손발과 얼굴을 씻을 수 있도록 하며, 평상복으로 갈아입고 휴식을 취한다.

- 외출 시 사용한 소지품 및 의복 등은 제자리에 보관하고 외출을 통한 만족 여부를 확인한다.

(3) 업무 대행하기

- 대상자의 업무대행 목적(물품 구매하기, 약 타기, 은행이나 관공서 서비스 이용하기)을 확인한다.
- 업무대행 이전에 준비해야 할 정보나 자료, 경비 등을 점검한다.
- 업무대행 중 수시로 원활하게 이루어지고 있음을 확인시켜서 신뢰감을 형성하고, 필요시 협조를 구한다.
- 업무대행 중 자신의 업무를 병행하지 않도록 주의한다.
- 업무대행 완료를 증빙하는 자료를 정확하게 전달한다.

(4) 정보 제공하기

- 대상자가 관심을 갖는 정보가 무엇인지를 파악한다.
- 해당 정보에 대한 검색방법을 다양하게 확보한다.
- 대상자의 개인적 특성(장애 정도, 읽기/ 쓰기의 가능 여부 등)을 고려하여 수집한 자료는 알기 쉽게 정리하여 전달한다.
- 정보에 대한 정확한 인지와 충분한 습득을 위하여 시간을 제공하고 확인한다.
- 추가로 알고 싶은 정보의 유무를 확인하고 제공한다.

6. 쾌적한 주거환경

1) 쾌적한 주거환경

사람은 자신이 지금까지 생활해 온 익숙한 환경과 지역에서 살면서 편안하고 안정적으로 살아가기를 희망한다. 따라서 질병 및 장애로 인하여 일상생활이 어렵다고 무조건 삶의 터전을 떠나는 것이 아니라 가능한 한 생활의 자립이 가능하도록 신체적 기능을 고려하여 주거환경을 만들고 유지하는 것이 중요하다.

편안하고 안정적인 주거환경은 대상자의 건강과 자립을 도모할 수 있고, 활동하기 편리하고 안전한 주거환경을 통해 삶의 질을 향상시킬 수 있게 되어 궁극적으로 스스로 자립생활이 가능할 수 있도록 지원해야 한다.

(1) 기본 원칙 및 유의사항

- 대상자의 건강이 유지되고 와상상태가 예방되어 주체성과 자립성을 높일 수 있는 환경을 조성하도록 한다.
- 고독과 소외감을 없애고, 가족과 사회의 일원임을 느낄 수 있도록 가족의 희망사항이나 조건을 고려한 환경을 조성한다.
- 일상생활동작(ADL)에 맞는 생활수단과 방법을 검토하고, 감각기능과 하지기능의 저하로 인한 사고를 막을 수 있는 안전하고 기능적인 환경을 조성한다.
- 태풍, 화재 등의 비상사태에 대비한다.
- 주택개조를 통해 안정된 노후생활을 도모할 경우 정확한 상황판단과 원활한 대응방안이 필요하다.
- 주택개조 시 타 기관과 연계할 경우 보호자의 동의를 얻은 후 모든 정보교환을 통해 논의하여 행하도록 한다.

(2) 안전한 주거환경

① 현관

- 현관 밖에는 완만한 경사로를 설치한다.
- 현관 입구를 넓게 확보하여 장애물 없이 휠체어가 다닐 수 있도록 한다.
- 현관 밖과 발 밑을 비출 수 있는 조명기구를 설치하여 밝게 한다.
- 현관문의 손잡이는 개폐가 용이한 막대형으로 설치한다.
- 필요시 안전하게 신발을 신고 벗을 수 있도록 의자를 놓아둔다.

② 거실

- 출입구의 문턱을 없애고 햇볕이 잘 들고 가족들의 모습을 보고 목소리를 들을 수 있는 장소가 좋다.
- 각종 보행방법에 따라 이동에 불편함이 없도록 문이나 거실의 넓이를 확보한다.
- 비상시를 대비하여 가족이나 외부와 연락이 닿을 수 있는 긴급정보 장치와 화재경보기 등을 설치한다.

③ 대상자의 방

- 습기가 차지 않고, 공기가 깨끗하며, 조용하고 햇빛이 잘 비치는 남향 또는 남동향이 좋다.
- 화장실이나 욕실이 가깝도록 한다.
- 출입구의 문턱을 없애고, 대상자의 생활습관과 장애상태를 최대한 고려하여 필요한 물품, 간병에 필요한 물품 등은 항상 손이 닿을 수 있는 곳에 둔다.
- 대상자가 좋아하는 그림이나 사진 등을 벽에 걸어두되 떨어져서 다치지 않도록 안전하게 걸어둔다.
- 장롱이나 테이블 등 가구의 진열 시 모서리에 부딪히지 않도록 배

치한다.

- 창가에 물건을 두어 햇빛을 차단하지 않도록 하고, 커튼을 활용하여 온도, 채광, 소음 등을 조절한다.
- 사고나 재해에 대비하여 인터폰, 전화, 비상벨 등으로 호출이 용이하도록 한다.

④ 부엌과 식당

- 대상자나 가족이 타인과 교류할 수 있는 장소이므로 가구의 배치를 고려한다.
- 미끄럼 방지용 바닥소재를 사용하며, 일상생활에 자주 사용하는 물건은 손이 쉽게 닿는 곳에 정돈한다.
- 화상 및 화재에 주의하고, 깨지지 않는 그릇, 손잡이가 있는 그릇을 사용한다.
- 휠체어 사용 시에도 사용 가능한 식탁으로 하되 높이를 조절할 수 있도록 한다.

⑤ 화장실, 욕실

- 출입문의 문턱을 없애고 넘어질 경우를 대비하여 문은 깨지지 않는 것으로 한다.
- 움직임에 도움을 주기 위해 마비가 없는 쪽으로 안전손잡이를 설치하고, 움직이기 편한 양변기를 설치한다.
- 미끄럼 방지용 깔판이나 매트를 사용하여 넘어짐을 방지한다.
- 습기가 많은 장소이므로 낮 시간에 환기를 한다.
- 휠체어를 사용하는 대상자의 경우 휠체어가 충분히 들어갈 수 있게 출입문을 넓힌다.
- 화장실 및 욕실 사용 후에는 바닥의 물기를 닦아 나중에 사용할 때나 다른 사람이 사용할 때 넘어지지 않게 한다.

⑥ 계단

- 계단은 사고가 쉽게 나는 장소이므로 특별히 안전을 도모해야 한다.
- 계단의 가장자리는 미끄럼 방지를 위하여 고무 등으로 대고, 손잡이를 계단과 복도에 설치한다.
- 조명등을 설치하여 발을 잘못 딛는 일이 없도록 한다.
- 안전손잡이 사이에 의복이 끼거나 걸리지 않게 한다.
- 일직선의 계단은 오르고 내리는 데에 부담이 크므로 한 번 쉴 수 있는 장소가 있으면 좋다.

2) 쾌적한 실내환경

노인은 외부의 환경변화에 대응하는 기능이 떨어져 있으므로 온도나 습도 등이 부적절하면 체온조절이 잘 안 되고 신체의 조화를 깨뜨리기 쉽다. 따라서 쾌적한 실내환경에서 생활할 수 있도록 해야 한다.

(1) 기본 원칙 및 유의사항

- 쾌적한 실내환경을 조성하여 신체의 조화를 유지한다.
- 대상자와 가족의 희망, 조건을 고려하고, 남에게 보이고 싶지 않거나 알리고 싶지 않은 심리를 존중하여 사생활을 고려한다.

(2) 쾌적한 실내환경 조성

① 환기

- 적당한 습도와 청결한 공기를 유지하도록 한다.
- 창문을 조금 열거나 문을 열어서 공기를 자주 환기시켜 심신을 상쾌하게 한다.
- 환기 시 바람이 대상자에게 직접 닿지 않도록 간접 환기방법을 사

용한다.

- 드레싱, 폐기물, 변기, 배설물 등의 냄새가 날 때에는 환기가 필수적이다.
- 환기는 하루에 2~3시간 간격으로 3번, 최소한 10~30분 창문을 열어 환기한다.
- 환기를 위하여 창문이나 문을 열어 놓고 잊어버리지 않도록 하고, 환기하기 전에 대상자의 건강 상태, 계절, 날씨 등을 반드시 확인한다.

② 실내온도

- 일반적으로 여름에는 22~25℃, 겨울에는 18~22℃, 낮에는 20~23℃, 밤에는 18℃가 쾌적한 온도이지만 개인차를 고려한다.
- 실내온도를 적정수준으로 유지해 바깥과의 온도차가 크지 않게 한다.
- 대상자의 땀 배출 여부와 손발의 온도를 확인하여 의복과 실내온도를 병행하여 조절하고, 국소 난방보다는 전체난방이 바람직하며, 화장실이나 기타 휴식공간의 냉・난방도 고려한다.
- 목욕 전・후에는 외풍이 없게 하고, 실내 기온을 따뜻하게 유지한다.
- 겨울에는 실내 난방이 필요하며, 실내온도를 유지하기 위하여 보조 난방 기구를 갖추면 좋다.

③ 습도

- 습도는 40~60%가 적당하다.
- 습도가 너무 낮으면 호흡기 점막과 피부를 건조시키고 땀 증발을 가속시켜 오한이 생기고, 습도가 너무 높으면 불쾌감을 느끼게 한다.
- 습도를 조절하기 위해서는 적정온도로 설정하고 습기가 많은 곳에는 환풍기를 작동한다. 여름에는 제습기, 겨울에는 가습기를 사용한다.

④ 소음

- 나이가 들면서 청력이 약해지고 높은 고주파 음은 듣기가 어려워진다.
- 보청기의 사용 시 모든 소리를 증폭시키기 때문에 소음으로 고통을 겪기도 한다.
- 지나친 소음은 수면방해, 대화방해, 작업능력 저하, 정신적 불안 등 건강에도 악영향을 미치므로 갑작스러운 소음이 나지 않도록 가능하면 소음방지에 노력한다.

⑤ 채광과 조명

- 자연채광은 밝고 따뜻하고 습도가 낮으며 자외선에 의한 살균효과가 있고 신진대사를 좋게 하여 건강유지에 도움이 된다.
- 일몰과 일출을 통해 자연의 변화를 인지할 수 있도록 창을 만든다.
- 채광에 의한 직사광선이 눈에 닿으면 눈이 부시고, 각막에 장애를 초래하는 경우도 있으므로 커튼, 블라인드 등을 사용한다.
- 조명이 너무 밝으면 안정되지 않고 편안함을 느낄 수 없으므로 목적에 따라 밝기의 조절이 필요하다.
- 야간의 사고예방을 위하여 화장실, 계단, 복도 등에 조명을 켜둔다.
- 배설물 등을 치울 때는 간접 조명보다는 배설물 확인이 쉬운 직접 조명으로 전체를 환하게 한다.
- 노인 주택에서는 싱크대뿐 아니라 신발장 등 각종 가구에 문을 여닫을 때에 작동하는 점멸등을 설치하는 것도 좋다.

3) 환경관리

대상자에게 직접적으로 관련된 기본적 가사서비스를 제공하여 생활에 불편함이 없도록 하고, 주거공간을 위생적이고 청결하게 관리하여 살기좋은 생활환경과 심리적 안정감을 제공한다.

(1) 기본 원칙 및 유의사항

- 생활공간은 각자의 습관에 맞춰져 있으므로 청소나 주변 정돈, 물건의 위치이동 시 대상자와 상의하도록 하고, 청소방법도 대상자의 습관을 존중하되 활동시간이 한정되어 있기 때문에 청결을 기준으로 효율적인 방법을 사용한다.
- 오염된 주거환경은 감염의 원인이 되므로 청결을 유지한다.
- 대상자가 할 수 있는 일은 스스로 하도록 격려하면서 도와준다.
- 난방기구나 조리기구 등으로 인한 화재를 조심한다.
- 짧은 시간 효율적으로 일할 수 있도록 순서를 정하여 진행하고, 무리한 서비스의 요구 시 기관과 합의하여 서비스의 내용을 조정하고 공동으로 대응하여 업무의 통일성을 높일 수 있도록 한다.
- 세제나 용품 등을 사용할 때에는 알뜰하게 사용한다.
- 대상자가 자주 사용하는 물건을 옮길 때에는 사전에 충분히 설명하여 동의를 얻고, 변경된 위치를 대상자에게 알려준다.
- 대상자의 물건을 함부로 처분하거나 옮기지 않는다.
- 청소도구는 사용 후 청결하게 하여 본래의 자리에 두고, 대상자가 이동 시 넘어지지 않도록 전기코드 등 발끝에 걸리는 물건을 잘 치운다.

(2) 청소하기

① 일반적 공간

- 창문을 열고 환기를 시킨 후 높은 곳에서 낮은 곳의 순서로 청소한다.
- 거동이 가능한 대상자는 함께 청소할 수 있도록 유도하고, 불편한 대상자는 다른 곳으로 이동시킨다.

- 청소도구는 사용 후 청결하게 하여 본래의 자리에 두고, 대상자가 넘어지지 않도록 물건을 잘 치운다.
- 대상자가 자주 사용하는 물건의 위치를 이동시킬 경우 동의를 구하여 이동하고, 변경된 위치를 확실히 알도록 반복하여 설명해 준다.
- 대상자의 추억이 깃든 물건은 마음대로 처분하지 말고 동의를 얻어 처분한다.

② 침실 및 병실

- 호흡기의 면역기능이 저하된 노인들의 경우 청소 시에는 진공청소기나 젖은 걸레로 먼지를 제거해야 한다.
- 침상의 시트나 침구는 특별한 경우를 제외하고는 아침에 정리하고 낮에는 활동할 수 있는 환경을 만든다.
- 쓰레기는 매일 비우고, 내용물을 잘 살펴 분류하여 버린다.
- 와상노인의 침상은 습기가 차고 눅눅해지기 쉬워 오염될 가능성이 크므로 특히 청결에 유의한다.
- 가족이나 대상자에게 동의를 구한 후 창문이나 문을 열어서 자주 환기를 시킨다.

③ 화장실

- 습기가 많은 장소이므로 낮 시간에 충분히 환기를 시킨다.
- 양변기의 물때는 식초를 솔에 묻혀 변기 안쪽을 닦고, 실리콘 띠에 생긴 검은 반점은 염소계 표백제(락스)를 휴지를 얹어놓고 뿌린 후 1~2시간 후 물로 씻는다.
- 배수구는 뚜껑을 열어 오물을 걷어내고, 배수구 속까지 문질러 물때를 씻어낸 뒤 락스를 희석한 물을 부어준다.
- 바닥은 물때나 미생물이 발생하기 쉽고, 미끄러우므로 일주일에 한 번 이상 소독제와 솔을 이용하여 닦아준다.

④ 쓰레기통 관리

- 쓰레기는 악취와 세균의 온상이므로 매일 분리수거 후 정리한다.
- 쓰레기통은 비울 때마다 물로 씻어내고 잘 말리며 냄새가 나는 경우 알코올로 닦아낸다.
- 음식물 쓰레기는 발생한 당일에 치운다.

⑤ 주방

- 개수대와 수납장, 배수구, 식기선반, 냉장고, 용기 등은 정리 후 깨끗이 닦아내고 세척 후 건조시킨다.

(3) 물품 및 정리정돈

- 주변의 정리정돈을 위한 물건의 이동 시 대상자의 동의를 얻는다.
- 귀중품의 정리정돈은 대상자의 책임하에 하며, 대상자가 할 수 있는 일은 스스로 하도록 격려하며 돕는다.
- 계절과 기온의 변화에 따라 요구되는 물건을 수납하여 이용하기 편하도록 한다.

4) 치매노인의 환경지원 지침 8영역

우리나라 노인요양시설과 주·야간보호센터 등을 이용하는 대상자 가운데 대부분이 치매 혹은 치매증상을 보이고 있는 것을 고려하면 「치매노인 환경지원 지침」은 장기요양기관에서 생활하는 대상자에게 좋은 환경을 조성하고자 할 때 유용한 지침이 될 것이다.

(1) 지남력 지원

대상자의 시간, 장소, 사람에 대한 인지기능 저하를 보완하는 환경적 지원으로 첫째, 공간 입구에 이름표 혹은 발(주렴) 등의 공간정보를 활용하여 혼란을 줄이고 쉽게 알게 한다. 둘째, 잘 보이는 곳에 큰 시계나 달력 등을 걸고 창을 통해 자연과 일조의 변화를 파악하도록 하여, 시간·공간에 대한 지남력을 향상시킨다. 셋째, 대상자들이 요양보호사들의 움직임을 가까이에서 봄으로써 적당한 자극과 심리적인 안정감을 얻게 한다.

(2) 기능적인 능력 지원

일상생활 능력의 저하를 보완하는 환경 지원으로 첫째, 스스로 활동할 수 있는 환경 만들기로 자립능력을 높인다. 둘째, 요리, 빨래, 장보기 등 활동을 할 수 있도록 환경을 만든다.

(3) 환경적 자극의 질과 조정

대상자의 심리적 안정을 위해 환경의 다양한 자극의 질을 조정하는 지원으로 첫째, 환경적 자극의 질을 높인다. 이를 위해 의미가 있고 기분 좋은 소리 들려주기, 외부의 경치 등이 보이는 시각적 자극을 통해 환경에 적응할 수 있도록 돕기, 실내는 나무 혹은 종이 같은 부드러운 소재로 꾸미기 등이 있다. 둘째, 자극을 조정한다. 이를 위해 생활을 방해하는 불쾌한 차 소리 등의 소음 최소화하기, 적절한 간접 조명 등으로 시각적 자극 제공하기, 불쾌한 악취 등의 냄새 조정하기, 바닥재 교체를 통한 위험에 대비하기 등이 있다.

(4) 안전 및 안심을 위한 지원

안전하고 안심할 수 있는 생활환경적 측면의 지원으로 첫째, 큰 공간을 소규모로 나눠서 안정된 공간을 제공하는 동시에, 직원이 함께 지내면서 지켜볼 수 있도록 한다. 둘째, 안전하게 생활할 수 있는 환경을 만든다. 예를 들어, 걸려 넘어질 위험이 있는 바닥의 턱을 없애 잠재적 위험 요인을 최소화한다.

(5) 생활의 지속성을 위한 지원

장기요양기관에서도 대상자의 생활이 지속되도록 환경적 지원을 하는 것으로 첫째, 익숙한 생활방식대로 살 수 있게 지원한다. 둘째, 사진이나 개인물품으로 자기다움을 표현할 수 있도록 한다. 셋째, 가정적인 환경을 만든다.

(6) 자기 선택을 위한 지원

다양한 공간 내에서 자신이 있고 싶은 공간을 선택할 수 있도록 환경적 지원을 하는 것으로 첫째, 대상자의 입장에서 수용하며 대응한다. 둘째, 머무르고 싶은 공간을 자신이 선택할 수 있도록 한다. 셋째, 의자, 탁자 등의 소품을 여러 곳에 배치한다. 마지막으로 방 안에서도 자신의 위치를 자유롭게 선택할 수 있도록 환경을 조성한다.

(7) 사생활 확보를 위한 지원

대상자의 존엄과 프라이버시를 지킬 수 있도록 지원하는 것으로 첫째, 대상자의 존엄과 사생활 보장에 관한 시설의 방침을 명확히 한다. 둘째, 방에서 개인적인 생활을 할 수 있도록 지원한다. 셋째, 사생활 확보를 위한 공간을 선택할 수 있도록 한다.

(8) 대상자의 교류를 위한 지원

다른 대상자 혹은 지역사회와의 교류를 활성화하는 환경적 지원으로 첫째, 만남을 유도하는 공간을 만든다. 둘째, 만남을 촉진하는 공간 배치를 한다. 셋째, 만남의 계기가 되는 소품을 제공한다. 마지막으로 사회와의 교류가 이어지도록 지원한다.

7. 복지용구

1) 복지용구란

복지용구란 심신의 기능이 저하되어 일상생활을 유지하는 데 지장이 있는 장애인 및 노인의 일상생활의 편의를 도모하고, 이들의 기능훈련을 위한 모든 용구 및 보장구 등을 말한다. 일반적으로 복지용구에는 휠체어, 케어용 침대, 이동용 리프트, 욕창방지용품 등이 있다(그림 8-4 참조).

복지용구는 일정 부분 일상생활에 불편이 있다고 하더라도 시설입소가 아닌 자신이 살아온 가정과 지역에서 안심하고 계속적으로 살아갈 수 있도록 도와준다. 또한 가능한 한 자립하여 적극적으로 사회에 참여할 수 있도록 돕기 때문에 대상자나 종사자 모두 부담이 경감되면서 만족도가 높기 때문에 삶의 질을 향상시키는 데 유효하다고 할 수 있으므로 더 많은 개발과 활용이 요구된다.

2) 복지용구의 사용

복지용구는 대상자에 대한 정확한 정보와 유의사항을 지켜서 사용할 경우 생활의 편리함과 질병의 예방에 도움이 되지만 정확한 사용이 이루어지지 않으면 복지용구의 사용으로 더욱더 상태가 악화되거나 사고가 발생하여 종사자에 대한 불신과 자립에 대한 의지를 감소시킬 수도 있다. 그러므로 대상자의 삶의 방식을 고려하고 장애의 특성, 대상자의 자립과 사용목적 등에 맞게 선택되어야 한다.

노인장기요양보험에서 제공하는 복지용구 서비스는 주어진 환경에서 최대한 기능을 발휘할 수 있게 하는 적응적 훈련기법이 될 것이다. 장애는 제공되는 환경적 요인에 따라 영향을 받게 되므로. 동등한 수준의 신체적

·정신적 기능을 지니고 있더라도 사회적·물리적으로 제공되는 지원이나 서비스에 따라 장애의 정도는 차이가 나게 된다. 그 대표적인 서비스가 노인장기요양보험에서 제공하는 복지용구이다. 수준 평가에 의한 개별 맞춤형으로 제공되는 복지용구는 재활의 관점에서 매우 중요하다.

■ 케어복지용구들

〈침구 관련〉

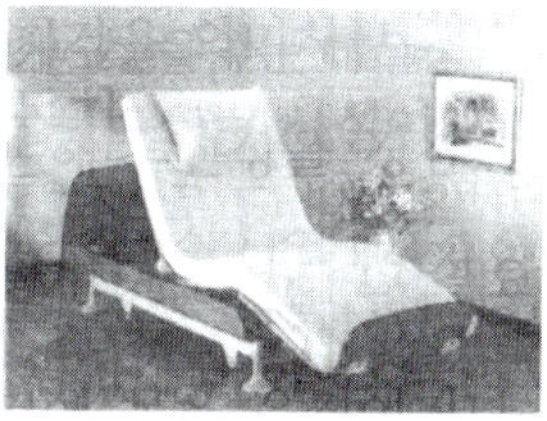

▲ 케어용 침대

▲ 침대용 손잡이

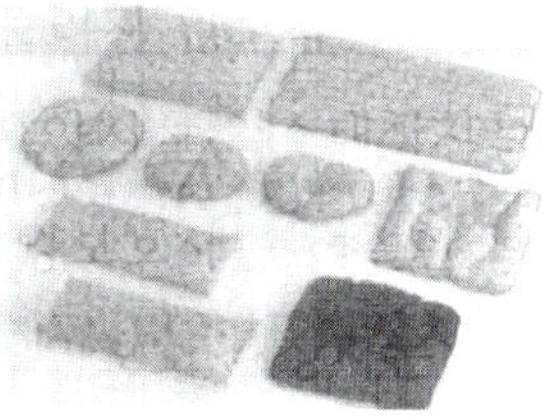

▲ 욕창방지 쿠션

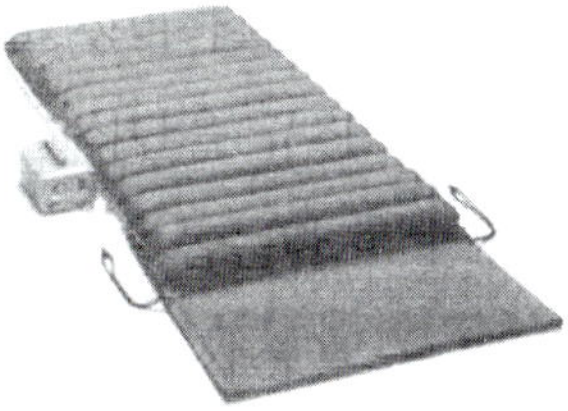

▲ 에어매트

〈리프트〉

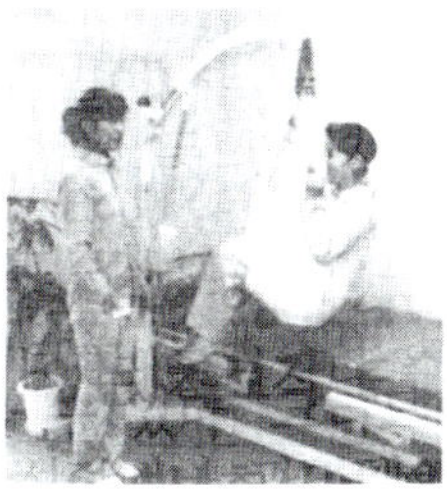

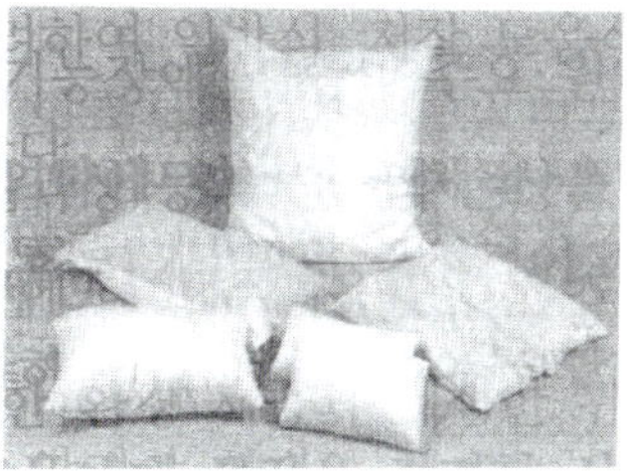

〈목욕용품〉

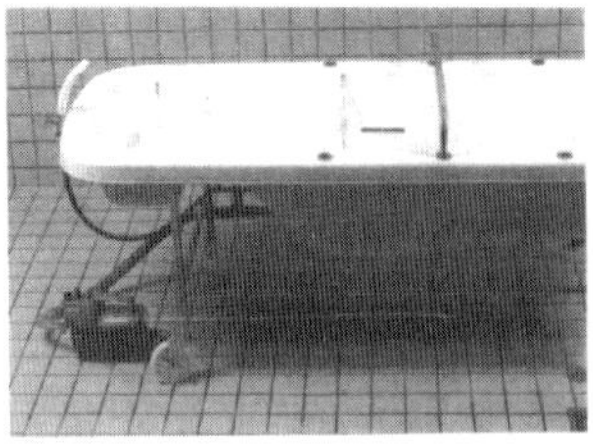

▲ 이동식 욕조

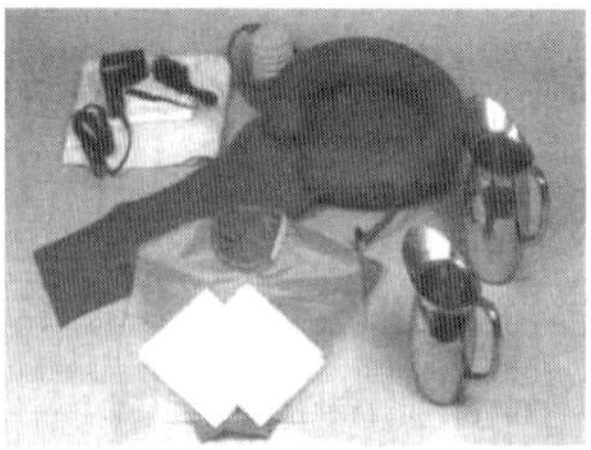

▲ 세발용품

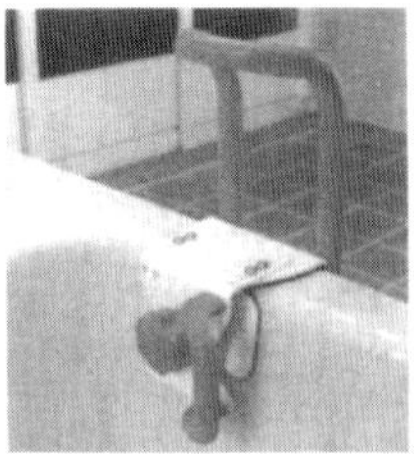

▲ 욕조용 손잡이

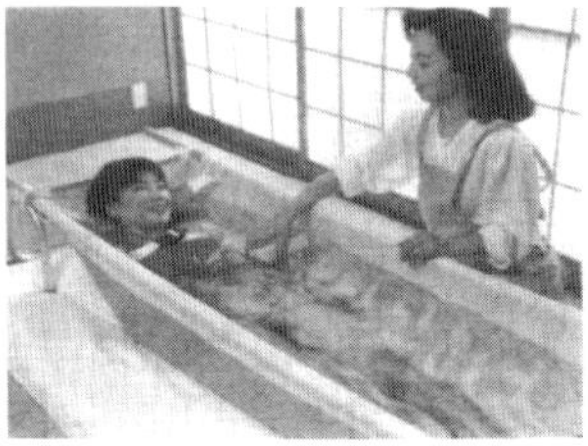

▲ 간이 욕조

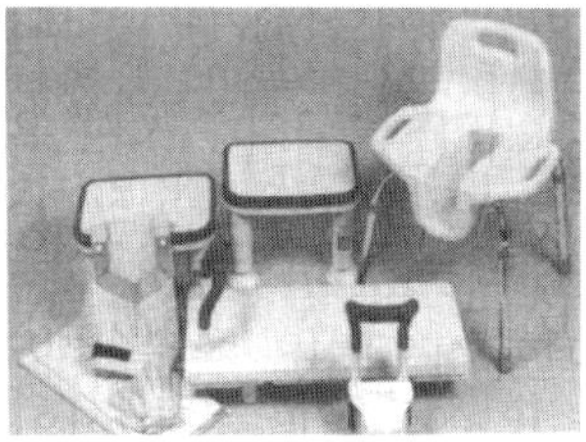

▲ 입욕케어 용품

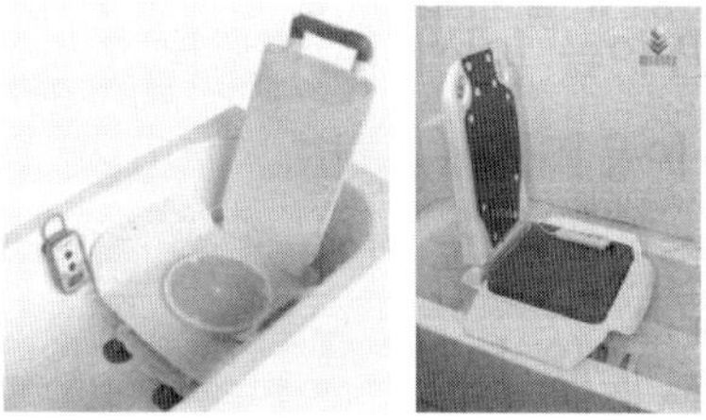

▲ 목욕리프트

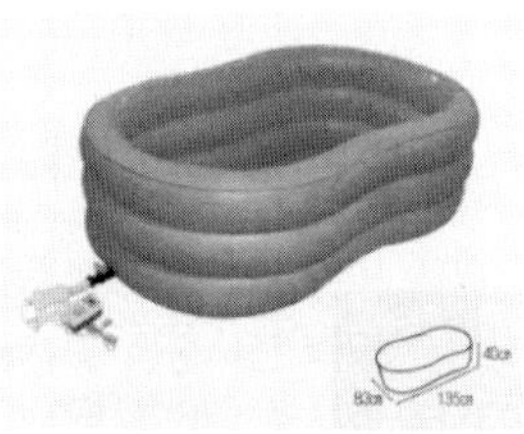

▲ 이동욕조

〈식사케어 용품〉

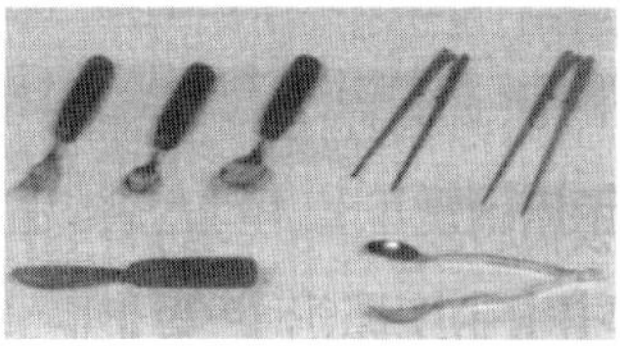

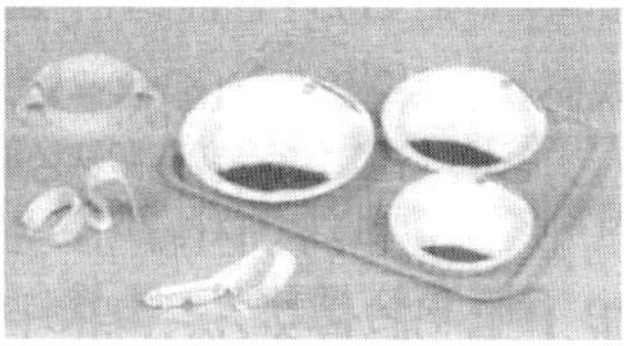

〈배설케어 용품〉

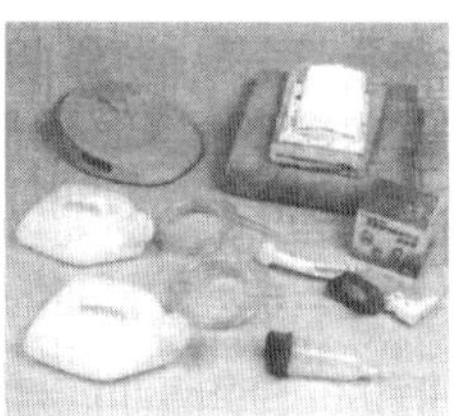

〈이동용 변기〉

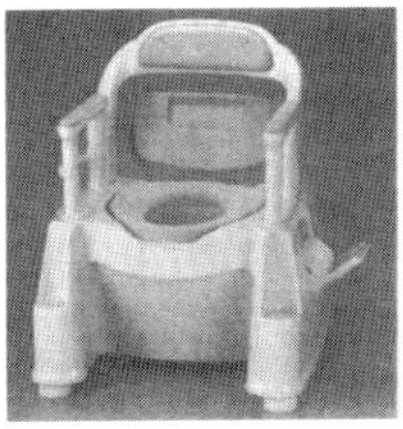
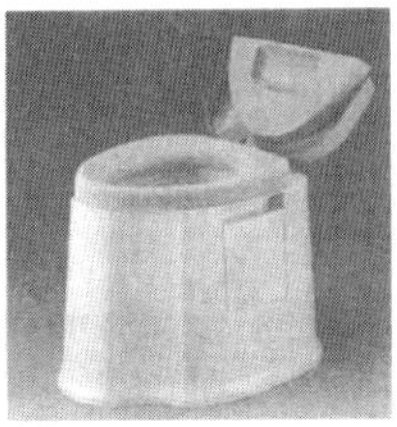

〈보행보조 용구〉

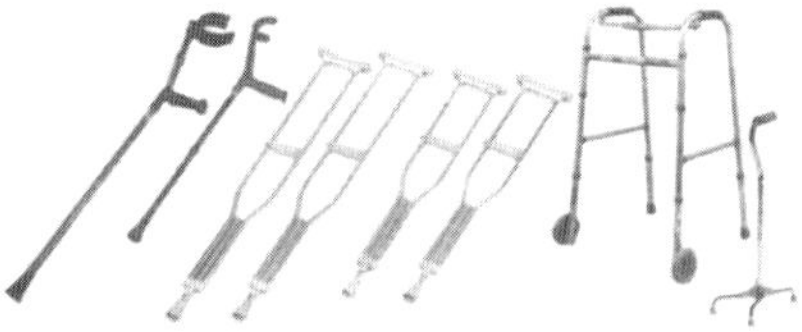

▲ 케어용

▲ 자조용

▲ 보행보조차

▲ 전동카

| 그림 8-4 | **케어복지용구들**

| 제9장 | 의사소통 및 여가 지원

1. 의사소통

1) 의사소통의 목적

인간은 다양한 사람들과 다양한 방법으로 소통하고 관계를 맺으며 살아간다. 이러한 의사소통은 상호 간의 인간관계를 통하여 이루어지므로 어떻게 의사소통하느냐에 따라 관계의 질이 좌우된다. 직장인들의 스트레스 분석결과에서도 나타나듯이 업무적인 것보다는 인간관계에서 오는 스트레스로 인하여 이직하는 사례가 많이 발생하며, 일터에서 만나는 사람들과의 관계상의 어려움을 호소한다. 따라서 좋은 인간관계 속에서 업무를 수행하는 것이 여러 가지 문제를 해결할 수 있는 좋은 방법이고 이를 위해서는 많은 노력이 필요하다.

원활한 소통은 건강에 대한 요구를 가진 대상자를 돕는 과정에서 성취감을 경험하게 할 뿐 아니라 의사소통기술은 대상자의 요구를 확인하고 해결할 수 있게 하여 서로 간의 신뢰감을 형성하는 데 중요한 요소로 작용한다. 의사소통은 다음과 같은 목적에서 매우 중요한 서비스 기술이다.

- 대상자를 제대로 이해한다.
- 대상자의 반응에 효과적으로 반응할 수 있다.
- 대상자에게 효과적으로 서비스를 제공할 수 있다.

- 서비스 종사자로서의 역할을 수행할 수 있다.
- 대상자와의 긍정적인 인간관계를 형성할 수 있다.
- 서비스 종사자로서 자신의 생각과 감정을 표현할 수 있다.

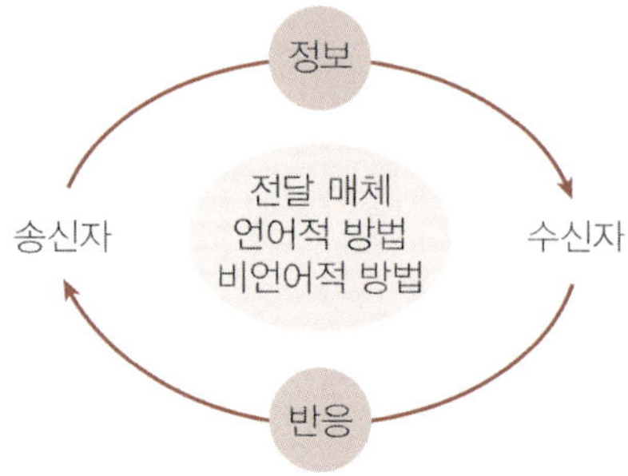

| 그림 9-1 | 의사소통의 개념

2) 의사소통의 필요성

의사소통이란 둘 또는 그 이상의 사람 사이에 사실, 생각, 의견 또는 감정의 교환을 통하여 공통적 이해를 하고, 듣는 사람의 의식이나 태도, 행동에 변화를 일으키는 일련의 과정이다. 이에 요양보호사가 업무를 수행하는 과정에서 요구되는 의사소통의 필요성을 정리하면 다음과 같다.

- 대상자 및 가족과의 신뢰관계 형성에 도움을 준다.
- 요양보호서비스에 필요한 정보를 원활하게 수집할 수 있다.
- 대상자를 깊이 이해하고, 서비스의 질을 향상할 수 있다.
- 자신의 생각과 감정을 효과적으로 표현하여 좋은 관계를 형성할 수 있다.
- 타 전문직과의 원활한 업무 협조에 도움이 된다.

3) 의사소통의 유형

(1) 언어적 의사소통

언어적 의사소통이라 함은 말과 글을 통한 의사소통 방법을 말한다. 우리가 사용하는 말은 자신의 메시지를 전달하기 위하여 말의 강도, 억양, 음조 등을 어떻게 사용하느냐에 따라 다양하게 해석된다.

특히 오해를 초래할 수 있는 언어적 의사소통의 또 다른 측면은 속어, 방언, 기타 특수한 용어의 사용과 관련되는 것으로 대부분 흔히 있는 일이라서 자신이 그러한 말을 사용하고 있다는 것을 잘 알지 못한다. 그러므로 언어로 전달할 때는 이와 같이 여러 가지 측면을 고려하여 그 의미가 무엇인지 잘 알아보고 사용해야 한다. 서비스 종사자는 대상자의 욕구와 건강상의 문제상태를 명확하게 구분하여 효율적인 의사소통을 할 수 있도록 정직하고, 명확하고, 이해하기 쉽게 말하려고 노력해야 한다.

(2) 비언어적 의사소통

비언어적 의사소통은 언어 이외의 모든 방법을 동원하여 소통하는 것으로 언어적 의사소통보다 상대방의 감정을 파악하는 데 더 중요하게 활용된다. 모든 의사소통에는 비언어적 소통이 존재하며 감정적·정서적 부분이 크게 작용한다. 연구에 의하면 의사소통에서 언어적 영향이 7%, 목소리가 38%, 얼굴표정이 55%를 차지한다고 한다. 말과 표정이 일치하지 않을 경우 얼굴표정을 더 신뢰하고 의미 있게 해석한다는 것이다.

종사자는 대상자의 비언어적 표현을 주의깊게 관찰함으로써 기분이나 감정 등을 잘 알아차려 대상자의 요구에 적절한 해결방안을 찾는 데 참고해야 한다. 이를 위해서는 대상자가 말이나 글이 아닌 비언어적 메시지가 무엇인지 알 수 있도록 평소 대상자와 비언어적 의사소통 방식을 관찰하면 효과적 의사소통에 도움이 될 것이다.

〈표 9-1〉 비언어적 의사소통의 바른 태도

구 분	바람직한 태도	바람직하지 않은 태도
얼굴표정	• 따뜻하고 배려하는 표정 • 다양하며 생기 있고 적절한 표정 • 자연스럽고 여유 있는 입 모양 • 간간이 적절하게 짓는 미소	• 눈썹 치켜세우기 • 하품 • 입술을 깨물거나 꼭 다문 입 • 지나친 머리 끄덕임
자 세	• 팔과 손을 자연스럽게 놓고 상황에 따른 적절한 자세 • 대상자를 향해 약간 기울인 자세 • 관심을 보이며 편안한 자세	• 팔짱끼기 • 대상자로부터 비껴 앉는 자세 • 계속해서 손을 움직이는 태도 • 의자에서 몸을 흔드는 태도 • 몸을 앞으로 구부리는 태도 • 입에 손이나 손가락을 대는 것 • 손가락으로 지적하는 행위
눈맞춤	• 눈맞춤 • 대상자와 같은 눈높이 • 적절한 시선의 움직임	• 눈을 마주하기를 피하는 것 • 대상자보다 높거나 낮은 눈높이 • 시선을 한 곳에 고정하는 것
어 조	• 크지 않은 목소리 • 분명한 발음 • 온화한 목소리 • 대상자의 느낌과 정서에 반응하는 어조 • 적절한 말 속도	• 우물대거나 너무 작은 목소리 • 주저하는 어조 • 너무 잦은 문법적 실수 • 너무 긴 침묵 • 들뜬 듯한 목소리 • 너무 높은 목소리 • 너무 빠르거나 느린 목소리 • 신경질적인 웃음 • 잦은 헛기침 • 큰 소리로 말하기

출처 : 김융일 외(2002). 사회사업실천론 재정리.

(3) 효과적인 의사소통 방법

효과적인 의사소통을 위해서는 잘 듣고 말할 수 있어야 한다. 또한 효과적인 소통을 위해서는 상대방에게 공감해 주기, 두 사람의 친밀감을 돈독히 하기, 상대방이 전달하고자 하는 메시지를 수용하기, 상대방을 존중하는 태도, 상대방의 변화에 맞추는 융통성, 상대방의 이야기에 명백하게 대응할 수 있는 집중력, 상대방의 메시지에 대한 유머감각, 상대방을 기만하지 않는 책임감 있는 정직성 등이 필요하다.

① 듣기

말을 잘하기 위해서는 무엇보다 잘 들어야 하는데 말을 잘 듣는 것은 많은 에너지가 필요하기에 생각보다 어려운 작업이다. 잘 듣기 위해서는 상대방이 말하려고 하는 의미를 파악하기 위해 상대방의 입장에서 이해하고자 노력해야 한다.

말을 잘 듣기 위해서는 타인을 배려하는 공감적 듣기가 필요하다. 이는 상대방의 입장을 이해하려는 태도로 듣는 것으로, 공감적 듣기는 그 자체만으로도 상대방의 마음을 열고 들어갈 수 있으며, 상대를 이해할 경우 자신도 이해시킬 수 있으므로 상대방을 설득하기에 수월하다. 효과적인 의사소통을 위한 기법으로 듣기가 중요한데 이를 위해서는 다음과 같은 유의사항이 있다.

㉠ 잘 듣기를 방해하는 요소

- 대충 짐작한다.
- 끊임없이 비교한다.
- 미리 대답을 준비하고 듣는다.
- 듣고 싶은 말만 듣는다.
- 충분히 듣지 않은 상태에서 조언한다.
- 상대방의 말을 반박하고 논쟁하기 위해서 듣는다.
- 마음에 들지 않을 때에는 대화의 본질을 회피한다.

㉡ 바르게 잘 듣는 방법

- 시선을 적절히 마주한다(eye-contact).
- 적절한 반응을 통해 상대방에게 잘 듣고 있음을 알린다(반영적 경청).
- 상대방의 말을 비판하며 듣지 않는다.

- 상대방의 이야기가 이해되지 않을 경우 질문을 통하여 명확하게 이해한다.
- 상대방의 메시지를 객관적으로 파악하려고 노력한다.
- 필요하면 상대방의 말을 잘 듣고 이해하였음을 간략하게 정리한다(명료화).

㉢ 상대방을 이해하고 공감하게 하는 방법

- 존중하기 : "당신의 말에 의미가 있네요."
- 지지하기 : "좋은 방법 같군요."
- 북돋워 주기 : "어떻게 그 방법을 찾아내셨어요?"
- 관심 갖기 : "오늘은 기분이 무척 좋으신가 봅니다."
- 격려하기 : "그렇게 해보시는 것도 좋을 것 같네요."
- 덮어주기 : "지금까지도 참 잘하셨어요."
- 요약하기 : "자, 이제는 다음 단계를 생각해 볼까요."

② 말하기

말하기란 자신의 느낌과 생각, 욕구 등을 쌍방이 존중하면서 자신의 진심이 상대방에게 전해지고, 상대방의 진심도 나에게 전달되어 서로 합의점을 찾아나갈 수 있도록 효과적으로 표현함으로써 상대방과 원활하게 대화하는 것을 말한다. 의사소통은 상호작용을 통해 이루어지므로 효과적으로 말하기를 한다면 불필요한 갈등이나 오해를 줄이고 서로의 욕구를 이해하고 합의해 나갈 수 있다. 이러한 말하기는 상대방을 온전히 존중할 때 가능하며 이를 통하여 자신과 상대방에 대한 이해를 넓히고 수용할 수 있게 한다.

㉠ 효과적인 말하기를 방해하는 요소

- 자신이 전문가임을 강하게 주장한다.
- 자신은 잘못이 없고 항상 옳다고 설명한다.

- 자신은 부족하고 상대방은 강하다고 생각하여 자신감이 결여된 태도를 보인다.
- 자신은 약하고 피해자이므로 보호받아야 한다고 생각한다.
- 자신은 완벽한 사람이므로 칭찬만 듣고 비난을 받지 않아야 한다고 생각한다.

㉡ 효과적인 말하기

- 자신의 감정에 정직하라.
- 상대방의 말을 수용하고 자신의 생각을 정리하라.
- 분명하게 의사를 전달하라.
- 비판적 단어의 사용을 자제하라.
- 특정 상대를 지칭하거나 비판하지 말라.
- 부정적인 비교를 하지 않도록 하라.
- 과거의 나쁜 내용을 회상하거나 상기시키지 말라.
- 상대방을 위협하는 말이나 감정적 공격을 자제하라.
- 편안하고 이완된 자세를 통해 열린 마음을 전하라.

㉢ I-message 전달법

- 생각과 감정을 전달할 때는 항상 '나'를 주어로 시작한다.
- 상대방의 행동과 상황을 있는 그대로 비난하지 말고 구체적으로 말한다.
- 상대방의 행동이 나에게 미치는 영향을 구체적으로 말한다.
- 그 상황이나 행동에 대해 내가 느끼는 바를 솔직하게 말한다.
- 원하는 바를 구체적으로 말한다.
- 말을 건넨 후 상대방의 말을 잘 듣는다.

〈나-전달법의 예〉

1. 대화를 나누는데 나의 말에 반응이 없는 동료에게
   - 행동 : "내가 말할 때 당신이 다른 곳을 보고 있으면"
   - 영향 : "당신이 내 이야기를 어디까지 들었는지 알 수도 없고"
   - 느낌 : "답답해요."
   - 바람 : "당신과 더 친밀하게 이야기를 나누고 싶어요."

2. 중요한 전화를 기다리고 있는데 ○○○씨가 통화를 길게 하고 있다.
   - 행동 :
   - 영향 :
   - 느낌 :
   - 바람 :

4) 라포(Rapport)형성

대상자와의 관계를 성공적으로 이끌기 위해서는 라포형성이 중요하다. '라포'란 마음의 유대라는 뜻으로 서로의 마음이 연결되어 통하는 상태를 말한다. 라포가 형성되면 호감과 상호 신뢰를 통해 유대감이 깊은 인간관계를 형성하게 되므로 인간관계 초반에는 무엇보다 필요하다. 라포가 형성된 사람들의 관계에서는 '무슨 일이라도 털어놓고 말할 수 있다', '충분히 이해할 수 있다', '공감한다', '함께 있다'라는 느낌을 갖게 된다.

(1) 의사소통에 장애가 없는 경우

① 의사소통의 기본 자세

- 공감하기 : 눈과 눈을 맞추며, 고개를 상대방 쪽으로 기울이고 잘 듣고 있음을 표현한다.
- 이해하기 : 상대방의 말에 적당한 끄덕임과 추임새를 통해 말과 감정을 공유하고 있음을 표현한다.
- 수용하기 : 대상자의 기분을 있는 그대로 받아주는 것으로 대상자

의 의사표현을 도와주고 자기결정을 지지해 준다.

② 잘 듣는 방법

- 대화에 자신감을 갖고 대상자가 말을 잘했다는 느낌을 갖도록 한다.
- 대상자의 말의 의미를 정확히 파악하기 위해 필요시 질문을 하기도 한다.
- 대상자의 표정이나 상황을 관찰하여 이해하도록 한다.
- 대상자의 말의 의미를 확인하기 위해 가끔 들은 내용을 확인하며 듣는다.
- 대상자의 이야기 속도에 맞추어 인내심을 가지고 귀찮아하지 않으며 듣는다.

③ 말 잘하는 방법

- 대상자의 정면을 향하여 천천히 말한다.
- 대상자가 이해하기 쉽도록 일상생활과 관련된 쉬운 단어로 말한다.
- 동시에 여러 사람과 말하지 않는다.
- 접촉이나 몸동작 등 비언어적 의사소통 방법을 활용한다.

④ 대상자, 가족, 의료진과의 의사소통 시 유의점

- 단정한 외모를 갖춘다.
- 너무 작거나 크게 말하지 않는다.
- 본인의 소개 시 이름과 연락처, 소속단체와 역할 등을 알린다.
- 대상자의 가족과 함께 서비스한다는 마음가짐이 필요하다.
- 대상자의 정보를 수시로 담당자들과 주고받는다.
- 가족에게는 부정적 행동이나 느낌을 말할 때 긍정적 표현으로 하도록 한다.
- 의료진으로부터의 정보는 즉시 정확하게 보호자에게 전달한다.
- 의료진의 업무를 이해하고 존중하는 태도를 갖는다.

- 민간요법이나 개인적인 치료법을 병행할 때에는 반드시 의료진과 상의한다.
- 대상자의 이상상태는 즉시 의료진에게 정확히 보고한다.

⑤ 듣고 말하기의 부정적 자세

- **얼굴표정** : 잦은 하품, 찡그리기, 무표정
- **자세** : 비스듬히 서기, 손가락으로 지적하기, 팔짱 끼기, 몸을 앞뒤로 흔들기
- **시선** : 대상자와의 시선 높이를 다르게 두기, 산만한 시선
- **어조** : 너무 작거나 큰 목소리, 너무 긴 침묵, 너무 빠르거나 느린 목소리, 잦은 헛기침, 불분명한 발음

(2) 의사소통에 장애가 있는 경우

① 노인성 난청

노인성 난청은 청각기능의 저하로서 의학적으로는 치료가 불가능하여 사회생활에 지장이 있는 경우가 대부분이고 이를 보완하기 위하여 보청기를 사용한다. 난청이 있는 경우 의사소통 시 소극적이고, 목소리의 크기나 높이의 조절이 잘 안 되며, 다른 사람의 이야기를 의심하는 경향이 있다.

- 대상자의 눈을 보며 정면에서 천천히, 또박또박, 입을 크게 벌리며, 정확히 이야기한다.
- 어깨를 두드리거나 눈짓으로 신호를 주면서 이야기를 시작한다.
- 보청기를 착용할 경우 입력은 크게, 출력은 낮게 조절한다.
- 중요한 사항은 기록하였다 전달하며, 대상자의 의사소통 유형을 미리 숙지한다.
- 말의 의미를 이해할 때까지 되풀이하고 이해했는지 확인한다.
- 청각상실에 대한 체험을 통하여 대상자를 더 많이 이해하고자 노력한다.

- 밝은 방에서 입 모양을 볼 수 있도록 시선을 맞추며 말한다.

② 시각장애

시각장애는 색깔의 구분과 시각에 이상이 있는 경우로 시각은 몸동작과 얼굴표정을 관찰함으로써 메시지의 의미를 해독할 때 중요한 감각이다. 시각장애자는 형태나 색상의 파악이 어려워 청각이나 촉각, 후각 등에 의지하여 대상물을 인지하므로 사회적 고립이 상대적으로 심각하다.

- 대상자의 정면에서 이야기한다.
- 여기, 이쪽 등의 지시대명사를 사용하지 말고 사물의 정확한 위치를 시계방향으로 설명한다.
- 대상자를 중심으로 오른쪽, 왼쪽을 설명하여 원칙을 정하여 두는 것이 좋다.
- 대상자를 만나면 신체 접촉을 하기 전에 먼저 말을 건네어 알게 한다.
- 대상자에게 먼저 말을 건네고 악수를 청하며, 헤어질 때도 먼저 말을 건넨다.
- 자신의 문제에 스스로 책임감을 가질 수 있도록 교육과 훈련을 반복하도록 한다.
- 대상자와 보행 시에는 종사자가 반 보 앞으로 나와 대상자의 팔을 끄는 듯한 자세를 취한다.
- 대상자의 생활환경을 파악하고 늘 같은 위치에 물건을 두고, 환경의 변화에 대하여 알린다.
- 대필하게 되는 경우에는 정확하게 받아 쓰고 내용을 다시 확인한다.

③ 언어장애

언어장애는 외상이나 뇌병변 등으로 말하는 능력이나 듣고 이해하는 능력에 이상이 있는 상태로 말을 알아듣기는 하나 말을 할 수 없는 경우와 말을 잊어버린 경우가 있다.

- 대상자와 이야기할 때에는 얼굴과 눈을 응시하며 천천히, 또박또박 이야기한다.
- 대화에 주의를 기울이며, 소음이 있는 곳을 피한다.
- 질문에 대한 답변이 끝나기 전에 다음 질문을 하지 않는다.
- 대상자의 말에 적절히 고개를 끄덕여 듣고 있음을 알린다.
- 눈을 깜빡이거나, 손짓, 몸짓, 고개 끄덕임 등을 통해 표현한다.
- 필요하면 실물, 그림판, 문자판 등을 이용한다.
- 잘 표현하였을 경우 칭찬과 긍정적 공감을 비언어적으로 표현해 준다.

④ 판단력, 이해력 장애

- 어려운 표현의 사용을 자제하고 비교적 짧은 문장으로 천천히 이야기한다.
- 필요하면 몸짓, 손짓을 사용한다.
- 실물, 문자, 그림 등을 보여주어 이해를 돕는다.
- 핀잔을 주거나 아이처럼 취급하여 반말을 사용하는 일이 없도록 조심한다.

⑤ 주의력 장애

- 대상자와 눈을 맞추며, 메시지를 천천히, 조용하게 반복한다.
- 명확하고 간단하게 단계적으로 제시한다.
- 구체적이고 익숙한 사물에 대하여 직접 대화한다.
- 목표를 인식하고 단순한 활동을 먼저 제시한다.
- 주의력에 영향을 주는 환경적 자극을 최대한 줄인다.
- 대상자의 특성에 대하여 주위 사람들에게 이해를 시킨다.

⑥ 지남력 장애

- 대상자가 따라 할 수 있도록 정해진 시간에 규칙을 정한다.

- 대상자의 주체성 강화훈련을 위하여 이름과 존칭을 함께 사용한다.
- 낮 동안에 기본적인 정보를 자주 반복한다.
- 시간, 장소, 사람, 날짜, 달력, 시계 등을 자주 인식시킨다.
- 모든 물품에 이름표를 붙이고 주의사항을 문서화한다.

2. 말벗하기

1) 말벗하기의 정의

말벗하기란 대상자의 기분이나 감정, 관심사에 대해 주의를 기울이고 공감하면서 관심을 표현하는 것이다. 특히 소외와 외로움을 느끼는 노인에게 좋은 말벗은 대상자에게 심리적·정서적 안정감을 제공한다. '말벗하기'는 종사자와 대상자 간의 의사소통의 출발점이며, 대상자가 종사자를 '말벗'으로 받아들일 때 원활한 의사소통이 이루어진다.

특히 공감이란 대상자가 느끼는 감정을 있는 그대로 이해하고 존중하는 것으로 모든 표현에 공감할 수 없더라도 그렇게 말할 만한 충분한 이유가 있다고 믿어주는 것이다.

2) 말벗하기의 효과

고독함은 많은 노인대상자들에게 외로움과 소외감을 느끼게 한다. 이럴 때 마주앉아 이야기를 하고 들어주는 것도 좋은 방법이지만 간단한 눈인사나 손을 잡아주는 것도 편안함을 줄 수 있다. 그러므로 소외와 고독감을 느끼는 노인에게 좋은 말벗이 되어주는 것은 대상자에게 심리·정서적 안정감을 제공하며 서비스 종사자와 신뢰관계를 형성하는 데도 크게 기여하며 말벗을 통해 마음의 문을 열고 원활한 의사소통이 이루어진다는 것은 효과적인 서비스를 위해서도 중요한 것이다.

3) 말벗하기의 방법

- 대상자의 신체적, 심리적, 사회적 특성을 이해한다.
- 대상자의 개인적 특성, 질병, 생활력 등을 이해하고 존중한다.
- 대상자의 삶을 '옳고 그름'이나 '좋고 싫음'으로 판단하지 않고, '차이와 다양성'으로 수용하는 폭넓은 마음자세를 가진다.
- 대상자와 과도한 의존관계를 형성하지 않도록 한다.
- 대상자의 기분이나 감정에 주의를 기울이고 공감한다.

4) 말벗하기의 유의사항

- 긍정적인 말을 사용한다.
- 대상자에게 섣부른 충고나 격려는 하지 않는다.
- 대상자를 아이처럼 취급하거나 친밀하다고 명령조의 언어를 사용하지 않도록 주의한다.
- 여유를 가지고 유연하게 상황에 대응하면서 진실하게 대한다.

3. 여가지원

여가시간이란 쉬는 시간이라는 소극적 의미와 어떤 의무나 제약으로부터 벗어난 자유로운 시간이라는 적극적 의미가 있다. 우리는 이 여가시간을 활용하여 즐기거나 하고 싶은 일을 함으로써 행복과 성취감을 느낄 수 있다.

노인에게 있어서 여가생활은 많은 시간적 여유로 인하여 사회와 가족 내에서 역할의 상실과 소외를 경험하므로 어느 연령층보다 더 중요한 의미를 지닌다. 노인의 여가활동은 신체적 기능 감소를 예방하고 노후의 적응, 심리적 안정감, 생활만족도, 삶의 질에 영향을 준다. 여가활동은 개인의 성격, 교육 정도, 경제적 수준, 과거의 습관 등에 따라 영향을 받으며, 매일매일의 생활로서 취미나 오락을 포함한 봉사활동, 교육 및 훈련, 문화활동 등을 포함한다. 노인들의 건전한 여가활동은 지루하고 남아도는 시간의 효율적 활용으로 자기 효능감을 높이고 건강에 긍정적 영향을 주게 된다. 또한 자기발전의 수단이 되며, 즐거운 경험으로 행복감을 느끼게 되어 개인의 성장에도 도움이 된다.

1) 여가활동의 효과

① 의미 있고 효율적인 시간 활용을 통해 자기효능감을 높인다.
② 일상생활에서 적응을 잘 하도록 하고, 생활만족도를 높인다.
③ 신체와 인지기능의 감소를 예방하고 건강 증진에 도움이 된다.
④ 지역사회에 참여하고 주민들과 함께 활동하며 지속적인 인간관계를 유지할 수 있도록 한다.

2) 노인의 여가활동 유형

대상자가 즐길 수 있는 여가활동의 유형은 크게 6가지로 자기계발 활동, 가족중심 활동, 종교참여 활동, 사교오락 활동, 운동 활동, 소일 활동으로 구분할 수 있으며 그 유형에 따라 다양한 내용이 있다. 다양한 활동을 통하여 심신의 건강 향상은 물론 행복감을 느끼고 생활의 만족도를 향상시키기 위하여 다양하게 여가활동을 즐기는 것이 좋다.

〈표 9-2〉 노인의 여가활동 유형 및 내용

유 형	내 용
자기계발 활동	문학, 예술활동, 책읽기, 그림 그리기, 서예 및 사군자, 묵화, 교육강좌 참여, 사회봉사 활동
가족중심 활동	정원손질, 가족소풍, 손자녀 돌보기, 가족과의 대화, 집수리, 요리
종교참여 활동	교회, 사찰, 성당 가기, 종교단체 봉사활동
사교오락 활동	골프, 등산, 낚시, 여행, 게임, 친목활동, 경로당, 노인학교, 동창회, 향우회, 친목회, 영화, 연극, 음악회, 전시회, 스포츠 관람, 수집, 취미
운동하기	탁구, 테니스, 배드민턴, 골프, 에어로빅; 댄스, 체조, 조깅
소일거리	집안일, 텃밭 야채 가꾸기, 신문 보기, TV 시청, 산책, 약수터

3) 노인의 여가활동 지원

노인들의 여가활동 시간은 증가하지만 여가활동의 범위와 참여도는 나이가 증가하면서 오히려 축소하는 경향이 있다. 그러므로 노인의 여가활동을 지원하기 위해서는 정부, 지방자치단체, 민간기업, 지역사회, 가족 그리고 노인 스스로 노력하여야 한다. 노후에 바람직한 여가활동을 하기 위해서는 젊었을 때부터 여가를 즐기는 방법이 훈련되어야 무료한 노후가 되지 않을 것이다.

여가활동에 영향을 미치는 요소로는 자녀가 독립하여 성장할수록, 경제적 수준이 좋을수록, 생활목표가 다양하게 설정될수록, 사회적 지위가 높을수록, 노후 삶의 변화에 대한 준비가 높을수록 여가활동의 참여도가 높은 것으로 나타났다. 그러나 무엇보다도 노인 스스로 적극적으로 여가활동에 참여하고자 하는 마음이 필요하며, 생애주기(life cycle) 각 발달단계마다 적절한 프로그램의 개발도 중요하다.

4. 노인교육

노인에게 교육은 여가생활의 역할을 한다. 이를 통하여 인생을 의미 있게 마무리할 수 있도록 계획함과 동시에 즐거운 교육을 통하여 긍정적인 삶의 방향을 제시해야 한다. 그러므로 노인교육은 삶에 흥미를 불러일으키어 삶의 만족도를 높여주는 데 기여하며, 다음과 같은 목적을 가진다(권육상, 2001 : 300).

1) 노인교육의 목표

첫째, 노인의 관심사인 건강을 유지·증진한다. 또한 건강은 다른 분야의 관심을 유도할 수 있는 근본이 된다. 둘째, 교육활동을 통하여 단체활동이 가능해진다. 이는 사회적인 접촉과 사귐의 기회를 통하여 사회성을 유지하게 되는 유익이 있다. 셋째, 본인이 무엇인가 할 수 있다는 자신감을 통하여 정신적인 영역뿐만 아니라 육체적으로 더욱 적극적인 행동을 하게 된다. 넷째, 타인에게 도움을 받아야만 하는 의존적인 삶이 아니라 독자적인 개체로서 자립할 수 있도록 도와준다.

2) 노인교육의 중요성

노인교육은 여가기능을 하게 하는데, 여가를 활용하기 위해서 지식과 기술이 필요하다. 이를 위하여 더욱 유익한 여가활동을 가능하게 하며, 교육대상자의 성별, 연령별, 학력별, 지역별, 취미 및 특기에 따라 교육의 방향과 내용 등이 적절하게 제시되어야 하며, 또한 어느 특정 분야에 집중하는 것보다는 자신의 관심분야에 흥미를 느끼며 접근하도록 하여 좌절감이나 소외감을 제거할 수 있도록 한다.

노년기에 맞이하는 무료함 등으로 도전이나 성취감을 느끼지 못한 채 일상을 보내는 것보다는 생산적인 노년의 위상을 회복하여 자존감을 고취시키고 존경의 표상이 되어야 한다. 또한 질병과 장애를 멀리하고, 정신적·신체적 기능을 유지하면서 활기찬 생활을 할 때에 성공적인 노년을 보낼 수 있게 된다.

성공적인 노년은 청소년기, 중년기, 노년기 모두 교육과 여가 및 노동이 시기에 맞게, 능력에 맞게 적절하게 배치될 때 가능하다. 그러므로 개개인의 경제적 상태, 건강상태, 노인을 둘러싼 생활환경, 노인 자신의 생활목표 등을 고려하여 노인교육에 대한 인식이 보편적으로 자리잡을 때 노인교육의 효율성은 극대화될 것이다(권육상, 2001 : 301).

| 제10장 |

업무기록 및 보고

1. 업무기록

의료서비스 분야에서는 서비스 대상자에게 서비스를 제공하는 과정에서 취해진 전문적 의사결정, 내용과 근거를 기록하는 것이 주요한 기능 중 하나이다. 그러므로 기록은 대상자의 상황을 확인하고 평가하면서 서비스 제공 목적과 활동, 서비스 전달과정, 대상자에 대한 서비스의 효과 여부를 평가하는 단계마다 이루어져야 하는 중요한 과정으로 시간의 경과에 따라 지속적으로 문서화되어야 한다.

1) 기록의 중요성

케어현장에는 한 명의 대상자에게 복수의 원조행위가 이루어지므로 정확한 케어를 위해서는 원조자 전부가 대상자에 대한 같은 이해를 할 필요가 있다. 또한 기록과 보고를 통해서 원활한 서비스를 전달하고 업무의 책임성을 높일 수 있는데 그 중요성을 살펴보면 다음과 같다.

(1) 문서화

서비스의 시작부터 종결까지 대상자 전반에 대한 내용, 제공한 서비스의 내용과 과정, 목표달성 여부와 성과 등을 기록으로 남겨 문서화한다면

제3자에게 서비스 행위를 입증하는 객관적 자료가 될 것이다. 또한 문서화된 정보는 의료·간호·사회복지 기관이 약속한 프로그램과 정책적 지침을 실제로 행하고 있음을 입증할 수 있으며, 각종 프로그램에 대한 재정적 지원을 정당화해 주는 역할을 한다.

(2) 모니터링

종사자가 실제 서비스 현장에서 기록하면서 자신의 활동을 객관적으로 조직, 점검할 수 있다. 따라서 체계적인 기록은 제공한 서비스를 검토, 평가하고 수정하는 데 중요한 역할을 한다. 그러므로 각 사례에 관한 것뿐만 아니라 기록한 전체 사례를 검토하면서 그 기관의 서비스 제공방법이나 전달체계, 그 외의 부분들을 모니터할 수 있으며, 궁극적으로는 서비스의 효과에 대한 증거를 제공해 줄 것이다.

(3) 서비스의 지속성

서비스 종사자가 휴가, 부서 재배치, 사직 등으로 업무를 인수·인계하거나, 또는 타 기관에 의뢰해야 할 경우 지금까지 진행된 서비스 과정을 기록해 놓은 자료가 있어야 연계해서 중복을 막고 시간을 절약하여 지속적으로 서비스를 제공할 수 있다.

(4) 의사소통의 활성화

케어서비스는 사회복지사, 의사, 간호사, 물리치료사, 방문간호 서비스 등 다양한 분야의 전문가와 팀을 구성해서 함께 일하는 것이다. 그러므로 기록은 전문적인 협조체계가 가능할 수 있도록 의사소통을 원활히 해주며, 이를 통하여 전문가들의 개별적 노력을 조정할 수 있고, 팀의 모든 구성원들이 접할 수 있는 다양하고 새로운 정보를 만들 수 있다.

(5) 감독기능의 활성화

기록이란 서비스 대상자의 상황과 서비스 과정 및 진행에 대한 다양한 정보를 관리자, 자문가, 동료들에게 제공한다. 관리자는 기록을 통해 얻은 정보를 서비스 계획과 실행에 사용하며, 케어종사자의 업무의 질을 평가하고 강점을 발견하게 된다. 특히 사례관리 기록을 통하여 특이하거나 문제시되는 상황에 대한 서비스의 질과 종류를 평가하는 데 1차적 자원이 되며, 관리자에게 자신의 활동에 대한 피드백을 받으면서 서비스의 질을 향상할 수 있다. 제공한 서비스의 내용과 방법이 적절했는지에 대해 관리자로부터 지도 및 관리를 받을 때 도움이 된다.

(6) 대상자와의 정보공유

최근에는 서비스를 구매하는 소비자의 권리를 존중하는 경향에서 기록물을 대상자나 가족에게 공개하는 경우가 증가하고 있다. 이처럼 기록은 정보를 공유하고 의사소통을 활성화할 수 있는 자료이므로 정확하면서도 알기 쉽게 기록한다.

(7) 행정적 자료

서비스에 대한 구체적 기록은 대상자의 욕구, 서비스의 유형, 직무수행과 관리, 자원배분 등 기관에서 행정적 문제를 결정하는 중요한 자료가 된다. 이처럼 기록보존체계는 행정가가 기관과 자원을 관리하는 데 있어서 정보를 선택하고 처리할 수 있게 한다.

(8) 서비스의 표준화

업무에 대한 기록을 통해서 문서화하고, 이를 보고하는 것은 서비스를 공식화하고 기관 내에서 이루어지는 서비스를 표준화할 수 있는 방법이다. 이를 통하여 서비스 제공자의 책임성을 높일 수 있으며, 보고체계는 기관의 책임성을 높일 수 있는 방법이 된다.

2) 기록의 방법

기록은 정확한 내용을 기록하는 것과 누가 보더라도 알기 쉽게 기술하는 것이 중요한데 서비스를 진행하면서 알게 된 것, 생각한 것, 실시한 것, 결과 등을 쓰며, 케어서비스 과정에 따라 기록하면 알기 쉽고 빠뜨리지 않을 수 있다.

(1) 접수

대상자가 기관에 서비스를 의뢰했을 때 그의 문제와 욕구를 확인하여 기관의 정책과 서비스의 한계 내에서 서비스를 제공할 수 있는지 판단하는 과정이다. 이 단계에서는 대상자의 특성, 기본 정보, 문제와 욕구, 서비스를 원하는 이유, 대상자의 공식·비공식적 자원 등을 파악하도록 한다.

(2) 자료수집 및 사정

대상자에게 적절한 서비스를 제공하기 위하여 대상자의 욕구를 파악하고, 정보를 수집하는 단계이다. 이 과정에서는 사생활을 침해하거나 시간 낭비를 줄이기 위하여 서비스 전달과 관련된 구체적이며 관련성 있는 내용을 중심으로 기록하도록 한다. 그 예로 행동과 상황에 대한 전문가의 관찰내용, 대상자나 주변의 타인들에 의해 제공된 정보, 기록이나 그 밖의 서류에서 발견되는 정보, 서비스를 요청하고 의뢰하는 이유, 이용 가능한 자원 및 서비스의 장애요인 등을 기록한다.

(3) 목표설정 및 계약

목표설정이란 사정과정에서 정의된 문제와 욕구를 근거로 대상자와 함께 바라는 변화를 말하며, 계약이란 이에 대하여 구체적으로 합의하는 과정을 말한다. 이때에는 서비스에 관한 전문가와 대상자의 결정사항, 서비스의 목적과 목표, 그에 따른 실천계획, 서비스 활동내용 등을 기록한다.

(4) 중재

이 과정은 계약 시 합의한 바를 실천하는 단계로서 서비스 활동과 그 과정에 대하여 기록하는 것으로 서비스의 진행내용, 서비스의 진행과 효과에 대한 평가 등을 기록한다.

(5) 종결

서비스의 진행과정을 요약하고, 서비스의 결과를 평가하면서 종결하는 단계이다. 기록내용에는 서비스 종결 또는 이전의 이유, 서비스 제공 전 과정 동안 대상자의 상황에 대한 재검토, 서비스의 효과에 대한 평가, 향후 서비스를 위한 계획, 추후 관리계획 등을 기록한다.

3) 요양서비스 기록의 원칙

(1) 사실을 있는 그대로 기록

기록은 객관적인 사실을 토대로 해야 하며, 요양보호사의 생각이나 의견 등의 주관적인 내용은 피해야 한다. 상황묘사에 있어서도 요양보호사의 주관은 피하고 사실 그대로 작성한다. 요양보호사는 판단과 사실을 혼동하지 않도록 주의해야 한다.

(2) 육하원칙에 의거한 기록

필요한 사항을 빠뜨리지 않고 정확하게 기록한다. 그렇게 하기 위해서는 누가, 언제, 어디서, 무엇을, 어떻게, 왜 하였는지 육하원칙에 따라 작성한다. 아울러 모든 기록에는 정확한 시간과 기록자를 명시해야 한다.

(3) 서비스의 과정과 결과를 정확히 기록

요양보호사로서 무엇을 어떻게 하였는지, 대상자는 어떻게 반응하였는지, 과정과 결과를 정확하게 기록한다. 종사자의 활동과 효과를 입증할 수 있도록 서비스를 중심으로 기록한다.

(4) 기록은 미루지 말고, 그때그때 신속히 작성

기록은 가능한 한 빠른 시간 내에 작성한다. 시간이 경과되면 기억이 희미해져 사실이 왜곡될 가능성이 있기 때문에 기억이 확실할 때 작성한다. 시간의 흐름 순서에 따라 요양보호사가 한 일과 대상자에게 일어난 변화에 초점을 두어 작성한다.

(5) 공식화된 용어 사용

문장은 의미가 분명하게 전달될 수 있도록 해야 하며, 사투리나 맞춤법에 어긋나는 표현이 없어야 한다.

(6) 간단명료한 기록

장황하고 우회적으로 표현하지 말고, 초점이 분명하고 간결하며 알기 쉽게 작성하여야 한다.

(7) 기록자 명시

기록자는 반드시 서명을 한다. 기록은 감사자료로 활용되며, 책임소재를 확실히 할 필요가 있을 때는 증거자료로도 활용된다. 기록을 정정할 때는 지우거나 덧칠을 하지 말고 밑줄을 긋고 빨간펜으로 정정한 후 서명을 한다.

4) 일지작성 시 고려사항

(1) 책무성

기록을 통해 서비스 종사자의 활동과 효과를 입증할 수 있도록 서비스 중심의 기록을 해야 한다. 기록 안에 대상자의 상태, 서비스의 과정, 진행 정보 등이 포함되어야 한다.

(2) 효율성

서비스의 초점을 분명하고 간결하게 기록하여 효율성을 높인다. 또한 구조화, 문서화되어 쉽게 알아볼 수 있도록 작성하도록 한다.

(3) 사생활 보호

기록에 있어서 서비스 대상자의 비밀보장은 매우 중요하므로 기록관리를 철저히 하도록 한다. 기록 시 대상자의 동의를 구하도록 하며, 이를 보여달라고 요청하면 보여주어야 한다.

(4) 시간성

서비스 중심적인 기록은 서비스의 진행과정에 따라 즉시 문서화하여 기록의 정확성과 신뢰도를 확보하도록 한다.

(5) 객관적 사실

기록은 객관적 사실을 토대로 하여야 하며, 주관적 생각과 추측 등은 기록하지 않는다. 상황의 묘사에 있어서도 서비스 종사자의 생각은 분리되어야 한다.

(6) 개인정보 보호

서비스 기록에는 개인정보가 많이 포함되어 있기 때문에 제3자에게 노출되어서는 안 된다. 기록이 대상자에게 불이익을 초래하지 않도록 서비스와 관련된 사람만 열람하고, 외부로 반출하지 않는다. 회의 등을 위해 자료를 배포할 경우에는 회의 종료 후 반드시 회수하고, 기록은 반드시 잠금장치가 되어 있는 장소에 보관하고 관리책임자를 정해 둔다.

(7) 비밀유지

대상자의 비밀 유지는 매우 중요하므로 업무상 알게 된 정보에 대해서는 외부에 유출하지 않도록 특별히 조심해야 하며, 대상자의 기록을 아무나 열람하지 못하도록 철저하게 보관한다.

(8) 사생활 존중

문제해결을 위한 목적이라도 대상자나 가족이 승인하지 않은 정보는 기록해서는 안 된다. 또한 대상자의 사생활을 존중하기 위하여 서비스와 직접 관련이 없는 정보는 종사자 마음대로 기록해서는 안 된다.

5) 기록의 종류와 특성

요양보호 서비스와 관련한 각종 기록과 양식들은 노인장기요양보험법과 관련 고시 등에서 정한 법정서식과 장기요양기관이 운영 및 서비스 제공과정에서 자체적으로 사용하는 기관 내부서식 등이 있다.

기록은 서비스가 이루어지는 장소에 따라 종류나 양식이 다양하고, 개인에 관한 것, 시설에 관한 것, 타 직종과의 관련에 관한 것 등에 따라 다양한 유형이 사용될 수 있는데 그 내용을 살펴보면 다음과 같다.

(1) 입소시설

- **개별기록**(face sheet) : 대상자와 그 가족의 상황을 한눈에 볼 수 있도록 한 기록으로 성명, 연령, 주소, 직업, 생활력, 건강상태 등을 사실에 기초하여 기록한다.
- **면접기록** : 입소 전에 행해진 면접을 통하여 대상자와 그 가족의 생활환경과 가지고 있는 문제, 욕구 등을 기록한다.
- **케이스 기록** : 입소 후의 대상자의 상황에 대해 객관적으로 기록하는 것으로 정신적・신체적인 면을 전체적으로 관찰하고 기록한다.
- **업무에 관한 기록** : 업무일지, 야근일지, 클럽활동일지, 목욕일지, 행사기획서 보고 등 다양한 내용의 기록이 있다.
- **기타** : 케어계획표, 개인관찰표, 배설관찰표, 수분섭취표, 식사섭취표, ADL표 등이 있다.

① 개인별장기요양이용계획서

개인별장기요양이용계획서는 수급자를 대상으로 장기요양현장에서 수행하는 모든 업무수행의 기초이다. 장기요양등급을 받은 수급자는 장기요양인정서와 함께 개인별장기요양이용계획서를 발급받게 되며, 이를 기초로 수급자는 지역사회에서 해당 서비스를 제공하는 장기요양기관들에 대한 정보를 취합하여 이용할 기관을 선택・결정한 후에 급여계약을 체결한다. 기관은 공단에서 발급한 장기요양인정서의 장기요양급여 종류 및 내용과 개인별장기요양이용계획서에 따라 장기요양급여 제공계획서를 작성하여야 하며, 요양보호사 등 제공인력은 이를 기준으로 요양보호 서비스를 적정하게 제공해야 한다.

공단은 수급자의 기능상태나 목표가 변경될 경우, 개인별장기요양이용계획서를 재작성하여 발급할 수 있으며, 동일 수급자가 등급변경신청 등으로 인해 새로운 등급판정을 받게 되는 경우에도 등급판정 결과에 대한 개인별장기요양이용계획서를 신규로 발급하도록 하고 있다.

② 장기요양급여 제공계획서

노인장기요양보험법 제27조에 따라 수급자가 장기요양인정서와 개인별장기요양이용계획서를 공단으로부터 발급받고, 장기요양기관은 개인별 장기요양이용계획서를 바탕으로 수급자에게 장기요양급여 제공계획서를 작성하여 제공한다.

③ 장기요양급여 제공기록지

장기요양급여 제공기록지는 장기요양 현장에서 요양보호사 등 제공인력이 대상자에게 제공한 서비스의 내용과 시간, 특이사항을 기입한 것이다. 제공기록지의 세부적인 작성 내용은 방문요양, 시설 등 급여유형에 따라 차이가 있으며, 구체적인 작성방법은 서식 뒷면에 기재되어 있다.

장기요양급여 제공기록지는 수기로 작성하는 방법과 무선주파수 인식기술(RFID)을 이용한 재가급여전자관리시스템을 이용하는 방법이 있다. 재가급여전자관리시스템은 장기요양요원이 수급자의 가정을 방문하여 제공하는 방문요양, 방문목욕, 방문간호의 급여제공내용을 RFID를 이용하여 국민건강보험공단에 실시간으로 전송하고 이를 급여제공 내용으로 인정하여 급여비용 청구와 자동으로 연계하는 관리체계이다.

(2) 재가서비스

- **케이스 기록** : 개별기록표(face sheet)에 기입된 대상자와 가족의 정보, 사회자원의 활용상황과 경제상황 등 모든 정보를 담은 기록으로 타 직종과의 정보교환에 유용하다.

- **건강기록** : 기본적 건강상태, 식사, 배설, 청결 등의 일상생활 상태를 건강상태 중심으로 기록한 것으로 상태의 변화를 쉽게 알 수 있다.
- **활동일지** : 1일 방문활동 상황을 기록한 것으로 대상자명, 서비스 시간, 서비스의 내용, 대상자의 상황 등을 기록한다.

(3) 과정기록

- 서비스 대상자와 전문가가 면담하면서 이야기한 내용, 대상자의 행동, 전문가가 관찰한 것과 판단한 것 등을 기록한다.
- 면담 중에 대상자와 전문가의 상호작용을 그대로 또는 간접적으로 풀어서 기록한다.
- 서로 간의 대화를 자세히 기록하기 위해서 면담내용과 전문가의 의견을 나누어 기록한다.
- 서비스 교육실습이나 교육방법으로 유용하다.
- 실습생이 행동한 활동내용 전반의 파악이 용이하므로 구체적 지도가 가능하다.
- 기관 측면에서 서비스 진행에 대한 점검과 문제예방에 유용하다.
- 기록하는 데 너무 많은 시간이 소요된다.
- 면담내용을 그대로 기록할 수 없으므로 불완전하고 정보의 왜곡이 가능하다.
- 정직하게 기록하도록 하며, 면담 직후 가능한 한 빨리 기록하도록 한다.

(4) 요약기록

- 가장 많이 활용되며 장기간의 사례일 경우 유용한 방법이다.
- 시간의 흐름에 따라 변화된 상황, 중재활동, 중요한 정보 등을 요약하여 기록한다.
- 서비스 대상자에게 일어난 변화에 초점을 두어 기록한다.

- 날짜와 대상자의 기본 사항을 적은 뒤 기록해야 할 중요한 내용을 선택하여 시간별, 주제별로 조직화하여 기록하므로 많은 생각이 요구된다.
- 기록의 융통성이 있고, 중요하다고 판단되는 것을 핵심적으로 보여줄 수 있다.
- 대상자의 상황, 서비스의 특수성을 개별적으로 반영할 수 있다.
- 면담내용을 지나치게 단순화하여 초점이 불명확해질 수 있다.
- 실제 제공한 서비스의 질보다 기록자의 문장능력이나, 기록에 소요된 시간에 따라 기록의 질이 좌우될 수 있다.
- 복합적이고 개별화된 서비스에 대해서만 활용한다.
- 중재가 길어질 경우 요약기록방법이 유용하므로 사례노트를 활용하여 시간에 따라 기록하는 것도 필요하다.

(5) 문제중심기록

- 현재 문제를 규정하여 목록화한 후 각 문제에 대해 무엇을 할 것인지를 계획하고 그 진행사항을 기록하는 방법이다.
- 문서화와 정보교환에 유용하기 때문에 타 전문직과의 의사소통을 촉진하며, 여러 분야 간의 업무협조에 효과적이다.
- 목록화된 각 문제에 초점을 맞추어 서비스하기 때문에 책임성이 향상된다.
- 대상자의 문제를 강조함으로써 전문가의 관심의 폭을 한정할 수도 있다.
- 초점을 극대화하여 효율성을 향상할 수 있다.
- 간결한 정보의 서술이기에 때로는 기계적 기록이 될 수도 있다.

〈표 10-1〉 SOAP기록

구성요소	내 용
S (Subject information : 주관적 정보)	대상자가 주관적으로 지각하는 문제에 대한 정보로서 대상자가 자신의 문제상황을 어떻게 인식하고 느끼는지를 나타낸다.
O (Object information : 객관적 정보)	전문가의 직접적 관찰, 임상적 실험, 체계적인 자료수집 등에서 얻는 사실적 자료에 근거한 정보이다.
A (Assessment : 사정)	주관적 정보 및 객관적 정보에 근거한 사정과 분석을 말한다.
P (Plan : 계획)	주관적 정보, 객관적 정보, 사정을 기반으로 전문가가 특정한 문제를 제기하거나 해결하는 방법, 개입계획을 기술한다.

2. 업무보고

업무보고는 일상적인 담당업무나 특별히 지시받은 업무에 대해 상사에게 경과나 결과를 알리는 것이다. 요양보호 서비스는 대상자의 상태 및 상황이 언제든지 변화할 수 있고 예기치 못한 사고가 발생할 수 있는 만큼 종사자는 평상시에도 보고하는 습관을 가져야 한다.

서비스를 기록하고 이를 보고한다는 것은 일반적으로 의사표현을 하거나 자료를 전달하는 수직적 과정을 말한다. 즉, 서비스의 경과나 결과에 대해 설명하는 것을 목적으로 행해지는 것으로 기관 내에서 일정한 의사표현을 하거나 자료를 전달하는 과정 모두를 의미한다.

1) 업무보고의 원칙

(1) 객관적인 사실의 보고

보고는 사실과 다름없이 정확하게 보고한다. 종사자의 주관적 판단이 아닌 객관적 사항을 정확하게 보고해야 한다. 보고할 때 개인적인 의견, 예를 들어 "생각이 들었다", "느꼈다" 등으로 표현하면 보고받는 사람이 잘못 판단할 수 있기 때문에 이러한 표현은 피하면서 객관적 사실을 작성한다.

(2) 육하원칙에 따른 보고

보고는 기록과 마찬가지로 필요한 사항을 빠뜨리지 않는 것이 중요하기 때문에 보고할 때도 육하원칙(누가, 언제, 어디서, 무엇을, 어떻게, 왜 하였는지)에 따라 보고하고, 보고서를 작성할 때도 마찬가지로 작성한다.

(3) 신속한 보고

신속한 보고는 신속한 대응으로 이어지기 때문에 가능한 한 신속하게 보고한다. 보고를 미루다 보면 기억이 희미해져 사실이 왜곡될 수 있다.

(4) 보고내용의 중복 피하기

보고하고자 하는 내용이 간결하고 중복되지 않게 한다. 간결한 보고는 시간을 절약할 수 있다.

2) 보고의 시기

보고는 시기에 따라 정기적으로 행해지는 정기보고와 정기보고를 제외한 수시보고로 구분한다. 정기보고는 주기에 따라 일일보고, 주간보고, 월간보고 등이 있고, 수시보고는 상황의 변화에 따라 수시로 이루어진다. 종사자는 정기적인 업무보고를 포함하여 다음과 같은 상황은 반드시 기관에 보고해야 한다.

(1) 대상자의 상태 변화

대상자의 상태를 관찰하면서 서비스를 제공해야 하며, 대상자의 상태가 평상시와 다를 때는 관리책임자와 가족에게 신속히 보고한다.

(2) 서비스 추가 및 변경 발생

계획된 서비스 외에 추가적인 서비스가 필요하거나 서비스를 변경할 때에는 관리책임자에게 보고한다. 또한 대상자와 가족으로부터 그러한 요청이 있을 때에도 보고한다.

(3) 새로운 정보 파악

대상자 및 가족에 대한 새로운 정보를 입수하였을 때는 관리책임자에게 그 사실을 보고한다. 대상자 및 가족에 대한 정보는 질 높은 서비스를 제공하는 데 중요한 역할을 하기 때문에 서비스에 필요한 정보를 파악할 수 있도록 항상 노력한다. 상황이 급한 경우에는 반드시 구두보고를 먼저 한 후 서면보고를 한다.

(4) 새로운 업무방법 발견

요양보호서비스를 제공하는 과정에서 대상자에 대한 새로운 요양보호 방법을 찾았을 때는 보고한다.

(5) 업무 수행 시 오류 발생

업무를 잘못 수행했을 때는 종사자가 판단하여 해결하지 말고 관리 책임자에게 먼저 보고하여 지시를 받아야 한다.

(6) 사고 발생

서비스를 제공하는 동안 예기치 못한 사고가 발생했거나 발생할 뻔했을 때는 종사자가 판단하여 대처하지 말고 관리책임자에게 신속하게 보고하여 지시를 받아야 한다. 당황하여 효율적으로 판단하지 못할 수 있고, 잘못된 대처로 사고처리가 더 어렵게 될 수 있다.

3) 보고의 형식

(1) 구두보고

구두보고는 상황이 급하거나 사안이 가벼울 때 많이 이용한다. 구두보고를 할 때는 결론부터 보고하고, 경과와 상태, 원인 등을 보고한다. 구두보고는 신속하게 보고할 수 있다는 장점이 있으나 정확한 기록을 남길 수 없다는 단점이 있다. 상황이 급할 때는 구두보고를 먼저 하고, 나중에 서면보고로 보완할 수도 있다.

(2) 서면보고

보고내용이 복잡하거나 숫자나 지표가 필요한 경우, 정확히 보고할 필요가 있거나 자료를 보존할 필요가 있을 때 서면보고 한다. 대표적인 서면보고는 정기 업무보고, 사건보고 등을 들 수 있다. 서면보고는 정확한 기록을 남길 수 있는 장점은 있으나 신속하게 보고할 수 없다는 단점이 있다.

(3) 전산망 보고

전산망 보고는 능숙하게 사용할 수 있으면 시간을 절약할 수 있고 편리하다는 장점이 있다. 또한 구두보고와 같이 실시간으로 확인할 수 있고, 서면보고와 같이 기록으로 남길 수 있다.

4) 보고의 내용

보고는 그 내용에 따라 각종 계획에 관한 계획보고, 지시에 의한 업무처리 후 그 결과에 대한 결과보고, 각종 업무의 현재 진행 중인 상태에 대한 현황보고, 대상자와 관련된 여러 조사내용에 관한 조사보고 등이 있다. 이러한 보고의 문서는 정확성, 신속성, 경제성을 갖추어야 할 것으로 보고 시의 유의사항을 준수하여 보고한다.

| 제11장 |

호스피스 케어(Hospice Care)

1. 호스피스 케어의 개요

호스피스라는 용어는 접대하는 사람을 뜻하는 host와 손님을 뜻하는 guest의 합성어로, 따뜻하게 손님을 맞이하고 편안히 휴식을 취할 수 있도록 돌보며 환대한다는 의미를 지닌다. 호스피스는 모든 사람이 고통 없이 품위 있게 죽을 수 있는 권리를 지니고 있으며, 그 가족이 지원을 받아들일 것이라는 믿음에서 출발한다. 따라서 호스피스의 대상자뿐만 아니라 그 대상자의 중요한 주변 인물들에게도 호스피스 서비스가 제공된다.

호스피스 서비스는 연령, 종교, 인종, 질병의 종류를 불문하고 제공되며 치료행위가 아닌 돌봄의 행위에 초점을 두어 대상자의 가정이나 독립된 호스피스 시설, 병원, 양로원 및 기타 장기요양시설 등에서 제공되기도 한다.

일반적으로 죽음을 앞둔 말기환자와 그 가족을 사랑으로 돌보는 행위로서 대상자의 남은 삶을 인간으로서의 존엄성과 삶의 질을 유지하면서 죽음을 평안하게 맞이하도록 돕는 신체적, 정서적, 사회적, 영적 서비스이며, 사별가족의 고통과 슬픔의 경감을 위해서도 총체적인 돌봄활동을 한다. 호스피스의 이론과 실제는 인간존중과 인간이해, 자기결정과 창의성 등을 소중히 여기는 인도주의와 인간을 전체로 이해하는 총체주의 사상을 기반으로 발전하였다.

1) 호스피스의 목적

호스피스 서비스는 대상자의 개인적 특성을 고려하여 다양한 경험을 하도록 하며, 고통에 직면하더라도 성숙하게 맞이할 수 있도록 돕는 행위로 다음과 같은 목적이 있다.

첫째, 호스피스의 대상자는 치료가 불가능한 말기환자와 그 가족이다.

둘째, 호스피스는 대상자의 여생을 편안하게 하며 충만한 삶을 살도록 돕는다.

셋째, 호스피스 대상자가 삶을 긍정적으로 수용하게 하고, 죽음을 삶의 일부로 받아들이도록 돕는다.

넷째, 호스피스 대상자의 여생을 인위적으로 연장시키거나 단축시키지 않으며, 살 수 있는 만큼 잘 살다가 자연스럽게 편안히 생을 마감할 수 있도록 돕는다.

다섯째, 호스피스는 대상자와 그 가족의 요구와 필요에 부응하여 가능한 모든 자원을 이용하여 이를 충족시키고 지지하며 죽음을 편안히 준비하도록 돕는다.

2) 호스피스의 대상자

호스피스 서비스의 대상자 선정은 기관마다 그 기준이 조금씩 다르며 일반적으로 다음과 같은 선정기준을 가진다.

① 암으로 진단받은 자로 호스피스 간호가 필요한 자

② 의사로부터 6개월의 시한부 진단을 받은 자

③ 의사가 동의했거나 의뢰된 자

④ 대상자나 그 가족이 의사의 진단을 받아들이고 예후를 논의하여 통증과 증상의 완화를 위한 비치료적 간호를 받기로 결정한 자

⑤ 무연고자로서 호스피스의 도움이 필요하다고 선정된 자
⑥ 의식이 분명하고 의사소통이 가능한 자
⑦ 수술, 항암요법, 방사선 요법을 시행하였으나 더 이상 의학적인 치료 효과를 기대하기 어려운 자

3) 호스피스의 역사

호스피스는 고대 그리스에서 여행자들에게 의・식・주를 제공하는 풍습에서부터 시작되었다. 성지순례자나 여행자가 쉬어가는 휴식처라는 의미에서 유래하였으며, 성지순례자들에게 거주지를 제공함으로써 인도주의적 봉사활동을 해오던 것들이 호스피스의 시작이라고 할 수 있다.

영국의 시슬리 손더스(Cicely Saunders)는 1935년에 성 누가병원의 임종환자들을 관찰하면서 임종환자들은 신체적・정신적인 통증이 완화될 때 그에 따라 상대적으로 편안하게 지낼 수 있었으며, 죽는 날까지도 분명한 의식을 가지고 남은 생을 보낼 수 있음을 발견하였다. 그 후 영적인 지지와 정서적 지지, 말기질환과 관련한 증상과 통증의 조절에 초점을 두며 호스피스에 대한 원칙이 다듬어졌다. 1974년 미국에서는 처음으로 가정 호스피스 프로그램을 실시하였고, 현재 세계적으로 600여 개의 호스피스 서비스 기관들이 설립되어 운영되고 있다.

우리나라에서는 질병의 완치와 함께 말기환자 간호의 중요성을 깨달으면서 1964년 강릉에서 마리아의 작은 자매 수도회에 의해 갈바리 의원에서 처음으로 호스피스가 시작되었다. 종교계를 중심으로 시작된 호스피스는 2018년 기준 1,700개의 기관에서 지역사회 가정, 시설, 병원 호스피스를 통하여 관리하고 있으며 점차 사회운동으로 확대되고 있는 추세이다.

4) 호스피스의 원칙

(1) 호스피스 서비스는 대상자와 가족경험을 중시한다

죽음을 앞두고 대상자와 가족은 많은 변화와 상실감을 접하게 된다. 대상자는 가족들이 받을 부담이나 자신과의 이별 이후 가족들이 어떻게 살지를 걱정하고 가족들은 대상자와의 남은 시간을 어떻게 보살피고 보내야 하는지, 대상자의 죽음 이후를 어떻게 극복해야 하는지 등을 걱정한다.

(2) 호스피스 대상자와 가족의 가치에 따라 결정한다

호스피스 서비스는 대상자나 그 가족 모두의 가치, 선택, 소원, 요구 등을 파악하여 선택하고 결정한 방향으로 서비스를 진행하도록 한다. 그리하여 죽음이라는 고통에 직면하더라도 대상자의 임종 전과 후에 대상자와 그 가족이 성숙하고 삶의 의미를 찾고 개인의 목표를 달성하는 긍정적 경험을 할 수 있도록 돕는다.

(3) 호스피스 대상자의 자율성을 추구한다

호스피스 서비스는 대상자와 그 가족의 소망에 따라 임종이 이루어질 수 있는 자율성을 추구한다. 그러므로 대상자가 숨을 거둘 장소와 방법, 임종 시 함께 있고 싶은 사람의 선택, 장례서비스의 결정 등 삶과 죽음을 조정할 권리가 있다.

(4) 호스피스 대상자가 결정할 권리를 인정한다

호스피스는 진실과 사실만을 말해야 할 원칙을 지켜서 서비스하므로 대상자는 필요한 정보를 듣고 자율적으로 결정을 내리고 남아 있는 삶을 자신이 선택할 수 있도록 자신의 상태, 처치방법, 선택, 결과 등에 대한 정보를 받을 권리가 있다. 이처럼 대상자가 질병이나 치료계획에 이끌리지 않고 자신의 죽음을 관리할 수 있다면 자신의 일을 정리하고 주위 사람들과의 마무리와 영예롭고 존엄한 죽음을 준비할 수 있을 것이다.

(5) 호스피스 대상자와 그 가족을 존중한다

호스피스 서비스는 개개인의 생활방식을 유지하고 자신의 인생관을 존중한다. 대상자와 가족 개개인의 요구는 가치관, 문화적 취향, 개인의 특성, 환경 등에 따라 다르므로 대상자의 생활방식이 유지되고 자신의 인생관이 존중받는 것이 가장 효율적인 호스피스 서비스이다.

5) 호스피스・연명의료 종합계획

보건복지부에서 발표한 제2차 호스피스・연명의료 종합계획(2024~2028)에 의하면 “누구나 삶의 존엄한 마무리를 보장받는 사회”를 비전으로 설정하였다. 이를 위해 첫째, 이용자의 선택권 보장 확대, 둘째, 제도 이행의 기반 강화, 셋째, 제도 인식개선 및 확산을 목표로 3개의 주요 과제를 선정하였는데 그 내용은 다음과 같다.

(1) 이용자의 선택권 보장 확대

호스피스 및 연명의료결정제도에 관한 사회적 관심과 수요 증가에도 이용 대상 범위의 제한 등에 따른 제도 이용의 접근성에 한계가 있었다. 이러한 제도의 접근성 개선을 위하여 호스피스 이용 대상과 제공 서비스 및 연명의료중단 등 결정에 관한 이행범위 등의 확대로 호스피스 및 연명의료결정제도의 사각지대를 해소하고자 한다. 이를 위하여 호스피스 제공기관 및 연명의료결정제도 수행기관의 확충을 도모하며, 정보시스템의 구축 및 강화를 통하여 효율적인 관리체계를 구축하고자 한다.

또한 인구구조의 변화에 따른 생애 말기에 관한 사회적 관심의 확산에도 호스피스 및 연명의료결정제도 이용의 수요 증가 대비 인프라가 부족한 상황이므로 호스피스 및 연명의료결정제도의 유형별 제공기관의 확충 및 종합정보시스템 구축 등을 통해 제도 이용자의 선택권을 보장하고자 한다.

비전	누구나 삶의 존엄한 마무리를 보장받는 사회	
목표	이용자 선택권 보장 확대	① 호스피스전문기관 확충(188 → 360개소) ② 의료기관윤리위원회 확충(430 → 650개소)
	제도 이행의 기반 강화	① 호스피스 이용률(25.0 → 50.0%) ② 연명의료중단 자기결정 존중비율(45.0 → 56.2%)
	제도 인식개선 및 확산	① 호스피스에 관한 긍정 인식도(72.9 → 78.0%) ② 연명의료결정제도에 대한 국민 이해도 · 조사 재설계 및 목표치 설정(2024)

주요과제

1. 이용자 선택권 보장 확대

1-1. 제도의 접근성 개선
- 1 호스피스 서비스 제공 대상 · 범위 확대
- 2 연명의료결정제도 대상 조정 및 의향서 관리 강화

1-2. 생애 말기 지원 인프라 확대
- 1 호스피스 제공기관 및 연명의료결정제도 수행기관의 확충
- 2 정보시스템 구축 · 강화

2. 제도 이행의 기반 강화

2-1. 제공기관 및 인력의 역량 강화
- 1 제공기관의 평가 및 관리체계 고도화
- 2 제공기관의 종사자 역량 강화

2-2. 제도 이행의 실효성 제고
- 1 정보 데이터 활성화
- 2 현장지원 강화

3. 제도 인식개선 및 확산

3-1. 연구 활성화 및 정책 인지도 제고
- 1 제도의 연구 활성화
- 2 제도의 홍보 강화

3-2. 지역사회 연계 및 거버넌스 강화
- 1 지역사회 서비스 연계 활성화
- 2 거버넌스 강화

| 그림 11-1 | **제2차 호스피스 · 연명의료 종합계획(2024~2028)**

출처 : 보건복지부(2024). 제2차 호스피스 · 연명의료 종합계획(2024~2028).

(2) 제도 이행기반 강화

호스피스 제공기관별 평가체계의 답보 상태 및 현장 교육의 어려움으로 호스피스 및 연명의료결정제도의 현장 적용 및 확산에 한계가 있다. 이에 제도 이행의 역량을 강화하기 위하여 호스피스제공기관 및 연명의료결정제도 수행기관의 질(質) 관리 강화를 위한 평가·관리 체계의 고도화 및 서비스별 교육과정의 심화를 통해 현장 인력의 역량 강화를 모색한다.

또한 분야별 정보 데이터 활용의 미흡, 현장 종사자 대상 충분하지 않은 보상으로 그간 제도 취지에 맞는 서비스 제공에 한계가 있었는데 제도 이행의 실효성 제고를 위하여 분야별 정보 데이터 활용의 활성화, 현장 종사자에 대한 보상 강화를 통해 이용자의 편의를 고려한 충실한 서비스를 제공하고자 한다.

〈표 11-1〉 **사전연명의료의향서와 연명의료계획서 비교**

구 분	사전연명의료의향서	연명의료계획서
대 상	19세 이상의 성인	말기 또는 임종과정에 있는 환자
작 성	본인이 직접	환자의 요청에 의해 담당의사가 작성
설명의무	상담사	담당의사
등 록	보건복지부 지정 사전연명의료의향서 등록기관	의료기관윤리위원회가 설치·등록된 의료기관

출처 : 보건복지부(2024). 연명의료 결정제도.

용어정의

- 영적 돌봄 : 삶의 의미와 목적, 관계 회복, 가치의 발견 등으로 평안한 상태를 유지하여 영적 안녕을 돕는 활동(National Coalition for Hospice and Palliative Care, 2018)
- 임종 돌봄 : 임종과정의 환자에게 나타날 수 있는 고통스러운 증상을 조절하여 편안한 임종이 되도록 돕는 치료와 돌봄 활동(대한중환자의학회, 2018)
- 사별가족 돌봄 : 사랑하는 사람의 죽음을 경험한 이후 삶에 잘 대처할 수 있도록 정서적·실질적으로 지원하는 활동(Schut et al., 2001. The efficacy of bereavement interventions : Determining who benefits)

출처 : 보건복지부(2024). 제2차 호스피스·연명의료 종합계획(2024~2028), pp. 38-39.

(3) 제도 인식개선 및 확산

연명의료결정법 제정 이후, 분야별 제도 안착 중심의 기조로 제도의 개선 및 확산을 위한 근거 마련이 미흡한 실정이었기에 연구 활성화 및 정책 인지도의 제고를 통해 인식개선에 나섰다. 이를 위해 제도 분야별 연구의 활성화 및 관심층별, 매체별 특성을 고려한 지속적인 홍보 추진으로 해당 제도 발전의 지속성을 도모하고자 한다.

또한 지역사회 내 서비스의 확산 요구와 분야별 협력체계 미흡으로 제도 이용 확산에 한계를 보이므로 지역사회 서비스 연계 및 거버넌스 강화를 위해 지역사회 생애 말기 제공 서비스 확산을 위한 서비스 신규 인력 발굴 사업 실시 및 유관기관 간 네트워크 구축 확대 등을 추진한다.

1단계 : 현행	2단계 : 과도기	3단계 : 최종
의료기관 • 권역별 공용윤리위원회 설치 되었으나, 권역센터별로서의 기능은 미부여	**의료기관** • 권역 내 위탁협약기관이 아닌, 자체설치 기관에 대한 제도 이행 자문 기능 등도 수행	**국립연명의료 관리기관** • 중앙센터로서 연명의료결정 관련 사업 및 정보시스템 총괄 관리운영
등록기관 • 거점 또는 선도기관 등 부재	**등록기관** • 권역별 거점 등록기관 신규 지정, 다양한 지원 역할 부여 및 선도기관으로 육성	**권역연명의료 관리센터** • 해당 권역의 의료기관윤리 위원회 및 등록기관 총괄지원
제1차 종합계획 (2019~2023)	제2차 종합계획 (2024~2028)	제3차 종합계획 (2029~2033)

| 그림 11-2 | **사업관리 체계 고도화 단계별 추진방향**

출처 : 보건복지부(2024). 제2차 호스피스·연명의료 종합계획(2024~2028), p. 53.

6) 유형별 호스피스 전문기관 확충 방안

(1) 전문기관 확충 방안

〈표 11-2〉 유형별 호스피스 전문기관의 확충

입원형 전문기관	• 전국의 지방의료원 중심 인프라 확충 • 공공의료기관 중심 확대 추진
가정형 전문기관	• 가정 내 호스피스 서비스 제공의 확대를 위한 가정형 호스피스 전문기관 확충 • 방문 의료진의 현실적 수가 개선방안 마련 및 지역사회 서비스 연계 등 다양한 방안 모색
자문형 전문기관	• 의료기관 평가 기준에 호스피스 서비스 관련 평가지표를 도입하여 호스피스 전문기관의 확충 유도 • 현행 요양급여 적정성 평가(심평원)의 지표에 호스피스 상담률 등 호스피스 관련 정규 지표의 도입 검토
소아 · 청소년	• 소아 · 청소년 완화의료대상 호스피스 서비스의 지속 지원과 인프라 확대를 위한 법령 개정 추진 • 관련 전문가 및 유관기관 간 협의를 거쳐 현행법령에 호스피스 전문기관의 추가 유형으로 도입하는 방안 검토

출처 : 보건복지부(2024). 제2차 호스피스 · 연명의료 종합계획(2024~2028).

(2) 제2차 호스피스 · 연명의료 성과지표 및 목표

〈표 11-3〉 제2차 호스피스 · 연명의료 성과지표 및 목표

구 분	성과지표	목표치			
		2023년	2024년	2026년	2028년
① 이용자 선택권 보장 확대	호스피스 전문기관 확충(개소)	188	201	255	360
	의료기관윤리위원회 확충(개소)	430	470	560	650
② 제도 이행의 기반 강화	호스피스 이용률(%)	25.0	30.0	40.0	50.0
	연명의료중단 자기결정 존중 비율(%)	45.0	47.1	51.6	56.2
③ 제도 인식개선 및 확산	호스피스 긍정 인식도(%)	72.9	73.9	76.0	78.0
	연명의료결정제도에 대한 국민 이해도	조사 재설계 및 목표치 설정			

출처 : 보건복지부(2024). 제2차 호스피스 · 연명의료 종합계획(2024~2028), p. 64.

7) 사전연명의료의향서 작성

사전연명의료의향서란 19세 이상 성인이 향후 자신이 임종과정에 있는 환자가 되었을 때를 대비하여 연명의료중단등결정 및 호스피스에 관한 의사를 직접 문서로 작성한 것을 말한다.

〈표 11-4〉 **사전연명의료의향서 작성 및 내용**

연명의료의 시행방법 및 연명의료중단등결정	임종과정에 있는 환자가 되었을 때,, 임종 기간을 연장하는 연명의료 시술(심폐소생술, 혈액투석, 항암제 투여, 인공호흡기 착용, 체외생명 유지술, 수혈, 혈압상승제 투여 등)에 대하여 유보(시행하지 않는 것) 하거나 중단할 수 있다.
호스피스의 선택 및 이용	사전연명의료의향서 작성 시 호스피스 이용에 관한 의향을 미리 밝혀 둘 수 있다. 호스피스란? 호스피스 대상 환자와 그 가족에게 통증과 증상의 완화 등을 포함한 신체적, 심리사회적, 영적 영역에 대한 종합적인 평가와 치료를 목적으로 하는 의료서비스
사전연명의료의향서의 효력	법에 따라 작성된 사전연명의료의향서는 향후 임종과정에 있는 환자로 판단될 때 담당의사 및 해당분야 전문의의 확인을 거쳐 효력을 가진다. 사전연명의료의향서를 작성했더라도 환자 상태에 따라 연명의료 등이 실제로 도움이 되는 치료라면 시행되어야 한다.
사전연명의료의향서의 작성 · 등록 · 보관 및 통보	작성한 사전연명의료의향서는 연명의료정보처리시스템에 등록, 통보되어 국립연명의료관리기관에서 관리한다. 등록기관 직접 방문, 국립연명의료관리기관 누리집(www.lst.go.kr), 의료기관윤리위원회가 설치된 의료기관에서 조회할 수 있다.
변경 및 철회	사전연명의료의향서 작성 후 언제든지 변경 및 철회가 가능하다. (오프라인, 온라인 모두 철회 가능)
등록기관 폐업/ 휴업	등록기관이 폐업되었거나 1개월 이상 휴업하는 경우, 사전연명의료의향서 등의 모든 기록은 국립연명의료관리기관에 이관된다. (다만, 휴업의 경우, 등록기관의 의사에 따라 관련 기록을 등록기관에서 직접 보관할 수 있다.)
가족 열람	사전연명의료의향서 작성 시 가족 열람을 허용한 경우 환자 가족은 기록열람신청서에 신분증 사본 및 가족관계증명서를 첨부하여 관리기관의 장에게 환자의 사전연명의료의향서 열람을 요청할 수 있다.

출처 : 보건복지부(2024). 연명의료 결정제도.

◎ 참고

<table>
<tr><th colspan="2">구 분</th><th>생애말기돌봄</th><th>호스피스</th><th>임종기 돌봄</th></tr>
<tr><td colspan="2">용 어</td><td>End of Life Care</td><td>Hospice Care</td><td>Care in the Last Days of Life /Comfort Care</td></tr>
<tr><td colspan="2">(통상)기간</td><td>사망 전 1년</td><td>사망 전 6개월</td><td>사망 수일 내</td></tr>
<tr><td colspan="2">서비스 제공자</td><td>일반 의료인력</td><td>호스피스 전문인력</td><td>일반 의료인력</td></tr>
<tr><td colspan="2">질환제한</td><td>없음</td><td>암 및 일부 말기질환으로 제한</td><td>없음</td></tr>
<tr><td colspan="2">돌봄대상</td><td>환자중심 (국가에 따라 가족, caregivers 등 확대)</td><td>환자 및 가족</td><td>환자중심 (국가에 따라 가족, caregivers 등 확대)</td></tr>
<tr><td colspan="2">제공장소</td><td>병원, 가정, 요양원</td><td>병원, 가정</td><td>병원, 가정, 요양원</td></tr>
<tr><td rowspan="2">서비스 내용</td><td>통증 및 증상 관리</td><td rowspan="2">○</td><td rowspan="2">○</td><td rowspan="2">○</td></tr>
<tr><td>다학제접근, 전인적 케어</td></tr>
<tr><td colspan="2">급여제도</td><td>기존 의료보장지불제도 (영국)</td><td>별도의 지불제도 (미국, 대만, 한국)</td><td>기존 의료보장지불제도 (임종케어에 대한 별도의 수가/ 가산 형태)</td></tr>
</table>

※ 전인적 돌봄을 위해 의사, 간호사, 사회복지사, 성직자, 전문치료사, 자원봉사자 등 환자와 가족 돌봄에 필요한 다양한 전문가들로 이루어진 팀으로 케어

출처 : 보건복지부(2024). 제2차 호스피스·연명의료 종합계획(2024~2028), p. 3.

2. 죽음에 대한 이해

1) 죽음의 개념

(1) 죽음

죽음은 사망, 임종과 동의어로서 영어의 death와 같은 의미로 쓰인다. 이는 생명의 정지 또는 모든 생체기능의 영구적 정지를 뜻하는 것으로 의학적으로는 심장, 폐 및 뇌가 비가역적으로 정지된 상태로서 호흡 정지, 심장박동 정지, 동공 확대와 대광반사의 소실 등 죽음의 세 가지 징후가 나타나는 때를 말한다.

(2) 뇌사상태

뇌사란 1968년에 사용되기 시작한 단어로 뇌기능의 비가역적 정지를 의미하는 것으로 신체의 혈액순환이나 다른 장기의 기능은 유지되나 뇌기능은 완전히, 비가역적으로 와해된 상태를 말한다.

뇌사는 혼수상태로 심폐기능은 인공적인 수단으로 유지가 되지만 뇌가 비가역적으로 손상을 받아 그 기능을 완전히 잃게 되며 결국은 폐, 심장, 위장관 등의 전체적인 항상성이 유지되지 못하여 심장사가 초래된다. 이와 같은 사실이 드러나면서 뇌사와 심장사는 동일 개념으로 간주되었고, 뇌사를 곧 죽음으로 여기게 되었다.

미국 등에서는 1968년경부터 뇌사를 법적 사망으로 인정하였고 우리나라도 2002년부터 「장기 등 이식에 관한 법률」에서 장기이식을 전제로 한 뇌사를 인정한 바 있다. 그러나 뇌사에 대한 찬반의 여러 가지 의견들이 대립하고 있는 실정이다.

뇌사는 신경과, 신경외과, 마취과 및 뇌사판정의 능력이 있는 전문의 2인과 담당의사가 함께 판정하며 중환자실과 인공호흡기 및 혈액가스측정기, 뇌파기 등 뇌사판정에 필요한 시설을 갖춘 장소에서만 판정이 가능하다.

(3) 식물인간 상태

식물인간 상태는 중증의 뇌 외상이나 질환에서 회복은 되었으나 대뇌의 광범위한 조직손상 또는 대뇌와 뇌간 사이의 연결이 파괴되어 대뇌기능이 정지된 상태를 말한다. 호흡 및 순환 중추의 기능은 유지되므로 인공호흡기를 부착하지 않고도 생체징후가 지속되지만 자발운동과 감각 및 정신기능은 소실되어 있다.

자력으로 이동할 수 없고, 음식의 섭취 내지는 삼키는 기능이 불가능하며, 요실금과 변실금 상태이고, 눈으로 물체를 쳐다보는 듯 하지만 인식하지 못하고, 손을 움직이거나 입을 실룩거리지만 의사소통은 불가능하고, 소리를 내지만 뜻이 없는 말을 하는 경우, 의료행위를 계속하여도 3개월 이내에 개선되지 않는 상태를 말한다. 이는 생물학적 죽음과 비슷한 뇌사와는 달리 사회인으로서 생명이 없는 사회적 죽음의 상태로 여겨지고, 뇌사와는 명확히 구분된다.

(4) 안락사

안락사라는 말은 '좋은 죽음', '안락한 죽음', '고통과 통증이 없는 편안한 죽음' 등을 의미하는 것으로 의학적 용어로는 죽어가는 환자의 고통을 덜어주기 위해 그리고 통증과 괴로움을 줄여주기 위해서 의사가 행하는 친밀한 도움으로 정의할 수 있다.

안락사는 생명을 연장시킬 수 있는 치료를 의도적으로 생략하는 소극적 안락사와 더 이상 다른 방법을 기대할 수 없는 경우 의도적으로 더 빨리 죽음을 초래하는 치료적 개입을 의미하는 적극적 안락사로 구분할 수 있다. 적극적 안락사는 환자의 생명을 의도적으로 끊는 것이므로 엄밀한 의미에서는 살해로 여겨지며 단호하게 단죄하는 입장을 취하고 있다.

소극적 안락사는 죽음을 촉진시키는 행동을 하지는 않으나 적극적인 치료를 중단함으로써 초래되는 죽음으로 죽는다는 것이 확실한 경우, 단지 더 이상 치료를 하지 않는다는 의미이지 사실상 죽도록 내버려 둔다는 의미는 아니다. 이 경우 인간은 단지 살아있다는 것만으로는 의미가 없으며, 오히려 자유의지와 이성을 가진 인격체로서 자유롭게 자기 나름대로 삶의 방법을 선택하는 존엄성이 강조되면서 '존엄적 안락사'라는 용어로 불리고 있으며, 이를 위해서는 '사전의료의향서'를 통하여 임종방식의 자기결정권을 높일 수 있도록 해야 한다.

2) 심리적 변화

죽음은 모든 살아있는 것들과의 관계의 단절이며, 경험할 수 없는 대상으로서 인생의 종말이 가까워지면서 지금까지 자신이 체험한 타인의 죽음이나 죽음에 관한 지식, 가치관 등으로 나름대로 형성된 죽음의 이미지를 가지고 죽음을 의식하게 된다.

종말기 케어서비스의 진행에 있어서는 그 사람이 살아온 환경, 가치관, 삶의 방식 등을 이해하고 존중함으로써 그 사람이 가지고 있는 죽음의 이미지에 가까이 갈 수 있어야 하고 보다 나은 최후의 인생을 맞이할 수 있도록 한다.

정신과의사인 퀴블러-로스(E. Kübler-Ross)는 일반적으로 죽음을 예감하거나 선고받았을 때 다음과 같이 다섯 가지 유형으로 반응한다고 하였다. 이러한 과정은 미국을 배경으로 한 것으로 지역과 문화 등에 따라 다르며 또한 시설의 입소노인과 재가서비스의 노인과는 또 다른 심리과정을 보일 수 있다. 또한 죽음의 과정이 일정 순서에 의해 일어나는 것이 아니기 때문에 단계별로 꼭 진행된다고 할 수는 없다.

(1) 1단계 : 부정(denial)

대상자는 자신의 병이 치명적이라는 사실 앞에서 그럴 리가 없다는 생각으로 강하게 부정하면서 다시 검사를 받아보기도 한다. 혹시나 회복될 수 있을 것이라고 믿고 싶어서 '그럴 리가 없다'라고 죽음을 강하게 부인하는 단계이다. 갑작스러운 충격을 부인함으로써 현실에 대한 고통을 덜 느낄 수 있는 방어기제로 충분한 시간을 주어 이 단계를 잘 넘길 수 있도록 한다.

(2) 2단계 : 분노(anger)

대상자는 자신의 감정을 반항과 분노로 나타낸다. 갑작스레 접하게 된 사항을 믿지 않고 부정하며 여러 번 확인해 본 결과 돌이킬 수 없는 사실이라는 것을 알게 되면 '왜 하필이면 나인가?' 하고 분노를 발산하는 단계로 자신과 가깝게 지내고 있는 사람들에게 공격적인 분노의 화살을 돌리는 등 적대감을 나타내면서 주위로부터 관심을 끌려고 노력한다. 이 단계에서는 인내심을 가지고 잘 들어주고 수용적인 태도를 취할 수 있도록 한다.

(3) 3단계 : 타협(bargaining)

대상자는 타협을 시도하여 죽음을 뒤로 미루고 싶어 하는 단계로 신(神)이나 의사 등과 타협하려고 한다. 조금만 더 살 수 있다면 어떻게 살겠다든지, 조금만 더 살게 해준다면 어떻게 하겠다는 등 간청과 타협하는 심정을 통해 자신의 삶이 얼마라도 연장되기를 바란다. 이 단계에서는 신중하게 대하되 피하지 말고 미성숙한 모습을 보이더라도 함부로 판단하지 않도록 한다. 또한 주위로부터 존경과 이해를 받고 있다고 느끼고, 주변 사람들이 자신을 위해 충분한 시간을 할애하고 있다는 사실을 깨닫게 되면서 비이성적인 요구가 줄어들게 된다.

(4) 4단계 : 우울(depression)

필사적인 노력을 해도 아무런 효과가 없고, 극도의 좌절과 우울의 상태를 겪게 되면서 침울해지는 단계로 피할 수 없는 일종의 한계상황에 다다른다. 아주 깊은 절망에 빠지며, 사후에 남은 가족과의 이별 등으로 깊은 비탄에 놓이게 된다. 이 단계에서는 더 이상 근심과 슬픔을 말로 표현하지 않으며, 조용히 있기도 하고 울기도 한다. 이때에는 죽음을 수용하려는 잠정적 준비상태이므로 자신의 감정을 표현하도록 지나친 간섭을 자제하고 그냥 두도록 한다. 말보다는 손동작이나 접촉이 훨씬 더 필요하고, 대상자는 자기와 같이 느끼고 슬퍼해 줄 사람을 필요로 한다. 때때로 성급하게 위로하기보다는 잘 들어주고 이해해 주는 것이 보다 중요할 수 있다.

(5) 5단계 : 수용(acceptance)

좌절과 우울 상태가 얼마간 지속된 후, 마침내 돌이킬 수 없다는 사실을 인식하며 불행한 상황을 당연한 것으로 받아들이고 다소의 정서적 안정을 찾는다. 죽음에 대하여 체념과 함께 받아들이는 단계로 이생에서의 삶을 떠나기 전에 갖는 마지막 정리의 시간이 된다. 임종을 수용함에 따라 대상자의 관심세계는 점점 좁아지고, 의사소통은 무언의 대화로 바뀐다. 이때에는 자신의 죽음을 평안하게 맞을 수 있도록 소중하게 생각하는 사람과 함께 시간을 보낼 수 있도록 배려한다. 오랜 투병을 통해 고통을 받았던 사람들일수록 죽음을 긍정적인 사건으로 인식하기도 한다.

3) 신체적 변화

죽음에 임박하면 모든 신체는 기능을 정지하기 위한 과정을 시작하면서 다양한 신체적 변화를 나타낸다. 이 시점에는 의학적 응급처치가 필요하지 않으며 신체가 스스로 정지하는 것을 준비하는 것으로, 정상적이고도 자연적인 과정으로 편안하게 그 변화의 과정을 받아들이도록 보살펴야 하며, 필요시 보고와 연락을 하면서 서비스한다. 임종과정 동안에 나타나는 일련의 신체적 변화를 살펴보면 다음과 같다.

(1) 호흡양상의 변화

내부기관의 순환 감소로 일어나는 일반적 증상으로 정상적 호흡에서 중간 중간 무호흡 상태가 동반되는 체인스톡 호흡을 보인다. 이때에는 머리를 높여주고 대상자의 손을 잡아주며 부드럽게 이야기를 함으로써 대상자를 편하게 해준다.

(2) 차가워짐

혈액순환의 저하가 사지로부터 점차 몸의 중요기관으로 이행되는 정상적 순서로서 대상자의 손과 발부터 시작해서 팔과 다리 순서로 점차 싸늘해지면서 피부의 색도 하얗거나 파랗게 변한다. 이때에는 담요 등을 씌워서 따뜻하게 하는 것은 좋으나 전열기구는 사용하지 않도록 한다.

(3) 수면

대상자는 점차 잠자는 시간이 많아지고 의사소통이 어려우며 반응하지 못하게 된다. 이는 신진대사 변화의 일부로 정상적 상태이다. 이때에는 대상자 옆에 앉아서 흔들거나 큰 소리로 말하지 말고 부드럽고 자연스럽게 이야기하는 것이 바람직하다. 반응의 유무와 관계없이 정상인에게 말하는 것처럼 이야기하도록 하며, 비언어적 의사소통을 통하여 의사표현을 한다.

(4) 혼동

대상자는 신진대사가 변하면서 시간, 장소, 자기 주위에 있는 사람이 누구인지 등에 대해 혼돈을 일으키게 된다. 이때에는 내가 누구라고 이름을 밝혀주거나 "지금은 약 드실 시간이다" 등 부드러우면서도 분명하고 확신에 찬 어조로 설명해 주는 것이 필요하다.

(5) 실금 또는 실변

대상자는 근육이 무력해짐으로 인해 대·소변의 조절이 어려워 실금 또는 실변을 하게 된다. 이때에는 대상자와 침상을 청결하게 하여 편안함을 유지할 수 있도록 하며, 미리 홑이불 밑에 비닐을 씌우고 기저귀 등을 착용할 수 있도록 한다.

(6) 울혈

대상자가 수분섭취가 적어지고 정상적인 분비물을 기침으로 내보내는 능력이 저하되면서 나타나는 소리로, 가슴에서 돌 구르는 것 같은 가래 끓는 소리가 들리게 되는데 이는 정상적인 변화이다. 이때에는 대상자의 고개를 옆으로 부드럽게 돌려주어 분비물을 토해낼 수 있도록 해주고 젖은 헝겊으로 입 안을 닦아준다.

(7) 불안정

대상자는 정서가 불안정해지고 같은 동작을 반복하게 된다. 이는 자주 일어나는 것으로서 뇌에 산소공급이 부족해지고 신진대사가 변화함으로써 생기는 증상이다. 이때에는 억지로 그런 동작을 못하도록 방해하거나 억제하는 것을 삼가도록 하며 대상자의 이마를 가볍게 문질러 주거나 책을 읽어주고 음악을 들려주는 등 대상자를 진정시키고 차분하게 만들어 준다.

(8) 수분 · 음식의 섭취량 감소

대상자는 신체가 소화하는 일보다 다른 기능을 하는 데에 더욱 에너지를 소모하려고 하기 때문에 음식이나 수분을 잘 섭취하지 않으려고 하는 경향이 있다. 이때에는 억지로 권하지 않도록 해서 대상자가 불편하지 않도록 한다. 또한 수분의 보충을 위하여 작은 얼음조각이나 얼린 주스 등을 입 안에 넣어주어 입 안의 상쾌함을 돕는다. 때로는 글리세린에 적신 솜으로 구강간호를 해주거나 이마에 찬 수건을 얹어주는 것, 또는 작은 스프레이에 차가운 생수를 담아 입 안에 조금씩 뿌려주는 것도 도움이 된다. 그러나 임종과정이 진행되는 동안에 통증이 소실되면 음식을 더 잘 섭취하는 경우도 간혹 있다.

(9) 소변량 감소

대상자의 음식섭취와 수분의 섭취가 적어지면서 신장을 통해 이루어지는 수분의 순환도 감소되므로 자연히 소변량이 줄어들게 된다. 이 경우 전신 혹은 사지에 부종(浮腫)이 있을 수 있으므로 호스피스 의료팀과 상의하여 소변줄을 꽂을 수도 있다.

(10) 사후(死後)의 변화

- **사후경직** : 사망 후 약 2~4시간 후에 일어난다. 신체가 딱딱하게 굳어지면서 경직되는 상태이므로 경직이 일어나기 전에 신체를 바르게 해준다.
- **사생** : 사망 후 몸이 차가워지는 과정으로 실내온도까지 시간당 1℃씩 내려간다.
- **사반** : 사망 후 시간의 경과에 따라 혈액순환이 정지되고 적혈구가 파괴되어 주위 조직을 변색시켜 피부색이 변하게 되며 등이나 둔부와 같은 부분에 나타난다.

3. 호스피스 케어의 실제

호스피스 케어에 있어서는 대상자가 평안하게, 인간의 존엄성을 잃지 않고 삶을 마무리할 수 있도록 해야 한다. 특히 생을 정리하는 가장 의미 있고 중요한 기간이므로 종사자와의 돈독한 신뢰관계가 무엇보다 중요하다. 이 시기의 종사자는 대상자의 마지막 남은 삶의 시간을 가장 많이 함께하는 의미 있는 사람이므로 인간적인 존중감과 신뢰, 공감, 돌보는 자세로 임하도록 하며 그 내용을 살펴보면 다음과 같다.

1) 고통의 완화

죽음을 앞둔 대상자들은 신체적, 정신적, 사회적, 영적 고통이 복잡하게 얽혀서 다양한 고통을 느끼게 된다. 특히 신체적 고통은 일상생활의 활동과 가족 등 가장 가까운 사람들과의 관계를 소외시키고 불안과 죽음의 공포를 증대시킨다. 그러므로 이때에는 적절한 약제의 사용, 안락한 체위의 연구, 안락한 일상생활을 보내는 다양한 방법, 적절한 케어방법 등을 통해 고통을 완화할 수 있도록 한다.

2) 생활지원

대상자는 어떤 상황과 어떤 연령에 있더라도 최소한의 자립적 생활을 하고 싶어 한다. 그러나 식사, 배설, 청결, 갱의 등을 스스로 할 수 없기 때문에 타인의 원조를 받을 수밖에 없고, 타인의 도움을 받아야만 하는 자신에 대한 비참함과 미안함을 가질 수 있다. 이때에는 가능하면 그 사람이 머물던 익숙한 공간에서 남은 능력을 최대한 발휘할 수 있도록 도우며, 케어자의 생각을 주장하기보다는 대상자의 심리적 측면을 배려하면서 그 사람의 생활습관과 가치관 등의 개별성을 존중하고 가족과도 함께할 기회가 많아지므로 가족의 생각을 배려하여 서비스한다.

3) 종말기 케어

(1) 정신적 측면

- 옆에 앉아서 손과 발을 부드럽게 만지면서 이야기한다.
- 감정에 초점을 맞추어 경청하되 안이한 격려는 조심한다.
- 충분히 질문할 기회를 주며 희망을 갖도록 한다.
- 이해할 수 있도록 노력하며 비언어적 대화를 나눈다.
- 죽음의 상황을 받아들이는 것이 어려울 수 있음을 이해한다.
- 심리적 고통으로 나타나는 다양한 상황(울기, 대들기, 불만 토로하기 등)을 수용한다.
- 사후의 상황에 대한 근심과 불안이 경감되도록 배려한다.
- 가족이나 중요한 타인들과의 시간을 자주 가질 수 있도록 돕는다.

(2) 신체적 측면

- 체위의 변환, 온도 유지, 마사지 등을 통한 통증 완화를 통해 안락하게 한다.
- 통증의 상태를 의사와 간호사에게 알리고 조기에 통증을 줄이기 위해 노력한다.
- 욕창 예방을 위해 주의한다.
- 신체적 변화를 주의 깊게 관찰하면서 연락 및 보고를 정확히 한다.
- 임종의 징후가 발견되면 의사에게 연락한다.
- 의사의 사망 확인과 사망확인서의 진단을 위해 상태의 변화 등을 정확히 기록한다.

(3) 사회적 측면

- 가정 내의 다양한 경제문제, 가족관계, 인간관계, 유산상속 등의 문제를 해결할 수 있도록 돕는다.
- 가족이 적극적으로 케어에 협력하고 참가할 수 있도록 배려한다.
- 대상자의 가장 중요한 주변인들을 위로하고 격려한다.
- 부정적 감정이 있는 가족의 경우 좋은 관계로 회복할 수 있도록 돕는다.

(4) 사후케어

- 생전에 본인의 희망과 그 가정의 풍습 등을 존중하고, 가족과 상담하여 진행한다.
- 의사에 의해 사망이 확인되면 죽은 자와 가족에게 애도의 뜻을 표한다.
- 잠시 자리를 피해준 후 사후경직을 막기 위해 신체를 정리한다.
- 복부를 압박하여 대·소변의 배출을 돕고 깨끗이 닦는다.
- 입, 귀, 코, 항문 등을 솜으로 막는다.
- 얼굴과 몸을 정갈하게 닦고 필요시 엷게 화장을 한다.
- 준비된 옷으로 갈아입힌다.

4) 가족에 대한 케어

(1) 가족의 케어부담 경감

종말기가 되면 가족은 잠을 못 자는 등 케어량이 증가하고 신체적 피로도 상당히 증가하므로 대상자와 주요한 가족원들은 케어하는 시간이나 그 이외의 시간을 갖도록 하는 것이 좋다. 예를 들면, 가족의 생활에 필요한 지원을 하거나 휴식할 수 있는 시간을 확보할 수 있도록 가족들의 상황을 고려하여 원조한다.

(2) 정서적 지지

임종이 가까워 오면 소중한 사람을 잃게 되는 데 대한 슬픔과 고통으로 심리적으로 매우 불안정하게 된다. 그러므로 가족들이 호소하는 다양한 요청에 귀를 기울여 주고, 전문가의 도움이 필요할 수도 있으므로 정보교환을 통해 팀으로 지원할 수 있도록 한다.

가족들은 죽음이 가까워지는 것을 느끼고 비탄에 빠지는 경우가 많은데 이는 '예기된 비탄'으로 사별 후의 슬픔도 시간이 경과하면서 순조롭게 극복할 수 있다. 그러므로 함부로 가족들을 격려할 것이 아니라 슬픔을 함께 느끼면서 정신적 지지를 해준다.

(3) 유가족에 대한 케어

누구나 죽음을 통해 사랑하는 사람을 잃게 되면 큰 슬픔을 경험한다. 그러나 슬픔의 감정을 해결하지 못한 채 묻어버리면 나중에 치명적인 질병과 여러 가지 문제를 유발할 수 있다. 특히 사망한 사람과의 관계, 애착 정도, 사망의 사유, 성격, 사회적 요인 등에 따라 슬픔의 양상은 다르게 나타나므로 다양하게 나타나는 슬픔의 감정을 해결할 수 있도록 한다.

슬픔을 극복해 나가는 상황은 사람마다 다르나 대부분 1년에서 2년 정도 소요된다고 볼 수 있으며 그 증상을 살펴보면 다음과 같다.

첫째, 충격과 무감각한 단계이다. 약 2주 정도 가장 심하게 나타나는데 갑작스러운 상황에 황망해하거나 사망 사실을 부정하고 화를 내며 절망한다. 가끔은 제삿날이나 다른 기념일에 불현듯 무감각해지기도 한다.

둘째, 그리워하는 단계이다. 약 2주부터 4개월 사이에 가장 심하며 죽은 사람의 체취, 목소리, 모습 등을 찾으며 모든 삶이 죽은 이를 찾는 것에 집중된다. 마치 살아있을 때의 상황을 느껴서 발소리가 들린다든지, 금방이라도 문을 열고 들어올 것 같은 느낌을 가진다.

셋째, 혼란의 단계이다. 4~8개월 사이에 나타나며, 이때에는 온전히 삶을 가꾸지 못하고 실망하여 흐트러진 생활을 할 수도 있다. 삶이 위축되고 무감각해져서 인생의 의미를 잃어버려서 밥맛도 없고, 입이 쉽게 마르고, 금방 피곤해하며 냉담한 상태로서 건강을 해치기 쉬운 단계이므로 보살핌과 지원이 가장 필요한 시기이다.

넷째, 재조정의 단계이다. 이제는 죽은 사람에 대한 기억이 추억으로 다가오고, 죽은 사람에 대한 이미지가 내재화되면서 삶을 재구성할 수 있게 된다.

(4) 유가족 케어의 실제

① 사별 후 애도는 정상반응이며 향후 마음을 치유하는 데 필수적이다.

② 처음에는 신경이 날카로워질 수 있고 반대로 아무 생각 없이 차분하게 반응할 수도 있다. 사람마다 애도반응이 다를 수 있음을 이해한다.

③ 때때로 의료진 또는 종사자에게 분노반응을 보일 수 있다.

④ 아무런 판단 없이 마음의 아픔을 들어줄 사람이 필요할 수 있다. 친구, 가족, 일기, 글쓰기 등은 도움이 된다.

⑤ 부드럽게 대해주고 스스로를 잘 돌볼 수 있도록 격려한다.

⑥ 우울증 증상이 너무 심하거나 애도 반응이 1개월 이상 지속될 경우, 심리상담 또는 정신건강의학과 의사를 만나도록 권유한다.

PART 04

케어복지의 전망과 과제

| 제12장 |

각국의 케어복지 현황

1. 독일-수발보험

1) 정 의

독일은 1961년 「연방사회부조법」에 의해 케어에 대한 서비스와 급여를 실시하여 왔으나 급속한 고령사회의 진전과 이에 따른 케어비용의 증가가 사회문제화되면서 개혁이 일어나게 되었다. 사회적 위험에 대해 사회보험으로 일차적 대응을 하는데 사회보험이 제 역할을 담당하지 못할 경우 예외 규정을 두어 사회부조로 대응하고 있다. 노인 3대 사회보험(건강보험, 연금보험, 장기요양보험) 중에서도 그 중요성이 사회적 보호서비스로서 지속적으로 증대되고 있다.

이에 수발상태의 위기상황을 사회적으로 보장하는 법으로 1994년 「장기요양보험법」을 제정하게 되었다. 장기요양보험법 제1조에 "공적 장기요양보험에 따르면, 공적의료보험의 피보험자는 공적 장기요양보험의 보호를 법적으로 받게 되어 있다. 민영의료보험에 가입된 자는 의무적으로 민영요양보험에 가입하여야 한다"는 원칙을 가지고 있다.

이 법은 보편적 제도로서 전 국민을 대상으로 운영하고 있지만 질병이나 장애로 인해 일상생활을 유지하는 데 최소 6개월 이상 타인의 도움이 필요한 자로 선별주의적 제도의 특성을 혼합하여 사용하고 있다(안명선・박주현, 2019 : 528-529).

이를 통하여 케어비용의 재원조달문제와 공급체계의 개혁이 일어나게 되었고, 1995년 사회보험방식의 수발보험(Plege)이 실시됨으로써 새로운 서비스를 구축하게 되었다.

독일의 장기요양 서비스는 사회보험 방식에 의한 포괄적 장기요양보장을 목적으로 재가급여 우선의 원칙, 예방과 재활의 우선의 원칙, 예산원칙으로 운영되고 있다. 모든 건강보험 의무가입자와 임의가입자, 그리고 건강보험에 가입된 피부양자는 장기요양보험에 가입하여야 한다(국민건강보험, 2024, www.longtermcare.or.kr).

2) 수급권자

모든 국민이 대상으로 육체적 · 정신적 · 심리적 질병이나 장애로 인하여 일상생활을 영위하기 위하여 6개월 이상의 원조를 필요로 하는 상태에 있는 자로서 장기간 동안 중증도 또는 중도의 수발을 필요로 하는 자를 대상으로 한다. 또한 고령자, 장애인, 난치병 환자, 에이즈 말기환자 등에게도 서비스가 제공된다.

급여대상자는 장기요양 필요상태에 있는 자로, '장기요양필요상태'는 건강상의 이유로 자립상태의 침해 또는 기능장애가 있으며 이로 인하여 타인의 도움을 필요로 하는 상태를 말한다.

대상자 선정체계를 살펴보면 첫째, 장기요양을 필요로 할 경우 장기요양대상자나 부양가족이 요양보험금고에 신청서를 제출한다. 둘째, 요양보험금고에 신청서가 제출되는 즉시 장기요양의 필요성을 평가하기 위해 연방 의료 서비스 기관(MD : Medizinischen Dienst)에 등급판정을 의뢰한다. 셋째, 도움욕구 조사결과를 토대로 연방 의료 서비스기관은 장기요양등급과 급여종류를 요양보험금고에 권고한다. 마지막으로 요양보험금고는 등급판정신청자에게 최종 판정결과를 통보한다. 인정조사의 등급판정도구는 6개의 모듈로 구성되어 있고, 모듈마다 자립성의 손상 또는 능력에 따라 0~4의 점수를 배정한다(국민건강보험, 2024, www.longtermcare.or.kr).

요보호 상태의 유무 및 케어등급 심사는 의학적·전문적 입장에서 질병보험의 의료팀(MDK)에 의해 진행되고, MDK는 각 요보호자에게 구체적 케어계획을 작성하는데 이는 케어급부의 구체적 내용을 결정하는 중요한 자료가 되며 각 케어기금은 이를 인정한다. 요보호자로 인정되면 케어기금은 인정된 공급주체와 케어위탁계약을 맺고 다양한 서비스를 제공한다.

독일의 케어서비스 공급체계는 민간의 비영리, 영리단체가 공적 기관과 더불어 다양하고 다원적인 서비스를 제공하고 있다. 비영리민간단체는 연방사회부조법 제10조에 규정된 단체에 한한다. 현재 6개의 큰 규모의 복지단체가 광역자치단체의 단위별로 다양한 복지사업을 수행하고 있으며, 전문적인 조직망을 갖고 병원, 시설 등의 경영, 재가서비스 제공, 인력양성도 담당하고 있다.

3) 재 원

재원은 원칙적으로 피보험자와 사용자와의 노사 절반부담의 보험료이다. 비용부담에 있어서는 보험료와 이용자 본인이 부담하는 금액으로 충당하며, 장기요양보호시설의 설치비용은 주정부에서 부담한다. 수발보험의 관리는 공적 질병보험의 운영기구인 질병기금(8개) 안에 독립된 케어기금(공법인)을 설치하여 각 기금이 관리하도록 하고 있다. 따라서 피보험자는 동시에 공적 질병보험의 피보험자이며 각 질병기금이 설립한 케어기금에 강제로 가입된다.

4) 급여의 종류 및 방법

급여는 보험급여와 비공식수발자를 위한 급여로 나누어 볼 수 있다. 보험급여는 시설급여, 재가급여, 현금급여의 3가지로 구분된다. 비공식수발자를 위한 급여는 비공식수발자를 '규칙적으로 매주 이틀 이상에 걸쳐 10시간 이상, 한 명 이상의 2~5등급 장기요양보험수급권자를 그의 가정에서 비직업적으로 수발하는 자'로 규정하여 사회보험료 지원, 수발휴가, 수발지원금, 수발교육 등의 급여를 지원한다. 보험급여의 내용은 다음과 같다.

〈표 12-1〉 보험급여

구 분	내 용
시설급여	완전주거시설과 부분주거시설에서의 요양급여와 단기보호가 포함됨. 2등급 이상 등급판정을 받은 수급권자는 완전주거시설에서 장기요양을 받을 권리가 있음
재가급여	방문요양, 현금·현물연계급여, 재가급여를 이용하는 공동생활가정을 위한 추가급여, 대리수발, 보장구 및 주거환경개선지원금 등으로 구분됨
현금급여	재가급여수급권자가 현물급여 대신 선택할 수 있는 현금급여와 대리수발비나 주거환경개선금과 같이 현금으로 추가 지급되는 급여들이 있음

출처 : 국민건강보험(2024). 노인장기요양보험 소개.

5) 인 력

독일의 수발보험은 1995년에 실시된 보험제도로 플레게(Plege)라는 용어로 보살피고 도움을 준다는 뜻을 가지고 있다. 독일에서는 노인수발을 전문적으로 감당할 수 있는 직업교육을 1980년대부터 시작하여 1990년대 노인수발교육법의 제정으로 노인수발교육의 전문화를 꾀하고 있다. 노인수발에 관련된 인력은 네 단계로 구성되어 있다. 구체적으로 살펴보면 노인수발학을 전공하여 교육과 행정을 전담하는 전문가, 노인수발사로서 추가적인 특별교육을 받은 전문노인수발사, 3년의 교육과정을 통하여 양성되는 노인수발사, 그리고 1년간의 교육기간을 통하여 노인수발 보조원(우리나라의 노인요양보호사에 해당됨)을 양성하고 있다(김근홍, 2007).

이러한 노인수발인력들 중에서 노인수발사의 교육과정을 살펴보면 이론 및 실습 관련 교육과정은 2,100시간, 현장실습 2,500시간으로 구성되었고 이론수업에는 수발활동 관련 이론, 수발계획 작성 및 평가, 상담과 대화, 의료진과의 협력, 일상생활 지원, 노인장기요양 관련 제도와 법 등으로 구성되었다. 실습교육과정은 노인수발현장에서 이루어지는 일에 대한 실천, 상담, 동행 및 노인수발계획과 평가 등에 대한 내용을 중심으로 하고 있다. 독일의 경우 노인수발사의 교육과정은 주로 전문대학에서 담당하고 있고, 이러한 교육 및 실습과정을 이수하고 나면 국가시험을 통하여 노인수발사의 자격을 취득할 수 있다(김근홍, 2007).

노인수발사의 자격을 취득한 이후에 전문교육을 통하여 전문노인수발사의 자격을 취득할 수 있다. 전문노인수발사는 노인생활 전반에 걸쳐서 독자적인 수발과 공동책임의 보살핌을 담당할 수 있다. 또한 독일의 경우에는 노인장기요양 분야의 다양한 분야에서 전문적인 케어를 위하여 세분화된 전문수발사제도를 두고 있다(김근홍, 2007). 예를 들어서, 노인 암을 전문으로 하는 전문노인수발사, 정신과 전문노인수발사 그리고 재활 전문노인수발사의 제도를 두어 전문적인 도움과 서비스를 제공하고 있다.

6) 재정체계

독일 장기요양보험은 부과방식으로 운영되기 때문에 고용주와 피고용자가 절반씩 부담한 보험료가 급여의 주요 재원이 된다('부분보장' 원칙). 또한 재정구조를 이원화하여 경상운영비와 급여지출비는 장기요양조합이 보험료 수입 내에서 책임지고, 주정부는 시설유지와 투자를 책임진다. 2023년 기준

장기요양보험료는 3.05%이며, 자녀가 없는 피고용자는 0.35%를 추가 납부한다(국민건강보험, 2024).

7) 케어매니지먼트 제도

최근 독일에서는 케어매니지먼트 제도를 도입하려는 움직임이 있다. 독일 요양관청은 2020년까지 Plegemanagement 분야의 교육을 받은 인력을 다수 양성하는 것을 목표로 하고 전국 50여 개의 교육기관에 학과를 두고 해당 인력을 교육, 양성하고 있다. 4년제(전문) 대학에서 Plegemanagement라는 명칭의 학과를 운영하고 있으며 졸업생에 대해서는 Plegemanager라는 명칭이 아니라 Plegewirt라는 명칭으로 부르고 있다. 독일은 현재 MDK 직원이 1년여의 기간 동안 이론과 실습을 통해 케어매니저로서의 자격을 갖추어 가고 있는데, 이때 멘토(도제)관계를 유지하며 '구조화된 자가학습'의 과정과 모의사례 나누기 등의 실습, 그리고 1차와 2차 세미나를 거쳐 숙련된 전문인으로 가는 과정이 체계적으로 갖추어져 있다.

2. 일본 - 개호보험

1) 정 의

초고령사회 문제를 우리나라보다 20여 년 앞서 경험한 일본은 치매노인들의 인간다운 삶의 보장을 위해 노인 인권을 목표로 끊임없이 연구하고 있다. 또한 치매노인에 대하여 시설에 입소시켜 격리시키기보다 지역사회 및 이웃들과 함께 살 수 있는 방법을 모색하였다.

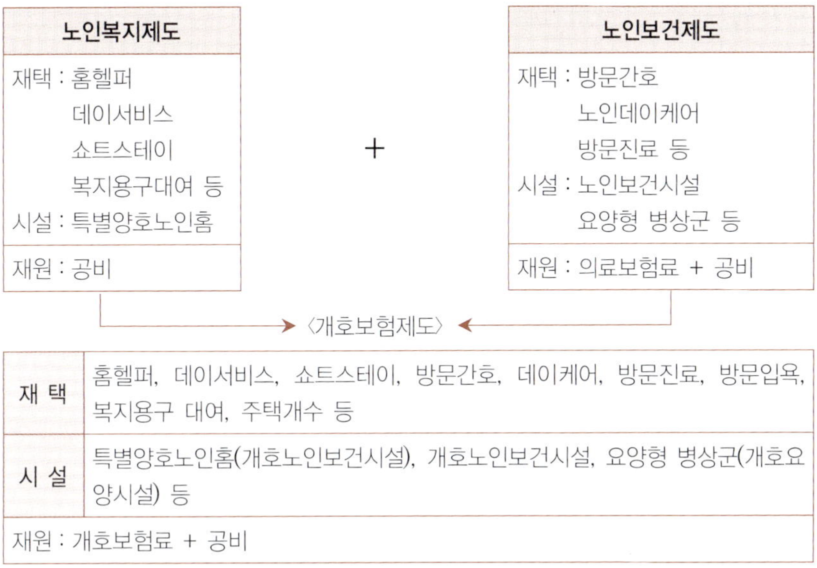

| 그림 12-1 | 케어시스템

일본은 빠른 고령화와 와상노인의 증가로 인하여 1997년 '介護保險'을 제정하여 2000년부터 새로운 케어보장체계를 구축하여 사회보험방식으로 실시하고 있다. 이 시스템은 기존의 노인복지제도와 노인보건제도 그리고 공적 제도 이외의 서비스 등을 하나의 보험제도로 통일하여 서비스의 이용과 비용부담을 일원화함으로써 보건·복지의 종합적 서비스를 진행하게 된 것이다. 노인 개호에 대한 고령자의 자립 지원, 이용자 선택에 의한 이용자 중심, 급여와 부담의 관계가 명확한 사회보험방식을 채택하고 있다는 특징이 있다.

2) 피보험자

피보험자는 두 개의 유형이 있다. 제1호 피보험자는 65세 이상, 제2호 피보험자는 40~64세의 의료보험 가입자가 그 대상이다. 급여대상자는 모든 요개호자(와상 및 치매 등으로 개호가 필요한 상태), 요지원자(일상생활에 지원이 필요한 상태)를 급여대상으로 한다.

대상자 선정 시 첫째, 시정촌 인정조사원에 의하여 인정조사(74개 항목) 및 주치의소견서에 기초한 1차 판정을 실시한다. 둘째, 보건・의료・복지에 관한 경험자로 구성된 개호인정심사회에 의해 2차 판정을 실시한다. 마지막으로 1, 2차 판정결과에 기초하여 시정촌이 신청자에 대한 요개호 인정을 실시한다(국민건강보험, 2024).

3) 재 원

보험료의 부담은 시・정・촌이 정하는 5단계의 소득 단계별 정액보험료로 원천징수하는데, 각 의료보험제도의 부과 방식에 따라 납부 총액을 산정한다. 사업주와 이용자가 각 50%씩 부담하고 자영업자는 소득 및 균등 비율 등으로 배분하여 의료보험료와 일괄 징수한다.

4) 급여의 종류 및 방법

보험급여는 요개호 1~5 인정자가 이용할 수 있는 개호급여서비스와, 요지원 1~2 인정자가 이용하는 예방급여서비스로 구분된다.

〈표 12-2〉 급여체계

개호급여	개호예방급여
재택서비스 • (방문서비스) 방문개호, 방문목욕개호, 방문간호, 방문재활, 재택요양관리지도 등 • 특정시설입주자생활개호, 복지용구 대여, 특정복지용구 판매 • (통소서비스) 통소개호, 통소재활 • (단기입소서비스) 단기입소생활개호, 단기입소요양개호시설서비스 • 개호노인복지시설, 개호노인보건시설, 개호요양형의료시설, 개호의료원	개호예방서비스 • (방문서비스) 복합형 서비스, 개호예방방문간호, 개호예방방문재활, 개호예방거택요양관리지도 • (통소서비스) 개호예방통소재활 • (단기입소서비스) 개호예방단기입소생활개호, 개호예방단기입소요양개호 • 개호예방특정시설입소자생활개호, 개호예방복지용구 대여, 개호예방특정복지용구 판매

출처 : 국민건강보험(2024). 노인장기요양보험 소개.

개호급여에 필요한 재원의 50%는 공비(公費)로 충당하고, 나머지 50%(제1호 보험료 22%, 제2호 보험료 28%)는 보험료로 조달한다. 개호보험의 보험자는 시정촌과 특별구이며, 개호서비스 비용의 90%(80%)를 급부하는 것과 동시에 제1호 피보험자의 보험료를 징수하여 재정을 운영한다. 제1호와 제2호 피보험자의 보험료 부담비율은 각각의 전국기준의 인구비율에 근거해 정해진다(국민건강보험, 2024).

5) 인 력

우리나라의 요양보호사에 해당하는 일본의 방문개호원(홈헬퍼) 제도를 살펴보면 다음과 같다. 방문개호원 1급은 2급 자격자만 수강할 수 있다. 1급과정의 강의내용은 노인보건복지의 제도 및 서비스(10시간), 장애인복지 제도 및 서비스(7시간), 사회보장제도(3시간), 개호기술(28시간), 주임 헬퍼가 수행하는 보건의료서비스(20시간), 의학 관련 기초지식(16시간) 등 총 84시간이다. 1급과정의 연습과정은 거택개호지원(6시간), 개호기술(30시간), 수발이 어려운 사례(20시간), 복지용구조작법(6시간) 등 총 62시간으로 구성되었다. 1급과정의 실습은 개호실습(76시간), 복지사무소, 보건 및 노인복지 관련기관 견학(8시간) 등 총 84시간으로 구성되었다. 전체적으로 1급과정의 교육시간은 1년 이내에 230시간이고, 2급과정은 8개월 내에 총 130시간, 그리고 3급과정은 4개월 내에 50시간으로 규정되었다. 1급과정은 2급과정 수료자가 이수할 수 있고, 2급과정은 개호사업에 종사하는 자 또는 예정자가 수강할 수 있고, 그리고 3급과정은 근무시간이 적은 시간제 헬퍼 또는 예정자가 수강할 수 있다(이해영, 2007).

일본에는 방문개호원 이외에 개호를 전문적으로 담당하는 인력으로는 개호복지사(Care Worker)라는 자격제도가 있다. 개호복지사 자격은 후생성이 지정한 대학의 과정을 이수하거나 국가시험을 통하여 취득할 수 있다. 후

생성이 지정한 대학과정을 이수하는 경우 2년 이상의 교육과정을 전문학교, 전문대학 혹은 대학에서 이수하여 졸업하거나, 복지계열의 대학에서 지정과목을 이수하고 1년간 후생성 지정의 교육기관에서 교육과정을 졸업하거나, 그리고 보육사양성시설 졸업자가 1년간의 후생성 지정 교육기관에서 졸업을 할 때에 가능하다. 국가시험의 경우에는 개호업무에 3년 이상 종사하거나 고등학교에서 복지과 과정을 졸업한 이후에 국가시험을 통하여 개호복지사의 자격을 취득할 수 있다(이해영, 2007).

6) 케어매니지먼트 제도

개호보험은 서비스 이용자가 이용할 서비스를 선택하는 것을 기본으로 하는 소비자 본위의 구조이다. 즉, 개호인정을 받은 자는 자신이 서비스를 선택하여 이용할 수 있는데, 이를 위하여 이용자의 선택을 돕고 이용자의 심신상태에 맞는 서비스를 효율적·종합적으로 제공하기 위하여 개호지원전문원(care manager)이 케어계획(care plan)을 작성하여 지원하고 있으며 이러한 케어계획의 작성은 보험급여의 대상으로 이용자의 부담은 없다.

일본에서는 거택개호사업지원자(재택서비스제공사업자 등)나 개호보험시설(현 특별양호노인홈, 노인보건시설, 요양형 병상군 등)에는 개호지원전문원을 배치하는 것이 의무사항으로 규정되고 있다. 이들의 자격은 보건, 의료, 복지 분야에서 5년 이상 실무경험한 자를 대상으로 시험과 실무연수를 통하여 선출하고 있다.

이들은 개호보험법에 의하면, '요개호자 등의 상담에 응하여 요개호자가 심신의 상황 등에 맞는 적절한 개호서비스를 이용할 수 있도록 시·정·촌, 사업자 등과 연락조정 등을 행하는 자로 요개호자 등이 자립하여 일상생활을 영위하는 데 필요한 원조에 관한 전문적 지식 및 기술을 갖춘 자'로 규정하고 있다. 이들은 요개호인정의 경우 방문조사를 실시하며, 케어플랜 작성 및 검토, 개호서비스 제공사업자, 시설과의 연락, 조정 등의 업무를 진행한다.

| 제13장 |

우리나라의 노인장기요양보험제도

우리나라는 2000년에 7.2%로 고령화 사회에 진입한 이후 2017년에 고령사회에 진입하였고, 2025년에는 초고령사회에 진입할 것으로 예상되며, 2050년에는 노인인구비율이 34.4%로 최고령국가가 될 전망이다(통계청, 2024). 따라서 노인인구 수의 급속한 증가는 장기요양을 요하는 노인의 수 급증으로 이어질 것이며, 노인부양의 다양한 문제는 가족이나 국가, 사회 모두에게 큰 부담이 될 수밖에 없다.

이에 고령이나 노인성 질병 등으로 인하여 일상생활을 혼자서 수행하기 어려운 노인 또는 장애인에게 신체활동 또는 가사지원 등의 장기요양급여를 사회적 연대 원리에 의해 제공할 수 있도록 2008년 7월부터 노인장기요양보험제도가 실시되고 있다.

노인장기요양보험제도는 가사활동 또는 가사활동 지원 등의 장기요양급여에 관한 사항을 노인장기요양보험법을 통하여 규정하여 노후의 건강증진 및 생활안정을 도모하고 그 가족의 부담을 덜어줌으로써 국민의 삶의 질을 향상하도록 함을 목적으로 한다. 그러므로 노인뿐만 아니라 장기요양을 담당하던 가족 등 모든 세대들은 정신적, 육체적, 경제적 부담에서 벗어나 경제, 사회활동에 전념할 수 있으며, 노인들은 자녀들에게 부담을 주지 않고 계획적이고 전문적인 요양서비스를 받을 수 있어 품위 있게 노후를 보낼 수 있다는 측면에서 1990년대 이래 세계적인 추세로 자리잡고 있다.

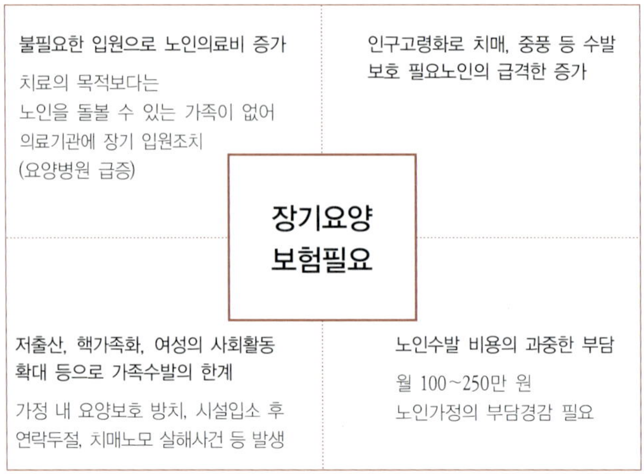

| 그림 13-1 | 장기요양보험의 필요성

1. 노인장기요양보험제도

1) 노인장기요양보험의 대상자

노인장기요양보험의 장기요양 대상자는 65세 이상의 노인 또는 65세 미만의 자로서 치매·뇌혈관성 질환 등 노인성 질병을 가진 자로서 6개월 이상 기간 동안 거동이 현저히 불편하여 일상생활을 혼자서 수행하기 어렵다고 인정되는 경우 심신상태 및 요양이 필요한 정도에 따라 등급판정을 받은 자로 한다.

2) 장기요양인정 신청 및 이용절차

우리나라는 만 65세 이상 또는 만 65세 미만으로 노인성 질병을 가진 자 중에 장기요양보험가입자 및 그 피부양자, 의료급여수급권자 등이 신청 가능하며, 그 절차는 다음과 같다.

① (본인 및 대리인이 공단 각 지사별 장기요양센터) 인정신청 → ② (공단직원) 인정조사 → ③ (등급판정위원회) 장기요양 인정 및 등급판정 → ④ (공단) 결과통지 → ⑤ (수급자와 장기요양기관 계약) 서비스 이용

장기요양인정신청 및 방문조사 ➡	장기요양인정 및 장기요양등급판정 ➡	장기요양인정서, 개인별장기요양 이용계획서 통지 ➡	장기요양급여 이용계약 급여제공
[국민건강보험공단]	[공단지사 장기요양 등급판정위원회]	[국민건강보험공단]	[장기요양기관]

| 그림 13-2 | 노인장기요양 인정 및 이용절차

(1) 장기요양 인정신청

장기요양 서비스의 인정을 위해 등급판정 신청을 해야 하는데 65세 이상 노인 또는 65세 미만의 노인성 질환 대상자나 대리인이 공단에 의사소견서를 첨부하여 장기요양인정 신청을 하면 된다. 이때 본인, 가족, 친족, 사회복지전담공무원(본인이나 가족 등의 동의 필요), 시장·군수·구청장이 지정하는 사람이 신청할 수 있다.

(2) 방문조사

공단 소속의 직원(사회복지사, 간호사)에 의해서 신청인의 심신상태를 나타내는 52개 항목을 방문하여 조사하며 때로는 사전에 주변인을 통한 조사도 실시할 수 있다. 심신상태를 나타내는 항목은 신체기능(12항목), 인지기능(7항목), 행동변화(14항목), 간호처치(9항목), 재활(10항목)으로 나누어 실시된다.

〈표 13-1〉 장기요양인정 조사표

<table>
<tr><th>영 역</th><th colspan="5">항 목</th></tr>
<tr><td>신체기능
(12항목)</td><td colspan="2">• 옷 벗고 입기
• 식사하기
• 일어나 앉기
• 화장실 사용하기</td><td colspan="2">• 세수하기
• 목욕하기
• 옮겨앉기
• 대변 조절하기</td><td>• 양치질하기
• 체위 변경하기
• 방 밖으로 나오기
• 소변 조절하기</td></tr>
<tr><td>인지기능
(7항목)</td><td colspan="2">• 단기 기억장애
• 날짜불인지
• 장소불인지
• 나이/ 생년월일 불인지</td><td colspan="2">• 지시불인지
• 상황판단력 감퇴
• 의사소통/ 전달장애</td><td></td></tr>
<tr><td>행동변화
(14항목)</td><td colspan="2">• 망상
• 환청, 환각
• 슬픈 상태, 울기도 함
• 불규칙수면, 주야혼돈
• 도움에 저항</td><td colspan="2">• 서성거림, 안절부절못함
• 길을 잃음
• 폭언, 위험행동
• 밖으로 나가려 함
• 의미가 없거나 부적절한 행동</td><td>• 물건 망가뜨리기
• 돈/ 물건 감추기
• 부적절한 옷 입기
• 대소변 불결행위</td></tr>
<tr><td>간호처치
(9항목)</td><td colspan="2">• 기관지절개관 간호
• 흡인
• 산소요법</td><td colspan="2">• 경관영양
• 욕창간호
• 암성통증간호</td><td>• 도뇨관리
• 장루간호
• 투석간호</td></tr>
<tr><td rowspan="2">재활
(10항목)</td><td colspan="2">운동장애(4항목)</td><td colspan="3">관절제한(6항목)</td></tr>
<tr><td>• 우측상지
• 좌측상지</td><td>• 우측하지
• 좌측하지</td><td>• 어깨관절
• 고관절</td><td>• 팔꿈치관절
• 무릎관절</td><td>• 손목 및 수지관절
• 발목관절</td></tr>
</table>

출처 : 국민건강보험(2024). 노인장기요양보험제도 소개.

(3) 등급판정

공단은 장기요양인정조사표에 따라 작성된 조사결과를 토대로 컴퓨터 판정 프로그램을 통해 장기요양등급을 1차로 판정한다. 이 조사결과서와 의사소견서 등을 등급판정위원회에 제출한다. 등급판정위원회에서는 대통령령이 정하는 등급판정기준에 따라 1차 판정결과를 심의하여 장기요양 인정 여부 및 장기요양 등급을 최종 판정한다. 이러한 과정은 신청서를 제출한 날로부터 30일 이내에 판정을 완료하며 정밀조사가 필요한 경우 연장도 가능하다.

(4) 판정결과

〈표 13-2〉 판정기준 등급별 상태

등 급	상 태
1등급	• 심신의 기능상태 장애로 일상생활에서 전적으로 다른 사람의 도움이 필요한 자로서 장기요양인정점수가 95점 이상인 자
2등급	• 심신의 기능상태 장애로 일상생활에서 상당 부분 다른 사람의 도움이 필요한 자로서 장기요양인정점수가 75점 이상 95점 미만인 자
3등급	• 심신의 기능상태 장애로 일상생활에서 부분적으로 다른 사람의 도움이 필요한 자로서 장기요양인정점수가 60점 이상 75점 미만인 자
4등급	• 심신의 기능상태 장애로 일상생활에서 일정 부분 다른 사람의 도움이 필요한 자로서 장기요양인정점수가 51점 이상 60점 미만인 자
5등급	• 치매환자로서(노인장기요양보험법 시행령 제2조에 따른 노인성 질병으로 한정) 장기요양인정점수가 45점 이상 51점 미만인 자
인지지원등급	• 치매환자로서(노인장기요양보험법 시행령 제2조에 따른 노인성 질병으로 한정) 장기요양인정점수가 45점 미만인 자

출처 : 국민건강보험(2024). 노인장기요양보험제도 소개.

(5) 판정결과 통보

공단은 장기요양등급, 장기요양 급여의 종류 및 내용이 담긴 장기요양 인정서와 적절한 서비스 내용, 횟수, 비용 등을 담은 표준장기요양이용계획서를 수급자에게 송부한다. 장기요양인정의 유효기간은 최소 1년 이상이며 연속하여 2회 이상 1등급으로 판정되는 사람은 2회 이후 장기요양인정을 받은 경우 및 연속하여 3회 이상 같은 등급(1등급 제외)으로 판정되는 사람이 3회 이후 장기요양 인정을 받은 경우 그 유효기간은 2년으로 한다. 또한 등급판정위원회는 6개월 범위 내에서 가감조정이 가능하다.

〈표 13-3〉 요양보호 업무(서비스) 분류

분 류	내 용
서비스 신청	• 65세 이상 노인 또는 65세 미만 노인성 질환 대상자가 공단에 의사소견서를 첨부하여 신청 • 신청자 : 본인, 가족, 친척, 사회복지전담공무원(본인, 가족 동의 시), 시장・군수・구청장이 지정하는 자
방문조사	• 공단소속 직원(사회복지사, 간호사)은 신청인의 심신상태 등을 조사 • 52개 항목 질문
등급판정	• 공단은 조사결과서, 의사소견서 등을 등급판정위원회에 제출 • 신청서를 제출한 날로부터 30일 이내에 판정 완료(정밀조사가 필요한 경우 연장가능)
인정서 및 이용계획서 통보	• 장기요양등급, 장기요양급여의 종류 및 내용이 담긴 장기요양인정서와 적절한 서비스 내용, 횟수, 비용 등을 담은 표준장기요양이용계획서 송부 • 유효기간 : 최소 1년 이상 • 장기요양인정의 갱신신청, 등급 등의 변경신청, 이의 신청절차 있음
요양급여의 시작	• 장기요양인정서가 도달한 날부터 장기요양급여 시작 • 돌볼 가족이 없는 경우 신청서를 제출한 날부터 장기요양급여를 받을 수 있음
요양기관 정보 안내	• 장기요양기관은 수급자가 장기요양급여를 쉽게 선택하도록 건물, 시설, 설비 등의 사진 및 현황자료 등을 공단이 운영하는 인터넷에 개시

출처 : 국민건강보험(2024). 노인장기요양보험제도 소개.

3) 보험급여의 내용

〈표 13-4〉 보험급여의 내용

종 류		내 용
재가급여	방문요양	장기요양원이 수급자의 가정을 방문하여 신체활동 및 가사활동 등을 지원하는 장기요양급여
	인지활동형 방문요양	1~5등급 치매수급자에게 인지자극활동 및 잔존기능 유지・향상을 위한 일상생활 함께하기 훈련을 제공하는 급여(기존의 방문요양과는 달리 빨래, 식사준비 등의 가사지원은 제공할 수 없으나, 잔존기능 인지・향상을 위해 수급자와 함께 옷 개기, 요리하기 등은 가능함)
	방문목욕	목욕설비를 갖춘 장비를 이용하여 수급자의 가정 등을 방문하여 목욕을 제공

	방문간호	간호사, 간호조무사, 치위생사 등이 의사·한의사 또는 치과의사의 방문간호지시서에 따라 가정 등을 방문하여 간호, 진료의 보조, 요양에 관한 상담 또는 구강위생 등을 제공
	주·야간 보호	수급자를 하루 중 일정한 시간 동안 장기요양기관에 보호하여 목욕, 식사, 기본간호, 치매관리, 응급서비스 등 심신기능의 유지, 향상을 위한 교육, 훈련 등 제공
	단기보호	수급자를 일정 기간(9일 이내) 장기요양기관에 보호하여 신체활동 지원 및 심신기능의 유지, 향상을 위한 교육, 훈련 등 제공
	기타 재가급여 (복지용구)	수급자의 일상생활 또는 신체활동 지원에 필요한 용구로서 보건복지부장관이 정하여 고시하는 것을 제공하거나 대여하여 노인장기요양보험 대상자의 편의를 도모하고자 지원하는 급여(휠체어, 전동·수동침대, 목욕리프트, 욕창예방매트리스·방석, 이동욕조, 성인용 보행기 등)
시설 급여	장기요양기관이 운영하는 노인의료복지시설(노인전문병원은 제외) 등에 장기간 입소하여 신체활동 지원 및 심신기능의 유지·향상을 위한 교육·훈련 등을 제공하는 장기요양 급여	
특별 현금 급여	가족요양비	도서·벽지 등 장기요양기관이 현저히 부족한 지역, 천재지변, 수급자의 신체·정신 또는 성격상의 사유 등으로 인해 가족으로부터 방문요양에 상당한 장기요양급여를 받은 때 지급되는 현금급여

출처 : 국민건강보험(2024). 노인장기요양보험제도 소개.

4) 장기요양기관의 비용 청구 및 지급

장기요양기관은 수급자에게 재가급여 또는 시설급여를 제공하는 경우 공단에 장기요양급여비용을 청구하며 공단은 장기요양기관으로부터 재가 또는 시설급여비용의 청구를 받은 경우 이를 심사하여 장기요양에 사용된 공단부담금을 당해 장기요양기관에 지급한다.

5) 재원조달

〈표 13-5〉 재원조달 방법

구 분	내 용
장기요양 보험료	• 건강보험납부자와 동일 • 건강보험료액 × 12.95%(2025년도 보험료 기준) • 건강보험료와 통합징수 후 독립회계로 관리
국가 및 지방자치 단체 부담	• 장기요양보험료 예상수입액의 20% 부담(국고) • 의료급여수급권자의 장기요양급여비용, 의사소견서발급비용, 방문간호지시서 발급비용 중 공단이 부담하여야 할 비용 및 관리운영비의 전액을 국가와 지방자치단체가 부담
본인일부 부담금	• 시설급여 20%(비급여 : 식재료비, 이 · 미용료 등은 본인부담), 재가급여 15% • 60% 경감자(중위소득 50% 이하), 40% 경감자(중위소득 51~100%) • 국민기초생활수급권자는 무료

6) 장기요양기관

요양시설 및 재가시설의 지정 또는 신고를 통하여 기관을 운영할 수 있다. 시설급여(노인복지법상 시설) 및 재가급여시설(장기요양보험법상 시설 · 인력기준 적용)로 나누며 시 · 군 · 구청장의 지정 또는 신고로 설치할 수 있다. 이러한 서비스를 진행하는 요양보호사, 간호사 등을 장기요양요원이라고 하며 관리는 국민건강보험공단과 지방자치단체가 함께 역할을 분담하여 실시한다.

7) 국민건강보험과의 비교

〈표 13-6〉 국민건강보험과 노인장기요양보험의 비교

구 분	국민건강보험	노인장기요양보험
목 적	치매, 중풍 등 질환의 진단, 입원 및 외래치료, 재활치료	노화 및 치매 · 중풍 등 노인성 질환으로 인해 혼자서 일상생활의 영위가 어려운 자의 삶의 질 향상
대 상	병 · 의원 및 약국	요양시설, 재가시설
부 서	국민건강보험공단	국민건강보험공단 + 지방자치단체

2. 노인복지서비스의 현황

우리나라는 사회복지 서비스의 정책적 실행방법으로 다음과 같이 시행되고 있다.

1) 사회보험

질병, 실업, 노령, 사망 등에 의해 소득이 중단되었을 경우 보험원리에 의거하여 소득을 보장하는 것으로 국민연금, 국민건강보험, 산업재해보상보험, 고용보험, 노인장기요양보험 등이 있다.

2) 공공부조

자기 힘으로 생계를 꾸려갈 수 없는 자들이 자기 힘으로 생활할 수 있을 때까지 국가의 재정으로 최소수준의 생활을 보호하는 제도이다. 국민기초생활보장법에 의한 최저생계비 이하인 자는 수급자, 차상위계층, 급여수급자 등으로 2021년 기준 최저생계비는 1인이 1,096,699원, 4인 기준 2,925,774원이다.

3) 사회복지 서비스

과거처럼 개인의 문제를 일시적·물리적으로 해결하는 것이 아니라 개인의 역량을 강화(empowerment)하기 위하여 사회적 제반 서비스 등의 복지서비스가 제공된다.

4) 노인복지 서비스의 현황

우리나라는 노인복지법에 의거해 노인복지 서비스가 진행되는데 그 현황을 살펴보면 다음과 같다.

〈표 13-7〉 주요 노인복지서비스의 내용

<table>
<tr><th colspan="2">분 류</th><th>세부내용</th></tr>
<tr><td rowspan="3">소득 지원</td><td>연금제도</td><td>• 국민연금, 군인연금, 공무원연금, 사립학교 교직원연금
• 국민연금 급여 : 노령연금, 장애연금, 유족연금, 반환일시금</td></tr>
<tr><td>공공부조</td><td>• 1961년 생활보호제도에서 2000년 국민기초생활보장제도로 전환
• 최저생계비 미만의 부족소득을 보충하고 생계, 의료, 주택급여 등 지급</td></tr>
<tr><td>기초연금</td><td>• 노령수당(1991)에서 경로연금제(1998), 기초노령연금(2007), 기초연금(2014)으로 전환
• 65세 이상인 자로서 소득 인정액이 대통령령으로 정하는 금액 이하인 자로 2024년부터 하위 70%에게 월 최대 334,810원 지급</td></tr>
<tr><td rowspan="2">사회 참여 지원</td><td>고령자고용 촉진법</td><td>• 고령자 기준고용율 : 고령자 우선고용 직종별로 상이
• 임금피크제 보전수당, 고령자 적합 일자리 창출, 고령자 고용촉진 장려금 지급</td></tr>
<tr><td>노인복지법에 의한 고용지원</td><td>• 대한 노인회 노인취업지원센터 운영
• 지역사회 시니어클럽 운영
• 노인일자리 박람회
• 노인인력전담기관 : 한국노인인력개발원
• 노인 일자리 사업(사회공헌형, 인큐베이터형, 인력파견형, 자립사업단형)</td></tr>
<tr><td colspan="2">주거지원 (노인복지시설)</td><td>• 주거복지시설 : 양로시설, 노인공동생활가정, 노인복지주택
• 의료복지시설 : 노인요양시설, 노인요양공동생활가정</td></tr>
<tr><td rowspan="4">건강 지원</td><td>국민건강보험</td><td>• 노인건강보험 : 1인당 노인의 의료비가 일반 의료비보다 높음</td></tr>
<tr><td>노인 장기요양보험</td><td>• 치매, 중풍 등의 중증질환자(요양등급 1~5등급)에 대해 시설요양과 재가요양 급여를 2008.7.1.부터 시행</td></tr>
<tr><td>의료급여</td><td>• 개념 : 질병 · 부상 등에 대한 예방, 치료, 재활, 간호 등 의료목적 달성
• 대상 : 기초생활보장 + 차상위 계층</td></tr>
<tr><td>노인 건강지원사업</td><td>• 노인건강검진 사업 : 기초생활보장노인 1차(1항목, 2만 원), 2차(30항목, 2만 2천 원)</td></tr>
</table>

		• 안검진 및 개안수술 : 검사비, 수술비 등 수술비 총액 중 본인 부담금 지원 • 치매센터 : 대상자등록, 치매상담, 예방 · 간병교육, 재가서비스, 시설입소 안내 등
사회 서비스	재가노인 복지사업	• 방문요양서비스 : 가정봉사원파견사업, 요양보호사 제도 • 주 · 야간 보호소 • 단기보호소 : 월 9일 이상 사용 불가, 연장 1회 가능 • 방문목욕서비스 : 목욕장비를 갖추고 재가노인을 방문하여 목욕을 제공 • 그 밖의 서비스 : 복지용구 대여사업 • 노인돌보미바우처 사업 : 2007년 시행
	경로당 운영혁신	• 난방비 및 운영비 지원
	노인복지관 운영	• 사회교육사업, 노인일자리사업, 종합상담사업 등
	노인교실 운영	• 노인교실, 노인학교, 노인대학, 경로대학 등으로 불림
	노인자원봉사 활동지원	• 노인 자원봉사축제, 노인 전문자원봉사 프로그램 개발
	노인휴양소	• 개념 : 위생, 여가, 편의시설을 갖추고 단기간 동안 심신휴양 지원 • 현황 : 4개소(대전, 경기 화성, 충주, 경북 성주) 운영
	노인 보호전문기관	• 중앙노인보호전문기관, 지방노인보호전문기관

3. 노인장기요양보험제도의 성과와 발전과제

노인장기요양보험제도는 도입부터 제기된 수급대상자 확대 및 보장성 확대, 장기요양 서비스 제공기관의 난립문제, 요양보호사 등의 문제들에 대한 대책마련이 시급한 실정이다.

1) 노인장기요양보험제도의 성과 및 과제

고령화 및 핵가족화 등 인구구성과 가족구성의 변화는 국가 경제의 생산성 약화, 노인부양비 증가에 따른 세대간 갈등, 입원증가에 따른 의료비 부담, 과중한 부담이 된 부모부양 등 다양한 사회문제로 나타났으며, 이러한 문제의 해결을 위한 노인장기요양보험이 도입되었다. 이에 따라 가족부양 부담은 감소하였으며, 서비스 대상자의 확대와 인프라 확충 등 많은 성과를 보여주고 있다.

(1) 수급자 확대에 따른 보장성 강화

노인장기요양보험의 사회적 의의는 신체적·정신적 기능이 저하된 이후에도 인간답게 살아갈 수 있도록 지원하는 것이다. 2008년부터 2016년 동안 노인인구는 3.8% 증가하였으나 장기요양수급자는 11.3% 증가하였으며, 2008년 장기요양등급이 3등급제에서 2014년 이후 5등급제로 전환되어 중증중심의 보장에서 경증(치매 포함) 예방까지 보장성을 강화하고 있다.

제도 도입 이전에는 가정봉사원파견사업 또는 지역복지관 등에서 제공하는 서비스에 그치는 선별적 서비스였다. 또한 제도 도입기에는 제도에 대한 인식 부족과 부모부양의 사회화에 대한 부담 등이 있었으나 정착기에 들어선 오늘날에는 지속적으로 이용률이 증가하고 있다.

그럼에도 지역사회의 특성에 맞는 추가급여와 지방자치단체가 주도적으로 운영할 수 있는 보충성 급여에 대한 논의는 과제로 남는다. 그 예로 감면혜택에서 제외된 실질적 저소득 노인은 노인장기요양 이용에 어려움이 있으며, 다양한 복지용구의 급여화와 복지용구 개발은 장기요양시설 입소시기를 늦출 수 있는 방안이 되므로 지방자치단체에서는 계속된 논의가 필요하다.

(2) 급여범위 확대와 종사자 처우개선

서비스 개선과 관련한 성과로 재가급여 월한도액 인상, 재가급여 중복인정, 가족요양보호사 제도 도입, 요양보호사의 교육시간을 직무시간으로 인정하는 등의 성과가 있다. 이는 전문요양기관 및 종사자가 준수해야 할 최소한의 기준을 제시한 것이며, 방문간호 건강관리 서비스, 치매가족휴가제, 수급자 권익 보호조치 법 마련, 소규모 시설에 사회복지사를 배치해야 하는 기준 마련, 종사자의 처우 관련 규정을 마련했다는 측면에서 의의가 크다.

그러나 예방등급인 4등급의 급여내용이 기존 등급의 급여와 동일하며, 5등급과 인지지원등급은 교육중심으로 수급자와 가족의 욕구와 다소 상이하여 예방에 적절한 서비스 개발과 지역 통합사례관리, 재가급여 서비스와 지역사회와의 연계 등이 과제로 남는다.

(3) 장기요양기관의 전달체계 정비

도입 초기 장기요양기관이 부족한 상황에서 장기요양기관의 확충, 장기요양기관의 설치자 규정, 장기요양지원센터 설치 근거 규정 마련 등은 전달체계 정비의 성과로 볼 수 있다.

그러나 주·야간보호 및 단기보호와 같이 지역사회에서 거주하는 경증 수급자를 위한 재가급여기관의 확충이 필요하고, 지역사회에서 거주하는 수급자는 요양서비스와 지역사회 복지서비스의 연계가 필요하지만 국민건강보험공단 단일 보험자로 운영되어 지역사회와의 연계에는 여전히 한계를 갖는다.

(4) 재정관리

재무건전성을 위하여 2010년 장기요양보험료, 장기요양급여 및 예·결산을 담당하는 관리기관의 법제화로 재정관리의 체계화, 재가급여수가산정이 가능하였고, 2016년 재무·회계 기준을 마련한 것은 성과로 볼 수 있다.

그러나 국민건강보험공단의 당기수지는 계속 적자를 내고 있다. 즉, 요양급여비가 보험료 수입 증가율보다 증가하기 때문에 향후 노인인구 증가를 고려하면 적자해소를 위한 대안 마련이 필요하다.

2) 정책적 함의

노인장기요양보험제도는 기초생활수급자와 차상위계층, 저소득 노인 등의 선별주의적 복지서비스 정책에서 서비스가 필요한 모든 노인에게 보편적으로 서비스가 확대되었다. 특히 고령화와 함께 증가하고 있는 치매·중풍 등 노인질환에 대한 요양서비스가 제공되는 계기가 되는 등 노인장기요양보험의 시대적 필요성 및 그 역할은 의미가 크다고 할 수 있다.

그럼에도 노인장기요양보험제도가 국가 보조금인 동시에 저임금 요양인력 양산, 질 개선에 관한 과제, 질병이나 고령 등의 사유로 장기간 혼자서 일상생활을 수행하지 못하는 노인인구의 급증을 예상할 때 다각도의 대비가 필요한 실정이다.

앞으로 노인장기요양보험제도가 장기적이고 지속적으로 유지·발전되기 위하여 사회환경의 변화에 따른 법과 제도적 측면의 개선이 필요하고, 노인복지 서비스가 노후 생활의 안정을 위한 정신적·심리적 조치를 강구하기 위해서는 노인의 문제를 고려한 서비스를 다각도로 접근하여 제공할 수 있어야 할 것이다.

참고문헌

국민건강보험(2020). 등급판정위원회 위원 설명회.

__________(2024). 2024년 요양보호사 승급제 운영 매뉴얼.

권육상 외(2001). **노인생활건강**. 유풍출판사.

김근홍(1998). 노령인구의 정신 및 신체적 부자유에 대한 보건정책의 필요성. **정신보건과 사회사업**, 6, 25-50.

_____(2007). "독일의 수발보험과 수발인력". 각 국의 케어전문인력에 관한 고찰. 한국케어복지협회.

김종일 · 최혜지(2006). **노인복지론**. 청목출판사.

김진수(2010). 노인장기요양제도 시행 2년 평가 및 제도개선 과제 모색 토론회. '장기요양제도 평가와 제도개선 및 발전과제'. 경실련.

보건복지가족부(2009). 요양보호사 공통표준교재. 경북전문대학 부설 요양보호사교육원.

보건복지부(2008). 요양보호사 교육기관 설립 및 운영 설명회 자료. 보건복지부.

_________(2010). 요양보호사 공통표준교재. 경북전문대학 부설 요양보호사교육원.

_________(2019). 호스피스 연명의료 종합계획.

_________(2020). 노인보건복지사업안내.

_________(2020). 노인복지시설현황.

_________(2020). 요양보호사 양성지침.

_________(2024). 2024년 장애인복지시설 사업안내(3권).

_________(2024). 2024 치매가이드북.

_________(2024). 노인장기요양보험제도 소개.

_________(2024). 요양보호사 양성 표준 교재

_________(2024). 요양보호사 양성지팀.

_________(2024). 제2차 호스피스 · 연명의료 종합계획(2024~2028).

안명선 · 박주현(2019). 노인장기요양보험제도의 문제점 및 개선방안에 관한 고찰.

유선주 · 장현수 · 배성권(2003). 장기요양보호 노인의 간병 일상생활 지원인력 수급 및 관리운영체계의 구축. 한국보건산업진흥원.

이인수(2009). **노인복지론**. 대왕사.

이태희 외(2008). **사회복지정책론**. 청목출판사.

이해영(2007). "일본의 개호보험과 개호인력". 각 국의 케어전문인력에 관한 고찰. 한국케어복지협회.

______(2008). **케어복지개론**. 양서원.

장재혁(2008). 노인장기요양보험 추진현황과 발전방향. **보건복지포럼**, 14, 5-17.

정민숙 외(2011). **사회복지개론**. 공동체.

중앙치매센터(2019). 치매파트너 플러스 교육.

최외선 · 김갑숙(2007). **치매전문도우미 교육 프로그램**. 창지사.

한국케어복지협회(2001). **케어기술론**. 나눔의집.

허준수(2007). "미국의 장기요양보호와 케어인력". 각 국의 케어전문인력에 관한 고찰. 한국케어복지협회.

황경란 · 방정문 · 주경희 · 황재영 · 박혜선(2018). 노인장기요양보험 10년의 성과와 과제. 경기복지재단.

岡本民夫 外 編(1998). **介護概論**. 川島書店.

西村洋子 編(1997). **生活援調のための開戸手引**. 中央法規.

西村洋子(1995). 介護職の現狀と將來. **日本健康科學學會誌**.

Arking, R.(2006). *The biology of aging : observations and principles*(3rd ed). New York : Oxford University Press.

Kart, C., & Kinney, J.(2001). *The Realities of Aging*. Needham Height : Allyn & Bacon.

Morgan, L., & Kunkel, S.(1998). *Aging : The Social Context*. Thousand Oaks : Pine Forge Press.

Schulz, R., & Salthouse, T.(1999). *Adult Development and Aging*. Upper Saddle River : Prentice Hall.

Wright, B.(2005). *Direct Care Workers in Long-Term Care : Research Report*. Washington D. C. : AARP Public Policy Institute.

노인장기요양보험 홈페이지(http://www.longtermcare.or.kr).

법제처 홈페이지(http://www.law.go.kr).

보건복지부 홈페이지(http://www.mw.go.kr).

찾아보기

인 명

내 용

저/자/약/력

■ 이태희
경북전문대학교 사회복지과 교수

■ 오현숙
호산대학교 휴먼복지학부 노인보건복지과

【제2판】
케어복지개론

|공저자| 이태희 · 오현숙

|1판 1쇄 발행| 2021년 6월 10일
|1판 2쇄 발행| 2023년 1월 30일
|2판 1쇄 발행| 2025년 1월 10일

|발행인| 김 동 훈
|발행처| 공 동 체

|주소| 경기도 고양시 일산동구 호수로 358-39 동문타워 I 차 905호(백석동)
|전화| 031) 814-3000(대표)
|팩스| 031) 814-3100
|홈페이지| http://www.compub.co.kr
|전자우편| compub@naver.com
|출판등록| 2005년 10월 6일
|등록번호| 제396-2005-36호

|ISBN| 979-11-6725-834-2
정가 21,000원